МИХАЭЛЬ ЛАЙТМАН

«ТАЙНЫ ВЕЧНОЙ КНИГИ»

КАББАЛИСТИЧЕСКИЙ КОММЕНТАРИЙ К ТОРЕ

ТОМ 4

«КОГДА ПОСЛАЛ»
«ИТРО»
«ЗАКОНЫ»
«ПОЖЕРТВОВАНИЕ»

МЕЖДУНАРОДНАЯ
АКАДЕМИЯ
КАББАЛЫ

Лайтман Михаэль
Тайны Вечной Книги. Том 3/ Михаэль Лайтман – Laitman Kabbalah Publishers, 2016. – 328 с.
Напечатано в Израиле.

Laitman Michael.
Secrets of the Eternal Book. Volume 3/ Michael Laitman – Laitman Kabbalah Publishers, 2016. – 328 pages.

ISBN 9781772281309
DANACODE 760-102

Подобного раскрытия Торы до сих пор не было. Дайте себе немного времени, войдите в материал, и, уверяю вас, вы не оторветесь от этой книги. Потому что почувствуете, что она – о вас. И она нужна вам, как близкий друг, который всегда поможет, придет на помощь, будет рядом и в горе, и в радости.

Семен Винокур, автор и ведущий серии передач с Михаэлем Лайтманом «Тайны Вечной Книги»

ISBN 9781772281309
DANACODE 760-102

Copyright [c] 2016 by Laitman Kabbalah Publishers
1057 Steeles Avenue West, Suite 532
Toronto, ON M2R 3X1, Canada
All rights reserved

ОГЛАВЛЕНИЕ

ПРЕДИСЛОВИЕ	7
ГЛАВА «КОГДА ПОСЛАЛ»	9
ТАМ, ГДЕ ЗАКАНЧИВАЕТСЯ ЭГОИЗМ	10
ГРАНИЦА НА ЗАМКЕ	12
ФАРАОН ЖИВЕТ ВНУТРИ НАС	14
ИГРА С ФАРАОНОМ	17
ФАРАОН НЕ ОТПУСТИТ ТЕБЯ!	20
ПОЛНОЧНЫЕ СХВАТКИ	22
ЭРЕВ РАВ – КТО ЭТИ ЛЮДИ?	25
СВОБОДНЫЕ И БЕССТРАШНЫЕ	26
ПЕСОЧНЫЕ ЧАСЫ ЖЕЛАНИЙ	29
«ЛУЧШЕ БЫ МЫ ОСТАЛИСЬ В ЕГИПТЕ…»	31
КОММУНИЗМ ПРОВАЛИЛСЯ ИЗ-ЗА ПОСОХА	33
КУПИТЕ СЕБЕ ГРЕЧЕСКИЙ ОСТРОВ!	35
ПОВИВАЛЬНЫЕ БАБКИ – СИЛЫ ТВОРЦА	37
Я. МЫ. ОНИ.	40
РОДЫ – ТРАГИЧЕСКИЙ МОМЕНТ	43
ВЕСЬ МИР ВНУТРИ ЧЕЛОВЕКА	47
В УНИСОН С ТВОРЦОМ	50
ГОТОВНОСТЬ ЖЕНЩИНЫ	53
ДРУГОЙ МИР В ДРУГИХ ЧАСТОТАХ	55
МНОЖЕСТВЕННОЕ ЧИСЛО ОТ СЛОВА ТВОРЕЦ	57
ЗАЧЕМ НАМ ТАКАЯ ЖИЗНЬ?	59
ЧТО ЖЕ ТАКОЕ МАННА?	62
МЕНЯ ТВОРЕЦ СПАСЁТ?	65
ЧТО ЗАХОЧУ, ТО И ПОЛУЧУ	68
ВЕЧЕРНИЕ СУМЕРКИ	71
СМЕНА ВЛАСТИ ВО ВСЕМ МИРЕ	73
УНИВЕРСАЛЬНЫЙ КАЛЕНДАРЬ	75
ПЯТЬ РАБОЧИХ ДНЕЙ	78

МЕДОВЫЙ ПИРОГ СУББОТЫ	80
ЕСТЬ ЛИ БОГ?	82
УДАР ПОСОХОМ	85
АМАЛЕК НЕПОБЕДИМ	86
РУКИ ВВЕРХ!	88
МЕЖДУ ТВОРЦОМ И АМАЛЕКОМ	90

ГЛАВА «ИТРО» — 93

ДВУЛИКИЕ ЕВРЕИ	94
ПЕРЕСТРОЙКА СИСТЕМЫ	96
БЛАГОСЛОВЕНИЕ ИТРО	99
ОБРЕЗАНИЕ ИТРО	102
ИНСТРУМЕНТ ДЛЯ ИСПРАВЛЕНИЯ МИРА	104
ВЕДУЩИЕ И ВЕДОМЫЕ	107
СВОЕ МЕСТО В МИРЕ	109
ДВЕ ПИРАМИДЫ – ЗВЕЗДА ДАВИДА	111
ГОРА СИНАЙ – ЭТО НЕНАВИСТЬ	114
ИНСТРУКЦИЯ АЛЬПИНИСТАМ	117
И СИЛЬНО СОДРОГАЛАСЬ ВСЯ ГОРА	121
НЕТ ВРЕМЕНИ И НЕТ ПРОСТРАНСТВА	124
НЕ ЗВУК, А ГОЛОС	126
КУЛЬМИНАЦИОННЫЙ МОМЕНТ	129
КТО ТЫ ТАКОЙ?	132
КРИК В ПУСТОТУ	135
ДО ЧЕТВЕРТОГО КОЛЕНА	138
ОТ ОСОЗНАНИЯ ЗЛА К ОСОЗНАНИЮ ДОБРА	140
НЕДЕЛЯ – ЭТО БИБЛЕЙСКОЕ ПОНЯТИЕ	144
ДАБЫ ПРОДЛИЛИСЬ ДНИ ТВОИ НА ЗЕМЛЕ	147
ПОЧЕМУ Я УБИВАЮ СВОЮ ДУШУ?	150
РОМАНТИКА ДУХОВНАЯ И ЗЕМНАЯ	152
НЕ ТВОЯ ЖЕНЩИНА, НЕ ТВОЕ ЖЕЛАНИЕ	154
ЗАПОВЕДИ НЕ ОТНОСЯТСЯ К НАШЕМУ МИРУ	157
УБИТЬ ПЕРВЫМ!	160

И ВОЗНИКАЕТ АБСОЛЮТНАЯ ПУСТОТА	162
Я И ТВОРЕЦ. И ВСЁ	164
ВОКРУГ ГОРЫ	166
СТРАХ И ТРЕПЕТ	170
ВХОЖДЕНИЕ В ОБЛАКО	171
ЖЕРТВЕННИК ИЗ ЗЕМЛИ И ЖЕЛАНИЙ	173
ГЛАВА «ЗАКОНЫ»	**179**
613 НЕИСПРАВЛЕННЫХ ЖЕЛАНИЙ	180
ЧТО ТАКОЕ – БЫТЬ РАБОМ?	182
ВЫКУПИТЬ ЖЕНУ И ДЕТЕЙ ИЛИ ДЫРКА В УХЕ	185
ИГРА ЖЕЛАНИЙ	189
ТОРА ЧЕРЕЗ ПРИЗМУ «Я»	191
ВЕСЬ СМЫСЛ ТОРЫ	194
ЭТО ВЫСШАЯ ДУХОВНАЯ ПСИХОЛОГИЯ	197
А СУДЬИ КТО?	201
НЕ ПРОДАВАЙ ЧЕЛОВЕКА В СЕБЕ	204
ЗАКОНЫ ВЫСШЕГО МИРА В НАШЕМ МИРЕ	207
НЕТ НАКАЗАНИЯ, ЕСТЬ ТОЛЬКО ИСПРАВЛЕНИЕ	211
ГДЕ ЖЕ ЧЕЛОВЕКОЛЮБИЕ?	214
ТОЧКА ПЕРЕВОРОТА	217
ОТКРЫТЬ ГЛАЗА, ОТКРЫТЬ СЕРДЦЕ	222
ГЛАЗ ЗА ГЛАЗ, ЗУБ ЗА ЗУБ	226
ЗАКОНЫ ЦАРЕЙ	230
НОЧНОЙ ВОР	233
СУМАСШЕДШИЕ ДЕНЬГИ ЗА РАЗВОД	237
НАДЕНЬ ОЧКИ И ПРОВЕРЬ	239
ТЫСЯЧУ РАЗ УПАДЕТ ПРАВЕДНИК	243
СЛОЖНЫЙ ПРОЦЕНТ	247
СУДЬЯ ВСЕГДА ПРАВ	250
ПРОТИВОСТОЯНИЕ С ТВОРЦОМ	253
СОБЛАЗН ВЛАСТЬЮ, СЛАВОЙ, ЗНАНИЕМ	257
НИКАКОЙ ДЕМОКРАТИИ НЕТ	261

КРИЗИС ОЗНАЧАЕТ РОЖДЕНИЕ	265
МЫ ВСЕ – ВОРЫ	268
ЦАРЬ – ЭТО САМЫЙ ЛЮБЯЩИЙ	271
КТО ЖЕ ПРАВ? – НИКТО!	275
НЕ СТАНОВИСЬ НА ПУТИ ПРИРОДЫ!	278

ГЛАВА «ПОЖЕРТВОВАНИЕ» — **281**

СОЗДАНИЕ ХРАМА В СЕБЕ	282
ЭТО НЕ ОБЛОМОВЩИНА	285
ЗЕМНЫЕ СВЯЗИ И ДУХОВНЫЕ	288
СВЯТИЛИЩЕ В КАЖДОМ ЧЕЛОВЕКЕ	292
ТОЧЕЧНЫЙ КОНТАКТ. ГРУППА ПОДДЕРЖКИ	295
У КАЖДОГО СВОЯ МИССИЯ	297
613 ЗАПОВЕДЕЙ ДЛЯ ИСПРАВЛЕНИЯ СЕРДЦА	300
СБЛИЖЕНИЕ ПОД СЕНЬЮ КРЫЛЬЕВ	303
ЗА ЧТО Я УВАЖАЮ ЭНГЕЛЬСА	306
НАША РАБОТА – СОБРАТЬ ДУШУ	309
ДОЙТИ ДО ЗАМЫСЛА	313

О ИЗДАНИИ «ТАЙНЫ ВЕЧНОЙ КНИГИ» — **319**

О ИЗДАНИИ	320
СОДЕРЖАНИЕ ТОМОВ	320
МИХАЭЛЬ ЛАЙТМАН	321
СЕМЕН ВИНОКУР	321

ИНФОРМАФИЯ О МЕЖДУНАРОДНОЙ АКАДЕМИИ КАББАЛЫ — **323**

Предисловие

Когда мы снимали серию телепередач «Тайны Вечной Книги», мы все время ловили себя на мысли: «лишь бы не прекращалось это чудо»…

Вот именно для того, чтобы сохранить это ощущение, мы и оставили все, как было.

Вот так, в виде свободной беседы все и происходило.

Мы получали ответы на сложнейшие вопросы.

Перед нами раскрывался волшебный мир Торы.

Точнее сказать, мы впускали ее в себя.

И открывалось нам, что это действительно инструкция, и действительно единственная в своем роде.

В книге все сохранено. И даже личные темы, которые вдруг возникали по ходу беседы, они тоже вошли в книгу.

Дорогие читатели, мы советуем вам, «отпустите весла» и начните сплавляться по этой великой реке жизни, которая называется каббалистический комментарий к главам Торы.

Читайте не торопясь, тогда вы почувствуете неповторимый вкус этой книги.

И захотите прочитать ее еще и еще раз.

У нас надежный проводник. Он чувствует эту реку, как свою, она для него – родная.

Профессор Лайтман раскрывает нам тайны Книги, в которой написано абсолютно все о каждом из нас.

О том, как нам жить.

Как быть счастливыми.

Двинемся же вслед за ним в это увлекательное путешествие!

Семен Винокур, автор и ведущий серии передач с Михаэлем Лайтманом «Тайны Вечной Книги»

Глава
«КОГДА ПОСЛАЛ»

ТАМ, ГДЕ ЗАКАНЧИВАЕТСЯ ЭГОИЗМ

Мы читаем главу «Бешалах» – «Когда послал». Народ начинает выходить из Египта после всех казней.

/17/ И БЫЛО: КОГДА ОТПУСТИЛ ФАРАОН НАРОД, НЕ ПОВЕЛ ИХ ВСЕСИЛЬНЫЙ ЧЕРЕЗ СТРАНУ ПЛИШТИМ, ПОТОМУ ЧТО КОРОТОК ЭТОТ ПУТЬ – ИБО СКАЗАЛ ВСЕСИЛЬНЫЙ: «НЕ ПЕРЕДУМАЛ БЫ НАРОД ПРИ ВИДЕ ВОЙНЫ И НЕ ВОЗВРАТИЛСЯ БЫ В ЕГИПЕТ». /18/ И ВСЕСИЛЬНЫЙ ПОВЕРНУЛ НАРОД НА ДОРОГУ ПУСТЫНИ К МОРЮ СУФ; И ВЫШЛИ СЫНЫ ИЗРАИЛЯ ВООРУЖЕННЫМИ ИЗ СТРАНЫ ЕГИПЕТСКОЙ.

Он повел народ свой к *Ям Суф* – к Конечному (Крайнему) морю. Его называют Красным морем, но это неверный перевод.

Конечное море, потому что оно действительно конечное – место, где заканчивается эгоизм и начинается следующий переход.

Отсюда идет путь в *Эрец Исраэль*.

Эрец Исраэль считается уже следующим миром. И переход должен быть осуществлен через границу – через *Ям Суф* (Конечное море).

Таким путем они и пошли.

Тут написано:

«...НЕ ПОВЕЛ ИХ ВСЕСИЛЬНЫЙ ЧЕРЕЗ СТРАНУ ПЛИШТИМ, ПОТОМУ ЧТО КОРОТОК ЭТОТ ПУТЬ».

То есть повел длинным путем?

Повел длинным путем, потому что человек должен адаптироваться к выходу из эгоизма и к получению альтруистического намерения.

Человек должен пройти через пустыню, чтобы полностью оторваться от прошлого. Он должен пройти через море, чтобы от прошлого омыться водой.

И самое главное – он должен принять «морскую пучину, как гладкую дорогу». То есть для него свойство отдачи, *бины* (свойство воды), преобразуется в прямой широкий путь.

Воды расходятся, потому что произошло изменение состояния. Ведь откуда появляется земля и вода? Свойство *малхут* – земля, свойство *бины* – вода. Свойство получения и свойство отдачи. От воды (свойство отдачи) – вся жизнь. От земли, наоборот: она все вбирает в себя.

Когда человек видит в свойстве отдачи свое следующее состояние, свойство *бины* не представляется ему пучиной, в которой он тонет, а, наоборот, с ее помощью он оживает. И тогда он движется в этом. Он проходит границу между *Египтом*, состоянием эгоистическим, и *Эрец Исраэль*, Землей Израиля, – состоянием альтруистическим.

Когда он двигается к любви, расступается море?

Что значит, «расступается море»? Оно получает новое свойство: «по воде, как по посуху».

Здесь сказано:
«НЕ ПЕРЕДУМАЛ БЫ НАРОД ПРИ ВИДЕ ВОЙНЫ И НЕ ВОЗВРАТИЛСЯ БЫ В ЕГИПЕТ».

О какой войне ведется речь?

О войне, которую они бы увидели, если бы пошли через землю Плиштим.

В древности был такой народ – *плиштим* (филистимляне). Он населял западную часть Синайского полуострова. Но это не арабы, которые сегодня называют себя палестинцами. Современные палестинцы просто взяли себе название земли. Того народа – филистимлян – уже давно нет, как и многих других древних народов.

ГРАНИЦА НА ЗАМКЕ

Чем отличаются палестинские желания от египетских и от желаний Израиля в человеке? Тем, что они могут существовать на границе и защищать Землю Израиля от проникновения в нее неподготовленных элементов.

Они стоят на пути тех желаний или людей, пытающихся проникнуть из Египта в Израиль, которые недостойны Израиля. Для них они – враги-палестинцы, их не пропускают, с ними вступают в войну.

Мы говорим о тех, которые хотят пройти в духовный Израиль?

Да! Если ты не готов, они тебя не пропустят.

Ты спускаешься по пустыне, проходишь подготовку, согласен пройти через Крайнее (Конечное) море и у тебя есть предводитель Нахшон. Тогда ты готов, чтобы твои желания действительно исправились, перешли из эгоистических, египетских, в намерение к Творцу, к отдаче и любви. И ты проходишь в Израиль.

Палестинцы таким образом действуют и по сей день. Они орудие в руках Творца, который не успокоится, пока мы не станем соответствовать Земле Израиля. Они не дадут нам спокойно существовать в ней. Но как только мы приведем себя в порядок относительно этой земли, они станут элементом, помогающим нам.

И сегодня они помогающий элемент, только называется он «помощь против тебя».

Глава «Когда послал»

Что такое наши страхи по поводу соседей-палестинцев?

Нам надо бояться не исправить себя каждый раз в нужный момент, в нужном направлении – вот и всё.

Палестинцы нам помогают, именно помогают, увидеть себя неисправленными, увидеть себя немощными. Они заставляют нас исправляться. Но мы должны быть сильнее в исправлении внутреннем, а не во внешней подготовке к борьбе с ними.

Они находятся в руках Творца, и Творец не уступит в своем условии добиться нашего соответствия Земле Израиля. Пока мы не начнем ей соответствовать, вокруг нас всё больше и больше будут концентрироваться противоположные нам силы. Всеми способами: террором, войнами, угрозами – они вынуждают нас понять, что мы должны себя менять.

Так же как сегодняшний глобальный кризис, в итоге, заставит нас понять, что мир должен меняться сам, а не менять природу вокруг себя.

Человек должен обратить внимание внутрь себя для того, чтобы соответствовать природе – Творцу.

В первую очередь, это касается народа Израиля и затем всего мира. Надо смотреть на это совершенно другими глазами, и Тора нас этому учит.

Как может произойти перелом в понимании? Осознанием, что нас задавят?

Осознанием бессилия перед огромными внешними угрозами. Пониманием, что не только оружие, но и вообще ничего в этом мире тебе не помогает. Ты находишься в абсолютном бессилии, не можешь ничего сделать. У тебя не остается никакого выхода. Только тогда и начинает проявляться, рождаться следующий уровень.

Что значит бессилие? Твой эгоизм в сердце и в разуме осознаёт, что далее он ни на что не способен. Тогда он в состоянии услышать о методике, называемой наукой каббала, которая говорит, как человеку исправиться самому, а не исправлять мир.

Это Вы подразумеваете под словами «сильный Израиль»?

Сильный Израиль – это сильный внутренне. Это те, которые устремляются к Творцу. И действительно, устремляясь к Творцу, они тянут за собой весь остальной мир.

ФАРАОН ЖИВЕТ ВНУТРИ НАС

/19/ И ВЗЯЛ МОШЕ КОСТИ ЙОСЕФА С СОБОЙ, ИБО КЛЯТВОЮ ЗАКЛЯЛ ТОТ СЫНОВ ИЗРАИЛЯ, СКАЗАВ: «ВСПОМНИТ ВСЕСИЛЬНЫЙ О ВАС – ВЫНЕСИТЕ ОТСЮДА КОСТИ МОИ С СОБОЙ». /20/ И ДВИНУЛИСЬ ОНИ ИЗ СУКОТА, И РАСПОЛОЖИЛИСЬ СТАНОМ В ЭЙТАМЕ, НА КРАЮ ПУСТЫНИ.

Кости – это основа, от слова эцем. Когда мы говорим на других языках, то часто не понятно, теряется смысл.

Основа Йосефа – это сфира есод, которая является соединяющей, с ее помощью вошли в Египет. Теперь с помощью тех же основ все желания выносятся из Египта.

Снова выносятся в Эрец Исраэль, но уже не в Хеврон, не в Меарат а-Махпела – в пещеру, где похоронены Адам, Авраам, Ицхак, Яаков. Выносятся в Шхем – это совсем другое дело.

Шхем – первая столица государства. Туда выносятся эти кости (основа).

ГЛАВА «КОГДА ПОСЛАЛ»

Кстати, и сейчас они все еще охраняются арабами в Шхеме. Для них Йосеф святой, конечно. Так же, как и Авраам, Ицхак, Яаков – все они считаются святыми.

Восприятие костей и останков человека – в этом для Израиля есть какая-то святость?

Никакой святости! Бааль Сулам сказал просто: «Мне неважно, где закопают мешок с моими костями».

Оторваться от всех заблуждений этого мира, видеть его только представляющимся в нашем эгоизме и не имеющим никакой иной основы, относить себя только к миру, в котором этой материи не существует, – конечно, это другой уровень.

Дальше очень интересная фраза:

/21/ А БОГ ШЕЛ ПЕРЕД НИМИ ДНЕМ В СТОЛПЕ ОБЛАЧНОМ, ЧТОБЫ УКАЗЫВАТЬ ИМ ДОРОГУ, И НОЧЬЮ В СТОЛПЕ ОГНЕННОМ, ЧТОБЫ СВЕТИТЬ ИМ, ЧТОБЫ ШЛИ ОНИ ДНЕМ И НОЧЬЮ. /22/ НЕ ОТХОДИЛ СТОЛП ОБЛАЧНЫЙ ДНЕМ И СТОЛП ОГНЕННЫЙ НОЧЬЮ ОТ НАРОДА.

Что стоит за фразой: «Шел перед ними днем в столпе облачном»?

Об этом говорит Зоар и многие другие каббалистические комментарии. В человеке начинает прорываться понимание противоположностей и того, как над ними подниматься и идти вперед.

Эгоизм не исчезает, Египет остаётся вместе с нами, но всё время мы работаем над ним. Поэтому говорим: «В память выхода из Египта». Что значит, «в память»?

Каждое наше движение вперед происходит потому, что мы приподнимаемся над своим Египтом внутри нас. Мы от него никогда не отрываемся.

Фараон живет внутри нас. И постепенно обращается в очищенную, в святую основу, над которой мы и строим наше новое отношение к миру. Невозможно возвышение над Фараоном без Фараона.

Мы начинаем благодарить Фараона?

Конечно! Во-первых, как не благодарить, если сила, с помощью которой мы поднимаемся в духовное, воспиталась, взросла в доме Фараона: Моше вырос на его коленях.

Эгоизм вырастил Моше.

«Идет впереди и указывает дорогу и днем, и ночью», – это мое ощущение?

«И днем, и ночью» перед тобой всё более и более будет проявляться твой путь, но всё равно ты будешь чувствовать себя во тьме относительно указателя. Ты сможешь анализировать всю свою внутреннюю тьму относительно свойства отдачи, которое будет перед тобой или светить ночью, или проявляться в виде тумана днем.

Насколько днем ты чувствуешь свет вокруг, настолько туманным будет перед тобой свойство отдачи. Он будет сильным контрастом между твоим внутренним состоянием, «день или ночь», и указанием к свойству отдачи.

Когда я говорю: «день» – мне вдруг кажется, что я всё понимаю и знаю. И тогда мне видится туман.

Когда внутри себя я чувствую «ночь» в своем эгоизме, отношусь к нему, как к тьме, тогда вижу перед собой яркий свет.

Совершенно противоположно моему внутреннему состоянию – так я направляюсь к духовному.

Далее Творец велит Моше сказать народу, чтоб народ вернулся и расположился у моря.

ИГРА С ФАРАОНОМ

/3/ И СКАЖЕТ ФАРАОН О СЫНАХ ИЗРАИЛЯ: ЗАБЛУДИЛИСЬ ОНИ В СТРАНЕ ЭТОЙ, ЗАПЕРЛА ИХ ПУСТЫНЯ. /4/ А Я ОЖЕСТОЧУ СЕРДЦЕ ФАРАОНА, И ПОГОНИТСЯ ОН ЗА НИМИ, И ПРОСЛАВЛЮСЬ Я, НАКАЗАВ ФАРАОНА И ВСЕ ЕГО ВОЙСКО, И УЗНАЮТ ЕГИПТЯНЕ, ЧТО Я – БОГ! И СДЕЛАЛИ ОНИ ТАК.

Снова идет игра с Фараоном – всё время он пропускает их где-то рядом.

Человек должен вознуждаться в помощи Творца. И прежде, чем он вознуждается в этой помощи – в свойстве отдачи, чтобы оно в нем жило, чтобы с его помощью двигаться самостоятельно вперед, он должен быть в критическом состоянии. Иначе из своего эгоизма он не захочет приобрести противоположное свойство.

Человек может захотеть его только тогда, когда увидит, что теряет в эгоизме абсолютно всё и у него не остается вообще ничего. Тогда он готов или броситься в море, как Нахшон, или он находится в том состоянии, о котором ты говоришь.

Он снова закручивает Фараона, чтобы сделать последний прыжок в море?

Да, но здесь уже, действительно, отрыв серьезный, потому что начинают проявляться, разделяться между собой все свойства народа Израиля, который пришел в Египет, и самих египтян. Есть свойства, которые выделяются, устремляются к отдаче, – это Исраэль. Есть свойства, которые выделяются как Египет, – абсолютно эгоистические.

Общая картина такова, что желание, в котором они смешались вместе в Египте, с одной стороны, – это Исраэль, с другой – Египет. Сейчас они начинают разделяться.

Исраэль выделяется обратно, насколько может, и при этом вытаскивает себя из Египта.

Одновременно с этим выделяется Египет, который четко остается на месте.

Есть часть Израиля, которая тянет с собой часть Египта, абсорбирует его в себе и уходит вместе с ним.

И выделяется еще часть в Египте, в которой остается немножечко от Израиля, потом ее надо будет вытаскивать. В дальнейшем, с течением времени, в пустыне эта часть присоединяется.

Самая большая проблема – это те из Израиля, которые подцепили египетский эгоистический вирус и присоединяются к ним. Они называются эрев рав и считают, что надо заниматься духовной работой ради Фараона. То есть не ради Творца, а ради себя. По сей день мы видим эти последствия.

Называется эта история – разделение. Дальше сказано: И СДЕЛАЛИ ОНИ ТАК. /5/ И СООБЩЕНО БЫЛО ЦАРЮ ЕГИПЕТСКОМУ, ЧТО БЕЖАЛ НАРОД; И ОБРАТИЛСЯ ГНЕВ В СЕРДЦЕ ФАРАОНА И СЛУГ ЕГО НА НАРОД, И СКАЗАЛИ ОНИ: «ЧТО ЭТО МЫ СДЕЛАЛИ,

ГЛАВА «КОГДА ПОСЛАЛ»

ОТПУСТИВ ИЗРАИЛЬ ОТ СЛУЖЕНИЯ НАМ?». /6/ И ЗАПРЯГ ОН КОЛЕСНИЦУ СВОЮ, И НАРОД СВОЙ ВЗЯЛ С СОБОЮ. /7/ И ВЗЯЛ ШЕСТЬСОТ КОЛЕСНИЦ ОТБОРНЫХ, И ВСЕ КОЛЕСНИЦЫ ЕГИПТА, И ПОСТАВИЛ НАЧАЛЬНИКОВ НАД ВСЕМ ВОЙСКОМ. /8/ И УКРЕПИЛ БОГ СЕРДЦЕ ФАРАОНА, ЦАРЯ ЕГИПЕТСКОГО, И ТОТ ПОГНАЛСЯ ЗА СЫНАМИ ИЗРАИЛЯ, А СЫНЫ ИЗРАИЛЯ УХОДИЛИ – СВОБОДНЫЕ И БЕССТРАШНЫЕ.

Здесь каббалисты дают объяснение. Откуда у Фараона было войско? Откуда у него колесницы и первенцы, и прочее, ведь всё уже было уничтожено?

Именно те израильтяне, которые спустились в Египет и прониклись от Египта его идеологией, считали, что надо работать в отдаче для того, чтобы было хорошо эгоизму.

Отдача на пользу эгоизму – лэашпиа аль минат лэкабель. Это и есть эрев рав.

Они так и называются «боящиеся Творца, работающие на Фараона» (*ирей Ашем овдей Паро*). Они готовы внешне делать любые действия, которые делает Израиль, но следствие этих действий направлять на свой эгоизм.

Они это осознают?

Нет. Не осознают. Им невозможно указать. Не услышат.

Дело в том, что это – самое тяжелое исправление, потому что они считают себя праведниками, работающими на Творца. Хотя на самом деле они работают на эгоизм. Это видно по всем их поступкам.

ФАРАОН НЕ ОТПУСТИТ ТЕБЯ!

Написано:

/5/ И СООБЩЕНО БЫЛО ЦАРЮ ЕГИПЕТСКОМУ, ЧТО БЕЖАЛ НАРОД; И ОБРАТИЛСЯ ГНЕВ В СЕРДЦЕ ФАРАОНА И СЛУГ ЕГО НА НАРОД, И СКАЗАЛИ ОНИ: «ЧТО ЭТО МЫ СДЕЛАЛИ, ОТПУСТИВ ИЗРАИЛЬ ОТ СЛУЖЕНИЯ НАМ?». /6/ И ЗАПРЯГ ОН КОЛЕСНИЦУ СВОЮ, И НАРОД СВОЙ ВЗЯЛ С СОБОЮ. /7/ И ВЗЯЛ ШЕСТЬСОТ КОЛЕСНИЦ ОТБОРНЫХ, И ВСЕ КОЛЕСНИЦЫ ЕГИПТА, И ПОСТАВИЛ НАЧАЛЬНИКОВ НАД ВСЕМ ВОЙСКОМ. /8/ И УКРЕПИЛ БОГ СЕРДЦЕ ФАРАОНА, ЦАРЯ ЕГИПЕТСКОГО, И ТОТ ПОГНАЛСЯ ЗА СЫНАМИ ИЗРАИЛЯ, А СЫНЫ ИЗРАИЛЯ УХОДИЛИ – СВОБОДНЫЕ И БЕССТРАШНЫЕ.

Вот это интересно! Ведь Фараон – высшая сила Творца, которая стоит против Него. Специально так сделано, Фараон – это как бы Его отражение.

Человек находится посредине и ему не ясно, кто из них командует: Фараон или Творец.

Фараон говорит: «Отпускаю тебя!». И что происходит через минуту? «Нет! Не отпущу! Нет, отпущу!». Как-то несолидно для таких решений.

Отпустил. И все равно погнался за ними. Это говорит о змее, который умеет прятать голову и потом высовывать, снова прятать и высовывать.

Все удары производятся по эгоизму, который осациируется со змеем. Причем это свойство такого змея, который заглатывает жертву настолько, насколько может раскрыть пасть.

Как удав кролика.

Какой там кролик?! Косуля, которая больше змея в несколько раз! И потом, после того, как заглотил, змей переваривает жертву в течение полугода. Ему ничего больше не надо – лежит и переваривает, лишь кости выплевывает наружу.

Фараон, вроде, отпустил, и все-таки не может отпустить. Какая-то часть в нем еще остается. Так происходит практически без конца. От Фараона надо убегать! Он не отпустит тебя, ты не выйдешь из него нормальным путем.

Ты обязан выйти, как при рождении: со схватками, давлением, угрозами – процессом довольно критическим. Здесь и возникает проблема.

Огромные массы людей интересуются выходом из эгоизма: их это захватывает, им это необходимо, они видят в этом смысл жизни.

Но как это будет происходить с нами, то есть в человечестве? У людей вдруг пропадет интерес к выходу. Вот что интересно!

Вдруг: могу и подождать, а, может быть, в следующий раз, проживу эту жизнь уже так. Становится важным отдых, бытовые вещи, нормальное проведение времени. В чем-то обыденном, животном человек находит покой.

Он как бы становится умиротворённым стариком. Соглашается с тем, что происходит: главное – потихоньку, и все пройдет. Находят на него такие противоестественные для него торможения. Бежал-бежал, а тут вдруг выставляет перед собой две ноги и тормозит. Как заяц.

Человек двадцать лет жизни уложил на это дело.

Да хоть всю жизнь – неважно! И эгоизм остается! У всех и у каждого есть такое!

Это законы выхода, и они аналогичны для всех. Здесь очень важна группа, которая будет его тащить. Причем тащат сами себя. Некому тащить больше. Учитель – где-то там, он может быть в стороне, он теряет важность.

Моше здесь идет впереди?

Да, но Творец тоже где-то там. Надо нагонять свыше серьезную тьму. Выставлять впереди Творца. Нагонять серьезный страх от Фараона, который тебе в этой жизни, сейчас здесь в Египте, не даст никакого настоящего, не говоря уже о будущем.

Это группа нагоняет?

Это группа делает, да. Она создает сама себе дополнительные схватки! Силы выталкивания! И тогда выход становится возможным. Человек становится все более и более активным, но в виде группы, не сам по себе.

ПОЛНОЧНЫЕ СХВАТКИ

Относительно человека все смотрится, как приказы от Моше: «Сделайте так-то и так-то!». Здесь нет никакой свободы.

Все идет в тактовом серьезном режиме, и точно в полночь происходят все события. В огромной тьме рождается новое желание, потому что полночь – момент рождения следующего дня, новых желаний, в которых они и выходят из Египта. Так это происходит.

Но существуют огромные силы сопротивления.

Олицетворение ночи – тоже торможение?

Да! Это начало серьезных схваток, которые заканчиваются после прохождения Конечного моря.

Потеря интереса к выходу – признак очень опасный! Потому что здесь может быть мертворождённый или возникнет проблема в процессе рождения.

Выкидыш?

Выкидыш – это преждевременные роды, но с другой стороны, это двести десять лет вместо четырехсот. В общем, тут есть очень много всяких «но».

Мы должны понимать, что все происходит внутри человека, основано на его связи с группой, которая как матка должна выталкивать человека! И человек будет пытаться выходить и не выходить, нет и да. Тут необходима среда, которая будет очень серьезно давить на него.

Если человек, со своей стороны, понимает это хоть немножко, каким-то образом соединяет себя с группой, оставляет себя в группе, то тогда силы выталкивания действуют на него сильнее, лучше. Когда человек готов сопереживать со всей группой, соучаствовать, хотя ему больно, – ведь это сильное давление, когда он готов на все, тогда и рождается.

Весь путь – это создание зоны безопасности, которая называется группа?

Не зона безопасности. На самом деле, это очень серьезные силы выталкивания, неприятные относительно эгоизма, который здесь возбуждается и достигает своего максимума. И помогает только помощь от Фараона, который посылает последний укус своего змея в виде шестисот колесниц и эрев рав.

Колесницы движутся за ними, потому что у Фараона больше ничего не осталось. Все погибло, войско погибло. Эти десять ударов уничтожили всех. Практически в Египте остался один Фараон – это только основа всего.

И вдруг снова появляется шестьсот колесниц. РАБАШ объясняет, откуда они взялись. Это – из тех сынов Израиля, которые перешли на египетскую сторону. Они сейчас воюют за то, чтобы все израильтяне остались у Фараона в плену. Они бегут их задерживать.

Здесь говорится об этом:

/7/ И ВЗЯЛ ШЕСТЬСОТ КОЛЕСНИЦ ОТБОРНЫХ, И ВСЕ КОЛЕСНИЦЫ ЕГИПТА, И ПОСТАВИЛ НАЧАЛЬНИКОВ НАД ВСЕМ ВОЙСКОМ.

Да! Это те самые *эрев рав* – израильтяне, перешедшие на службу к Фараону.

Мы это видим везде в истории. Вокруг американских президентов, рядом с фашистами в течение долгого времени, среди соратников Сталина были евреи, которые работали против своего народа.

Говорится: «Кто эти люди, которые гнались за израильтянами, уходящими из Египта?». Это – *ирэй а-Шем, овдэй Паро*, то есть боящиеся Творца, идущие, якобы, к Нему, но *овдэй Паро* – работающие на Фараона.

Они готовы принять всю духовную методику для того, чтобы затем все вознаграждение получить в свой эгоизм. И так оживить Фараона.

Кто это сегодня? Те люди, которые готовы заниматься любой работой, более-менее близкой к духовной, для того, чтобы таким образом себя наполнять.

У них все хорошо, все нормально: «Мы работаем, нам хорошо. В этом мире, в будущем мире ничего нам большего не надо – так мы и должны действовать».

И об этом пишет РАБАШ в своей статье. Каждому человеку лучше всего самому прочесть и понять, о чем там говорится.

ЭРЕВ РАВ – КТО ЭТИ ЛЮДИ?

Это все находится во мне – в человеке?

То же самое есть в человеке, в каждом из нас, естественно! Нет в мире такого явления, которого бы не было в каждом из нас. Только оно или пребывает в законсервированном виде, скрытом, латентном состоянии, а потом выходит наружу. Или проявляется явно, в зависимости от развития человека.

Мы видим, что есть люди, в которых это проявляется в явном виде. Это хорошо и для Фараона, и для них. Общему, человеческому, вселенскому эгоизму они добывают пищу за счет того, что работают, якобы, на Творца.

И она сладостней, чем любая другая пища?

Конечно! У них при этом есть абсолютная уверенность в том, что они все делают правильно! Для них создан весь мир, все должны им, все им обязаны за то, что они делают. Мы видим это явно.

Это одно из проявлений эрев рав. Я никого не пытаюсь обвинять или унижать, просто говорю, как исследователь, о том, что это явление выходит из нашей природы. В наборе между желанием получать и желанием отдавать существует намерение получать с желанием получать, намерение получать с желанием отдавать и так далее. Четыре возможности, четыре комбинации.

Желание отдавать с намерением получать.

Да. Это то, что у них есть. Они не свободны. Это определенный этап в нашем развитии, который каждый должен пройти, так же, как прошли динозавры, обезьяны и все прочие: из неживой, растительной – в животную, в человека.

Эти стадии развития желания мы проходим в человеке, пока не доходим до эгоизма. И в эгоизме проходим определенные стадии, одна из которых называется эрев рав.

СВОБОДНЫЕ И БЕССТРАШНЫЕ

Написано:

/8/ И УКРЕПИЛ БОГ СЕРДЦЕ ФАРАОНА, ЦАРЯ ЕГИПЕТСКОГО, И ТОТ ПОГНАЛСЯ ЗА СЫНАМИ ИЗРАИЛЯ, А СЫНЫ ИЗРАИЛЯ УХОДИЛИ – СВОБОДНЫЕ И БЕССТРАШНЫЕ.

«Свободные и бесстрашные» – что означает эта фраза?

Человек уже прошел первый этап отрыва от эгоизма. Он приподнялся. Мы ощущаем такое, в частности, когда собираемся вместе и делаем серьезную духовную работу – прилагаем усилие. Над своим усилием мы как бы предвкушаем, что значит потустороннее существование.

Конечно, это еще не то, но, по крайней мере, человек уже ощущает, что может быть свободным. И существует возможность почувствовать, что такое состояние есть.

В духовных расчетах нет среднего. Есть или да, или нет. Если есть среднее, то это значит, что ты оставляешь какой-то маленький хвостик по ту сторону двери. Он тебя держит: дверь прижимает этот хвостик, и ты уже не можешь идти дальше.

Но ты не знаешь: это все или нет. В каждую минуту змей еще может выползти и сказать: «Нет, у меня еще что-то есть». Как солитёр изнутри показывается, и ты знаешь, что должен кормить или вытащить его. Это большая проблема.

Еще говорится человеку, что если согласен, то радуйся. Вы говорите: «Радуйся и не оглядывайся».

Да, это самое главное!

Так же, как в истории с женой Лота: ты уходишь от эгоизма. Там Лота и его жену вытаскивает Авраам. Здесь израильтян вытаскивает Моше. Всегда существует проблема оглянуться, что-то оставить, что-то взять с собой из Египта. Потом из того, что взяли из Египта, делают золотого тельца.

Да, мы еще дойдем до золотого тельца. Но вернемся к нашему рассказу. Вроде бы, уже проскочили, и снова Фараон преследует их.

Не только снова преследует. Всё дальнейшее духовное возвышение строится на том, что вспоминается Египет. Но он возрождается уже на таком уровне, когда человек может каким-то образом адаптировать его к свойству отдачи.

Был проход границы. Читаем дальше.

/9/ И ПОГНАЛИСЬ ЕГИПТЯНЕ ЗА НИМИ, И НАСТИГЛИ ИХ, РАСПОЛОЖИВШИХСЯ У МОРЯ, – ВСЯ КОННИЦА С КОЛЕСНИЦАМИ ФАРАОНА, И ВСАДНИКИ ЕГО, И ВОЙСКО ЕГО У ПИ-hАХИРОТА, ПЕРЕД БААЛЬ-ЦФОНОМ. /10/ И ФАРАОН ПРИБЛИЗИЛСЯ, И ПОДНЯЛИ СЫНЫ ИЗРАИЛЯ ГЛАЗА СВОИ, И ВОТ – ЕГИПТЯНЕ ГОНЯТСЯ ЗА НИМИ; И ВЕСЬМА УСТРАШИЛИСЬ, И ВОЗОПИЛИ СЫНЫ ИЗРАИЛЯ К БОГУ. /11/ И СКАЗАЛИ ОНИ МОШЕ: «РАЗВЕ МОГИЛ НЕДОСТАЕТ В ЕГИПТЕ, ЧТО ВЗЯЛ ТЫ НАС УМЕРЕТЬ В ПУСТЫНЕ? ЧТО ЭТО ТЫ СДЕЛАЛ НАМ, ВЫВЕДЯ НАС ИЗ ЕГИПТА? /12/ ВЕДЬ ОБ ЭТОМ МЫ ТЕБЕ ГОВОРИЛИ В ЕГИПТЕ: ОСТАВЬ НАС, И БУДЕМ МЫ СЛУЖИТЬ ЕГИПТЯНАМ, ИБО ЛУЧШЕ НАМ РАБОТАТЬ НА ЕГИПТЯН, ЧЕМ УМЕРЕТЬ В ПУСТЫНЕ!». /13/ И СКАЗАЛ МОШЕ НАРОДУ: «НЕ БОЙТЕСЬ, СТОЙТЕ И СМОТРИТЕ, КАК БОГ ВАС СПАСАЕТ СЕГОДНЯ! ИБО ЕГИПТЯН, КОТОРЫХ ВЫ ВИДИТЕ СЕГОДНЯ, НЕ УВИДИТЕ БОЛЕЕ ВОВЕКИ. /14/ БОГ БУДЕТ СРАЖАТЬСЯ ЗА ВАС, А ВЫ МОЛЧИТЕ!».

Тут происходит то, о чем Вы сейчас говорили. Оборачивается, как бы наоборот.

Все это не просто и, конечно, тут невозможно все объяснить.

Человек, который не готов умереть свободным, не может выйти из Египта. Человек, который готов жить рабом, готов остаться в Египте любой ценой, – еще раб! Пускай мне даже предложат быть самим Фараоном. Я не могу перенести этого свойства в себе.

Свойство ради себя я не могу перенести к намерению ради себя, которое я прослеживаю во всех своих мыслях и желаниях. У меня возникает такая ненависть, что я не в состоянии выносить его. Я готов выскочить из своей шкуры, только чтобы избавиться от него! Готов умереть, только чтобы избавиться от него!

Это состояние Моше, скорее всего?

Потом оно проходит в состояние Нахшона, который прыгает в море: «Лучше умереть свободным, чем остаться жить на всех этих хлебах в Египте».

Они говорят: «Почему ты взял нас умирать в пустыне? Лучше бы мы в Египте умерли».

Потому, что эти желания еще живут! С такими желаниями они не могут выйти из Египта.

ПЕСОЧНЫЕ ЧАСЫ ЖЕЛАНИЙ

Весь процесс выхода из Египта – это постоянный анализ все более тонких эгоистических, ранее скрытых в человеке свойств, которые выделяются один за другим: «А меня? А это?». Они вылезают наружу, и надо с ними что-то делать.

Тут есть фраза: «Лучше нам служить в Египте Фараону, чем умереть здесь в пустыне».

Да. А надо наоборот: лучше умереть в пустыне свободными, чем служить в Египте Фараону.

То есть этого переворота пока не произошло?

Когда ставится такое условие, значит, уже он готов измениться, он перевернется, как песочные часы.

Все построено, как ступени: *кетер* низшего становится *малхут* высшего. Каждая ступень переворачивается и комбинирует себя, отпечатывает себя на следующем уровне так, что меняет себя.

Есть десять *сфирот*. Если сейчас я могу эту *малхут* поднять выше, то переверну свои десять *сфирот* и поднимусь на следующий уровень.

Все время мои ценности основываются на предыдущих. Когда я рождаюсь из них и поднимаю то, что было раньше, я меняю их. Своим отношением к старому миру я строю в себе новый мир.

Можно сказать, то, что раньше было для меня ничем, становится вдруг короной? То, что было отходами производства, грубо говоря, становится ценностью для меня?

Да. Так это и указывается. И наоборот.

/13/ И СКАЗАЛ МОШЕ НАРОДУ: «НЕ БОЙТЕСЬ...»

Моше стоит на страже. Он их ведет, относится к ним, как к детям: «Сейчас я вам покажу чудо».

У нас есть несколько возможностей работать со своими состояниями: от абсолютно пассивного до активного.

Те состояния, которые мы проходим здесь, называются духовным рождением. Мы должны просто отдаться процессу, который проходит над нами. И достаточно показать свою солидарность, его приятие и его желательность, чтобы Творец это сделал.

Свой разум, который мы ценили, отбрасываем и присоединяемся к разуму Моше – нашей ведущей точки?

Да. Следующего состояния в нас еще совершенно нет. Эта точка – зародыш следующего состояния.

Практически ты уже развился в Египте, вырос до определенного состояния – антиэгоистического. Но относительно следующего состояния это всегда точка. Десять предыдущих *сфирот*, которые ты набрал, становятся точкой для развития следующего состояния. Нужно прикрепиться к точке. И так идет весь процесс.

Переход на следующую ступень означает, что ты включаешься туда в виде точки, то есть отменив себя! Сейчас они это и проходят.

«ЛУЧШЕ БЫ МЫ ОСТАЛИСЬ В ЕГИПТЕ...»

Мы выходим из Египта с криком, с болью, в какой-то момент с желанием вернуться. А потом снова рвемся вперед, как Вы сказали: «Змей просыпается в нас, не дает, и снова мы идем, идем за этой маленькой точкой – Моше».

Рождение – очень непростой процесс.

Мы читали отрывок, в котором говорится, как они выходили из Египта и Фараон погнался за ними, как вдруг они сказали: «Лучше бы мы остались там, в Египте, чем умерли здесь в пустыне». И здесь есть еще такая фраза, Моше говорит:

НЕ БОЙТЕСЬ, СТОЙТЕ И СМОТРИТЕ, КАК БОГ ВАС СПАСАЕТ СЕГОДНЯ! ИБО ЕГИПТЯН, КОТОРЫХ ВЫ ВИДИТЕ СЕГОДНЯ, НЕ УВИДИТЕ БОЛЕЕ ВОВЕКИ.

Почему они больше не увидят египтян, если мы говорим, что это, собственно, и есть человеческий эгоизм?

Потому что сейчас для человека заканчивается пребывание в эгоизме в чистом виде.

Человек будет исправлять этот эгоизм. Эгоизм будет в нем подниматься, но подниматься уже в свойство отдачи, и немного добавляя свои эгоистические желания, человек уже сможет использовать их на отдачу

Еще здесь, наверное, имеется в виду очень важный момент, что возврата уже не будет.

Возврата не будет. Никогда человек уже не будет находиться в намерении ради себя – полном, явном, открытом. Впереди будет очень много всяких проблем. Но человек не спускается в Египет.

Не спускается в Египет? Это переход границы в духовное? И возврата нет? Можно уже расписаться...

Нет! Если ты думаешь: «Ну, всё, я расписался», – значит, ты вообще не вышел из Египта.

Если требуешь роспись, значит, ты еще там? Но я хочу гарантию, что я не вернусь сюда больше.

Это показатель того, что ты еще не вышел, что выход у тебя впереди.

Тогда двинемся дальше к границе, через которую мы вот-вот будем переходить – границе в духовное.

/15/ И СКАЗАЛ БОГ, ОБРАЩАЯСЬ К МОШЕ: ЧТО ТЫ ВОПИЕШЬ КО МНЕ? СКАЖИ СЫНАМ ИЗРАИЛЯ, ЧТОБЫ ОНИ ДВИНУЛИСЬ ВПЕРЕД! /16/ А ТЫ ПОДНИМИ ПОСОХ СВОЙ, И НАВЕДИ РУКУ СВОЮ НА МОРЕ, И РАССЕКИ ЕГО – И ПРОЙДУТ СЫНЫ ИЗРАИЛЯ СРЕДИ МОРЯ ПО СУШЕ. /17/ А Я – Я ОЖЕСТОЧУ СЕРДЦЕ ЕГИПТЯН,

ГЛАВА «КОГДА ПОСЛАЛ»

И ОНИ ПОГОНЯТСЯ ЗА НИМИ, И ПРОСЛАВЛЮСЬ Я, НАКАЗАВ ФАРАОНА И ВСЕ ВОЙСКО ЕГО, КОЛЕСНИЦЫ ЕГО И ВСАДНИКОВ ЕГО.

Вот начинается… И снова посох…

Голливудская сцена.

Да. Я видел их фильмы. Народ стоит, все это ощущает. И начинает море расступаться, и посох в руках Моше… Развевается борода, стоит человек, держит посох…

Самое страшное, конечно, представлять это все таким образом!

Здесь столько вопросов по каждому действию: «подними посох свой», «наведи руку свою на море». Что это значит?

Это значит, что самое главное – это намерение, ради чего ты все делаешь.

КОММУНИЗМ ПРОВАЛИЛСЯ ИЗ-ЗА ПОСОХА

Это и есть «подними посох свой»?

Да. Только намерение ради отдачи, ради сближения с Творцом, чтобы пройти в такое состояние, когда ты можешь полностью быть в свойстве отдачи.

Посох – это то, что называется намерением ради Творца.

В этой сравнительно простой фразе, которую Вы сейчас сказали, – в ней все!

Если ты посох не поднимаешь, все идет змею?

Да.

Или змея, как мы говорили: «Бросил посох на землю – это змея. Или держишь его в руке поднятым…»…

Все движение только в этом.

Смотрите, как одним предложением можно все решить. Вы когда-то рассказывали о коммунизме, что не было этого посоха впереди – все было брошено на землю. То есть делаем хорошо для нас, здесь, нам будет хорошо.

Да. Именно поэтому все провалилось.

И РАССЕКИ ЕГО – И ПРОЙДУТ СЫНЫ ИЗРАИЛЯ СРЕДИ МОРЯ ПО СУШЕ.

Что значит «рассечение моря»? Как намерение рассекает море? Впереди море – что это означает?

Есть вода, которая топит, и есть вода, которая спасает. Есть вода, которая помогает тебе родиться, – отходящие женские воды. В нормальных родах человек рождается с водой. Это как бы аллегория: человек так рождается.

Рассекаются воды – это значит, что новорожденному, новому человеку дается возможность существовать в свойстве *бины*.

Суша проявляется из воды. Это соединение малхут и бины?

Да. Это свойство человека, который отрекается от всего эгоизма и готов подняться выше себя бывшего, неважно, в каком виде. Именно это устремление вынуждает свойство *бины* принять его. Он становится подобным свойству *бины*, и поэтому рассекаются грозные бушующие воды…

Именно посох, то есть намерение отдачи, к которому устремляется человек, вынуждает эти воды расступиться, и человек проходит. Проходит уже к следующему желанию.

Гора Синай – от слова *сина* (ненависть). Там возникают следующие, надэгоистические проблемы.

КУПИТЕ СЕБЕ ГРЕЧЕСКИЙ ОСТРОВ!

Находясь в эгоизме, человек не испытывает к нему сильной ненависти. Это можно сравнить с отношением к народу Израиля, когда он живет среди других народов. Они испытывают к нему ненависть, но одновременно существует и какая-то связь.

Когда народ Израиля отходит от них, устраивает себя отдельно, возникает совсем другой вид отношений – большая ненависть. Когда вы среди нас, вы под нами, мы вас ненавидим: вы для того и существуете, чтобы вас ненавидели. А когда вы отдельно, тогда с вами сложнее, тогда все мы ненавидим вас намного-намного жестче.

Так что же правильнее – жить отдельно?

Жить отдельно – правильно только тогда, когда ты выходишь из Египта, рождаешься и поднимаешь себя к духовному уровню. Иначе это не отдельно, иначе ты просто раздражаешь змея. А он находится в клетке за своими границами, по ту сторону этого моря. И ты просто его раздразнил. Теперь все время он пытается направить на тебя свой яд оттуда.

То есть ненависть лежит в корне создания государства Израиль на материальном уровне?
Проблема современного государства Израиль в том, что оно не понимает своей духовной функции, своего предназначения и существует только благодаря возможности своей духовной реализации в будущем.

Если этого не произойдет за определенный период времени, который предоставлен ему, тогда у него не будет никакой надежды на существование: весь этот сионистский проект закроется и все снова разбредутся по разным странам. Об этом предупреждает Бааль Сулам.

Такой вариант возможен?
Этот вариант возможен. Но я надеюсь, что наша работа по распространению каббалы, распространению методики интегрального воспитания предотвращает или даже, может быть, аннулирует эту вероятность.

Хотя теоретически этот вариант возможен. Если народ не пойдет сознательно за тем, что ему предлагается Бааль Суламом, РАБАШем и сегодня нами, то у этого народа нет никаких перспектив и никаких заявок на эту страну и на это место.

Для чего он здесь сидит?! Что ему в пустыне делать?! Езжай в Америку, в Канаду – куда хочешь. Можно договориться. Да купите, в конце концов, какой-нибудь греческий остров! Они сегодня там распродаются. Купи и сделай себе государство. Что за проблема? Сколько тебе надо-то всего?!

Если ты строишь нормально, по-научному, по-современному, то тебе много не надо! Можно поместиться на территории Тель-Авивского округа, вместить в себя всё, что необходимо.

Государство и дальше будет четко идти к расколу между религиозными и нерелигиозными вплоть до того, что светские или изменят себя здесь и пойдут путем духовного возвышения, или уедут.

Но это не значит, что светские станут религиозными?

Нет, конечно. Но они станут другими.

То есть пока что посох не в руке, сейчас он лежит на земле, и мы имеем дело со змеем?

В данный исторический момент посох находится в нашей руке, и мы пытаемся идти с ним вперед. Мы идем с ним вперед, видим и чувствуем на себе это продвижение. Но мы должны увлечь за собой и массы.

Эти массы – не те люди, которые готовы остаться в Египте. Это те, которые могут идти вперед к свойству отдачи, к правильной Торе, которая говорит «Возлюби ближнего как себя». В этом заключается ее истинное внутреннее наполнение.

ПОВИВАЛЬНЫЕ БАБКИ – СИЛЫ ТВОРЦА

Все движение идет к духовному Эрец Исраэль.

/19/ И ДВИНУЛСЯ АНГЕЛ ВСЕСИЛЬНОГО, ШЕДШИЙ ПЕРЕД СТАНОМ ИЗРАИЛЯ, И ПОШЕЛ ПОЗАДИ НИХ: СТОЛП ОБЛАЧНЫЙ ДВИНУЛСЯ ВПЕРЕДИ НИХ И ВСТАЛ ПОЗАДИ НИХ, /20/ И ВОШЕЛ ОН МЕЖДУ ВОЙСКОМ ЕГИПЕТСКИМ И СТАНОМ ИЗРАИЛЯ, И БЫЛО ОБЛАКО И МРАК, И ОСВЕТИЛ НОЧЬ; И НЕ СБЛИЖАЛИСЬ ОДИН С ДРУГИМ ВСЮ НОЧЬ. /21/ И НАВЕЛ

МОШЕ РУКУ СВОЮ НА МОРЕ, И ГНАЛ БОГ МОРЕ СИЛЬНЫМ ВОСТОЧНЫМ ВЕТРОМ ВСЮ НОЧЬ

Не очень понятная ситуация...

19/ И ДВИНУЛСЯ АНГЕЛ ВСЕСИЛЬНОГО, ШЕДШИЙ ПЕРЕД СТАНОМ ИЗРАИЛЯ,

Это сила, которая увлекает, которая выталкивает, – те же родовые схватки. Ангел – это любая сила Творца, которая действует за или против, частная сила Его общего управления.

Когда необходимо родить, включается взаимное воздействие сил: со стороны матери и со стороны плода. Включается сила, которая выталкивает, силы, которые расширяют родовой ход и т.д. Повивальные бабки – это тоже силы Творца.

Те, которые должны принимать роды?

Женщина – единственное животное, которое не в состоянии рожать самостоятельно. Необходимо, чтобы ей обязательно помогали: она абсолютно беспомощна.

Все животные рожают с легкостью, а она не может, потому что голова человеческого младенца, по сравнению с остальными животными, в несколько раз больше. Поэтому роды – страшная проблема!

Женщина должна готовиться к этому. Она абсолютно беспомощная – ребенок абсолютно беспомощный. Необходима среда, правильное окружение, которое бы поддерживало рожающую и рождающегося.

Во всем присутствует правильная среда, группа, чтобы далее развивать человечество во взаимопомощи. Человек не может сам себя прокормить, сам себя обслужить, он нуждается в одежде, в огромном количестве вещей. Для чего?

В этом первая помощь?

Это всё существует для того, чтобы заставить людей собраться и вознуждаться друг в друге на материальном уровне. Затем вознуждаться друг в друге для духовного продвижения. Постепенно так их и сгоняют вместе.

В наше время мы вроде бы можем существовать каждый сам по себе: мне не надо ни семьи, ничего другого – оставьте меня в покое. И вдруг я обнаруживаю, что абсолютно связан со всеми и не могу никуда деться! Это парадокс.

Рождение показывает, что сам ты родить не можешь…

Рождение, духовное рождение – это первое явное продвижение, первое явное раскрытие полной взаимосвязи человека с окружением. Всё окружение – это Творец, может быть, в неявном виде, но Творец.

Когда человек полностью отменяет себя и может прилепить себя к окружению, то через группу он прилепляет себя к Творцу. И происходит его духовное рождение. Ничего другого здесь нет.

Он обрывает прошлую связь, он расталкивает фараоновские силы, которые его сдерживают, свойство Творца выталкивает его оттуда (изнутри) – иначе он не сможет родиться.

С другой стороны, его принимает группа, то есть то окружение, в котором человек рождается. Оно на порядок ниже выталкивающей силы. Но если выталкивающие силы механические, то принимающие силы человеческие. Они находятся на другом, более низком уровне.

Организм – это силы со стороны Творца, а повивальные бабки – силы со стороны общества.

Я. МЫ. ОНИ.

Здесь есть очень много тонкостей, но самое главное то, что ты согласен на полный отрыв от прошлого состояния, согласен полностью прилепить себя, отдать себя в распоряжение твоего нового окружения.

Если сейчас ты понимаешь, что оно совершенно, что твоя группа движется с тобой вместе к выходу из Египта, если ты примыкаешь к этому обществу, то переходишь границу.

И на жизнь начинаешь смотреть не через призму своего «я», а через призму «мы»?

Даже не мы, а они. Мы – это значит, остается еще что-то, что мое.

Да. В понятии «мы» есть «я».

Там меня нет. Я – это точка. И все, что я хочу, чтобы она растворилась там. Как, например, капаешь каплю чернил в воду, и она полностью растворяется. Хотя в воде ее совершенно не видно, но эта капля растворяется во всей массе. То есть я стремлюсь к положению: я существую в них во всех, но меня явного там нет.

Если мы идем к духовному, то я говорю, что они прошли границу?

Не то, что они прошли: я их воспринимаю как будто они там. На самом деле, эта точка и раскрывает Фараона как силу Творца.

ГЛАВА «КОГДА ПОСЛАЛ»

Когда я начинаю приклеиваться к новому окружению, к новому миру, к новому состоянию, тогда начинаю понимать, насколько Египет, все египтяне, Фараон являются просто силами Творца, ангелами. И самый большой ангел – это Фараон.

Так я прихожу к состоянию, что «нет никого, кроме Него». Это явное раскрытие: Творец является одной-единственной силой, выше всех остальных сил, включающей в себя все остальные силы как составляющие.

«Нет никого, кроме Него» – это раскрытие и является духовным рождением. Все, что я прошел до этого, было только ради меня.

Здесь написано:
СТОЛП ОБЛАЧНЫЙ ДВИНУЛСЯ ВПЕРЕДИ НИХ, И ВСТАЛ ПОЗАДИ НИХ.

Что это означает: «…двинулся впереди и встал позади»? Если это не ошибка.

Творец дает человеку одну-единственную возможность свободного выбора. Если ты хочешь продвигаться несвободно, то тебе проще, так сказать, положись на судьбу.

Если хочешь свободно двигаться, своим свободным выражением, тогда ты должен действовать только в тех узких рамках, которое тебе оставляет высшее управление.

Может быть, поэтому здесь написано:
/20/ И ВОШЕЛ ОН МЕЖДУ ВОЙСКОМ ЕГИПЕТСКИМ И СТАНОМ ИЗРАИЛЯ, И БЫЛО ОБЛАКО И МРАК, И ОСВЕТИЛ НОЧЬ; И НЕ СБЛИЖАЛИСЬ ОДИН С ДРУГИМ ВСЮ НОЧЬ.

Он встал и закрыл. Дальше так:

/21/ И НАВЕЛ МОШЕ РУКУ СВОЮ НА МОРЕ, И ГНАЛ БОГ МОРЕ СИЛЬНЫМ ВОСТОЧНЫМ ВЕТРОМ ВСЮ НОЧЬ, И СДЕЛАЛ МОРЕ СУШЕЮ, И РАССТУПИЛИСЬ ВОДЫ. /22/ И ПОШЛИ СЫНЫ ИЗРАИЛЯ ВНУТРИ МОРЯ ПО СУШЕ, А ВОДЫ БЫЛИ ИМ СТЕНОЮ СПРАВА И СЛЕВА ОТ НИХ. /23/ И ПОГНАЛИСЬ ЕГИПТЯНЕ, И ВОШЛИ ЗА НИМИ ВСЕ КОНИ ФАРАОНА, КОЛЕСНИЦЫ ЕГО И ВСАДНИКИ ЕГО В СЕРЕДИНУ МОРЯ.

Это свойство *бины*. *Малхут* может привлечься к свойству *бины*, включиться в нее. Желания, которые могут работать на отдачу, проходят по суше и прикрепляются к *бине*. Хотя они и отличаются от нее, но сейчас работают вместе с ней, в унисон. Поэтому для сынов Израиля, у которых есть намерение на отдачу, это спасающие воды, благожелательные к ним. Они проходят по воде, как по суше.

Когда израильтяне идут за Моше, за Творцом, то воды – бина – расступаются и пропускают их?

Да. Войска Фараона – *эрев рав*, то есть тех израильтян, которые поступили на службу эгоизму, – эти воды не пускают: они тонут в них. То есть для них это уже *маим сдоним* – воды уничтожающие.

Далее:

/23/ И ПОГНАЛИСЬ ЕГИПТЯНЕ, И ВОШЛИ ЗА НИМИ ВСЕ КОНИ ФАРАОНА, КОЛЕСНИЦЫ ЕГО И ВСАДНИКИ ЕГО В СЕРЕДИНУ МОРЯ.

И когда это все закончилось, то навел уже другой ветер...

ГЛАВА «КОГДА ПОСЛАЛ»

РОДЫ – ТРАГИЧЕСКИЙ МОМЕНТ

Дальше написано так:

/24/ И БЫЛО: ПЕРЕД НАСТУПЛЕНИЕМ УТРА ВЗГЛЯНУЛ БОГ НА ВОЙСКО ЕГИПТЯН В СТОЛПЕ ОГНЕННОМ И ОБЛАЧНОМ И ПОСЕЯЛ ПАНИКУ В ВОЙСКЕ ЕГИПТА. /25/ И СЛЕТЕЛИ КОЛЕСА С КОЛЕСНИЦ ИХ, ТАК ЧТО КОНИ ВОЛОКЛИ ИХ С ТРУДОМ. И СКАЗАЛИ ЕГИПТЯНЕ: «БЕЖИМ ОТ ИЗРАИЛЯ, ИБО БОГ СРАЖАЕТСЯ ЗА НИХ С ЕГИПТОМ!».

Перед тем, как вода их зальет, еще целый рассказ идет. «Взглянул Бог на войско», «слетели колеса с колесниц»… То есть они уже не могут отступать, они уже там, в середине моря – «кони волокли их с трудом». «И сказали египтяне: "Бежим…"».

Духовное рождение человека происходит очень болезненно.

Я не думаю, что это можно как-то передать и пересказать. Нет достаточно адекватных слов: свойство отдачи, получения – все те же понятия. Когда каббалисты описывают это в технических терминах, следует четкое фиксирование сил, их взаимодействий. Только сами каббалисты могут это в себе воспроизвести.

/21/ И НАВЕЛ МОШЕ РУКУ СВОЮ НА МОРЕ, И ГНАЛ БОГ МОРЕ СИЛЬНЫМ ВОСТОЧНЫМ ВЕТРОМ ВСЮ НОЧЬ, И СДЕЛАЛ МОРЕ СУШЕЮ, И РАССТУПИЛИСЬ ВОДЫ. /22/ И ПОШЛИ СЫНЫ ИЗРАИЛЯ ВНУТРИ МОРЯ ПО СУШЕ, А ВОДЫ БЫЛИ ИМ СТЕНОЮ СПРАВА И СЛЕВА ОТ НИХ. /23/ И ПОГНАЛИСЬ ЕГИПТЯНЕ, И ВОШЛИ

ЗА НИМИ ВСЕ КОНИ ФАРАОНА, КОЛЕСНИЦЫ ЕГО И ВСАДНИКИ ЕГО В СЕРЕДИНУ МОРЯ.

Что происходит в человеке? Что это за переход?

Это акт рождения, выхода из Египта, который был местом, где развивался народ. Когда народ вырос, он дошел до такого состояния, которое уже надо перейти.

И в нашем мире переход из одного состояния в другое – из формации в формацию, из общества в общество – довольно резкий. Это роды! Это неприятные состояния, когда тебя выталкивают: сзади Фараон со своим войском, а впереди стена воды, – и ты ничего не можешь сделать.

Моше – предводитель народа, самая наивысшая точка его развития. Человек ощущает, что он может пройти вперед, только приняв следующую ступень как необходимую. Он идет, закрыв глаза, он просто вступает в нее, и ступень принимает его, расступается. Это происходит только так.

Мы видим, что то же самое происходит при родах. Это трагический момент, когда зародыш выталкивается из матери, из самого наилучшего состояния.

Вдруг в какой-то момент это состояние становится для него невыносимым. Он ощущает себя связанным по рукам и ногам, он ощущает себя находящимся в жутком состоянии, в темнице. Потрясающая клаустрофобия развивается в нем, страх замкнутого пространства, в котором он заключен, и которое его душит, давит со всех сторон. И он не знает, куда деться. Нет выхода из него.

Когда он полностью аннулирует себя и соглашается со следующим состоянием, тогда вдруг из предыдущего – рождается прекрасное следующее. Это давление необходимо только лишь для того, чтобы способствовать аннулированию предыдущего состояния в человеке.

Глава «Когда послал»

Аннулировать себя – это и есть переворот зародыша внутри матери?

Да. Он переворачивается головой вниз, входит в родовой путь и рождается. Он отменяет себя. А мать развивает огромные силы давления.

Природа автоматически создаёт в матери не бережное, а противоположное этому отношение к зародышу: она его выталкивает, она не желает держать его внутри! Это, практически, отторжение, ненависть, нелюбовь.

Человеку кажется, что все силы, направленные на него, сейчас действуют против него. Он ощущает не мать, которая бережно его вынашивала. Он ощущает врага, который его выталкивает! Если он аннулирует себя и идёт вместе с этими новыми силами, то он рождается.

Где в этой игре Фараон? Это он подпирает и выдавливает сейчас?

Это и есть сила, находящаяся внутри матери, скрывающаяся за ней и создающая выталкивающие силы.

Вы повторяете, что абсолютно всё есть добро?

Конечно! Фараон? Это ангел Творца! Естественно. Да, он выталкивает.

В физических родах рождение происходит естественным путём, там всё идет по плану. Здесь же у человека есть свобода воли, когда он сам включается в этот процесс. Он понимает и принимает все силы, как исходящие из одного источника – от Творца: «нет никого, кроме Него». Тогда он идёт вместе с этим и, действительно, идёт по морю, как по суше.

Для него уже не существует преграды, наоборот, огромные волны становятся вспомогательными. Они проводят его через границу к следующей ступени, на которой он, таким образом, рождается. И за ним захлопывается дверь. Всё закрывается. Все его отрицательные силы тонут в этом море.

Отрицательные силы – это и есть колесницы Фараона?

Войска Фараона. Все равно он должен постепенно исправлять их, но это будет потом.

Расступившаяся вода открывает дорогу? И сохраняет?

Да. И вода указывает путь!

Вода расступается точно в правильном месте. Казалось бы, все отрицательные силы против тебя, готовы тебя потопить. И вдруг они указывают тебе, по какому пути идти, чтобы выйти к свету. Выводят к новому миру.

Мне ближе язык *сфирот*, когда чётко понимаешь, какие силы действуют, в каком направлении, в каком соединении между собой, и как они с тобой контактируют, потому что это замкнутая система.

Главное, что человеку нужно понять: всё, что происходит с ним в обычной жизни, происходит, на самом деле, в его внутреннем мире.

Продолжаем:

/24/ И БЫЛО: ПЕРЕД НАСТУПЛЕНИЕМ УТРА ВЗГЛЯНУЛ БОГ НА ВОЙСКО ЕГИПТЯН В СТОЛПЕ ОГНЕННОМ И ОБЛАЧНОМ И ПОСЕЯЛ ПАНИКУ В ВОЙСКЕ ЕГИПТА. /25/ И СЛЕТЕЛИ КОЛЕСА С КОЛЕСНИЦ ИХ, ТАК ЧТО КОНИ ВОЛОКЛИ ИХ С ТРУДОМ. И СКАЗАЛИ ЕГИПТЯНЕ: «БЕЖИМ ОТ ИЗРАИЛЯ, ИБО БОГ СРАЖАЕТСЯ ЗА НИХ С ЕГИПТОМ!»

«Слетели колёса, остановились колесницы, понесли кони…». И было раскрытие того, что это Бог сражается.

ГЛАВА «КОГДА ПОСЛАЛ»

Всё заканчивается? Эти силы остаются? Это раскрытие Творца египтянам?

С помощью отрицательных сил человек начинает видеть, что он в этом действии раскрывает Творца. Если бы не они, человек остался бы животным. Именно отрицательные силы, которые развиваются, толкают его вперёд, возбуждают страх, движение, развитие, именно они являются силами нашего развития.

Через свои отрицательные свойства человек видит, что это происходит свыше, что природа действует по какому-то плану. В тех свойствах, в которых он считал, что управляет миром, как Творец, Фараон говорит: «Кто такой Творец? Я – управляющий!». Именно в этих свойствах человек начинает постигать, что управляет не он.

ВЕСЬ МИР ВНУТРИ ЧЕЛОВЕКА

/26/ И СКАЗАЛ БОГ, ОБРАЩАЯСЬ К МОШЕ: «НАВЕДИ РУКУ СВОЮ НА МОРЕ, И ВОЗВРАТЯТСЯ ВОДЫ НА ЕГИПТЯН, НА КОЛЕСНИЦЫ ИХ И НА ВСАДНИКОВ ИХ». /27/ И НАВЕЛ МОШЕ РУКУ СВОЮ НА МОРЕ, И ВОЗВРАТИЛОСЬ МОРЕ ПОУТРУ К ОБЫЧНОМУ СОСТОЯНИЮ СВОЕМУ, А ЕГИПТЯНЕ БЕЖАЛИ ЕМУ НАВСТРЕЧУ – И ОПРОКИНУЛ БОГ ЕГИПТЯН СРЕДИ МОРЯ. /28/ И ВОЗВРАТИЛИСЬ ВОДЫ, И ПОКРЫЛИ КОЛЕСНИЦЫ И ВСАДНИКОВ ВСЕГО ВОЙСКА ФАРАОНА, ВОШЕДШИХ В МОРЕ ЗА ИЗРАИЛЕМ, – НЕ ОСТАЛОСЬ НИ ОДНОГО ИЗ НИХ.

Это победа. Что значит: «не осталось ни одного из египтян»?

В данный момент отрицательные свойства не мешают человеку, он смог преодолеть их в себе. Но ничего не исчезает. Просто в данный момент человек начинает понимать, что он вышел из-под власти этих сил, преодолел их в себе.

А далее? Далее они все равно возрождаются, и каждый раз он должен их исправлять.

Они снова называются египтянами?

Они уже не называются египтянами. Они проходят свое исправление, они включаются в народ Израиля или же в определенные силы, которые вокруг него существуют.

Человек должен понимать, что он включает в себя весь мир. Все, что происходит где-то в мире, близко или далеко, все управляется изнутри него. Поэтому он должен себя исправить. Насколько внутри себя он гармоничен, настолько и мир будет гармоничным.

Значит, цель этой книги перевернуть вектор на человека?

Обязательно. Вся Тора написана только для человека. Человек – это маленький мир, и он из него командует всем, определяет все. Весь мир находится внутри человека.

Я думаю, что происходящие сейчас события, развитие человечества постепенно подскажут людям, что все мы зависим друг от друга, что каждый определяет судьбу всех остальных.

Это еще можно понять. А то, что весь мир находится внутри человека?

Мир внутри человека. К пониманию этого, я думаю, нас постепенно приведет наше внутреннее развитие. Я вижу по приходящим людям: насколько трудно было объяснять это 20 или 30 лет назад, настолько проще сегодня.

Человек развивается, сегодня он готов адаптировать в себе такие духовные понятия, о которых раньше не представлялось возможным даже сказать ему, а сегодня он вдруг с полуслова подхватывает, договаривает их сам.

Конечно, должно быть объяснение. Но оно упадет на хорошую почву.

/29/ А СЫНЫ ИЗРАИЛЯ ШЛИ ПОСУХУ СРЕДИ МОРЯ, И ВОДЫ БЫЛИ ИМ СТЕНОЮ СПРАВА И СЛЕВА ОТ НИХ. /30/ И СПАС БОГ В ТОТ ДЕНЬ ИЗРАИЛЬ ОТ РУКИ ЕГИПТЯН, И УВИДЕЛ ИЗРАИЛЬ ЕГИПТЯН МЕРТВЫМИ НА БЕРЕГУ МОРЯ. /31/ И УВИДЕЛ ИЗРАИЛЬ СИЛУ ВЕЛИКУЮ, КОТОРУЮ ПРОЯВИЛ БОГ НА ЕГИПТЯНАХ, И УСТРАШИЛСЯ НАРОД БОГА, И УВЕРОВАЛИ В БОГА И В МОШЕ, СЛУЖИТЕЛЯ ЕГО.

Ощущение, что теперь уже они уверовали окончательно?

Это относительно, потому что на каждой ступени рождаются и проявляются новые эгоистические силы, направленные против объединения, против соединения.

Эгоистические силы не стирают память. Но когда они, более сильные, по-новому возникают в человеке на новой ступени, то он просто забывает все, что было раньше. Он находится в этих силах! Они им командуют, в данный момент определяют весь его внутренний мир, и того, что было раньше, как будто и не было.

Если человек так меняется, то каждое мгновение он – новый человек.

Это как новый потоп и снова надо заходить в ковчег?

Каждое мгновение человек должен чувствовать себя, как будто родился заново. И снова на новой ступени начинается тот же анализ и синтез возникающих и прошедших проблем. И каждый раз он должен создавать новую картину мира.

Что значит, что Израиль увидел египтян мертвыми на берегу моря?

На краю, на переходе из прошлой ступени в новую, Израиль расстается с прошлыми силами. Он умертвил их в себе, он отрекается от них, он подключается к вере.

Вера – это отдача и любовь, подъем над эгоизмом. Есть эгоизм, а свойство обратное ему – это вера. Он поднимается к ней. И тогда те его силы, которые не были согласны с этим подъемом, кажутся ему мертвыми. У входа на новую ступень. На конце моря.

В УНИСОН С ТВОРЦОМ

/1/ ТОГДА ВОСПЕЛ МОШЕ И СЫНЫ ИЗРАИЛЯ ЭТУ ПЕСНЬ БОГУ, И СКАЗАЛИ ТАК: «ВОСПОЮ БОГУ, ИБО ВЫСОКО ВОЗНЕССЯ ОН, КОНЯ И ВСАДНИКА ЕГО ПОВЕРГ ОН В МОРЕ. /2/ СИЛА МОЯ И ЛИКОВАНИЕ – БОГ, ОН БЫЛ СПАСЕНИЕМ МНЕ; ЭТО – ВСЕСИЛЬНЫЙ МОЙ, И Я ПРОСЛАВЛЮ ЕГО, ВСЕСИЛЬНЫЙ ОТЦА МОЕГО – ЕГО ПРЕВОЗНЕСУ. /3/ БОГ – ВОИН, БОГ – ИМЯ ЕГО! /4/ КОЛЕСНИЦЫ ФАРАОНА И ВОЙСКО ЕГО ВВЕРГ ОН В МОРЕ, И ИЗБРАННЫЕ ВОЕНАЧАЛЬНИКИ ЕГО ПОТОНУЛИ В МОРЕ СУФ».

Далее идет воспевание на двух страницах. Перечисляется все, что произошло. Народом и Моше сложена эта песня.

ГЛАВА «КОГДА ПОСЛАЛ»

Что такое песня?

Это знаменитая Песнь на море. Восхваление, соединение с тем развитием, которое сейчас происходит в человеке. Это слияние с Творцом, с силой, которая все определяет, все реализует.

Песня – это выявление всех своих внутренних свойств, качеств, желаний, мыслей, которые входят в гармонию с Высшей управляющей силой. Когда поется в унисон, вместе с Творцом, то это называется песней.

Песня – это ощущение объединения, соединения, объятия с Творцом в понимании, в полном одобрении, в согласии.

Это корни песни? Человек ощущает гармонию в слышимой песне?

Смотря, какие песни он слушает. Но, в общем, песня – это раскрытие высшей гармонии, и всегда она о природе, о Творце, о том, как человек соединяется с этим.

Человек выражает только это. Он, может быть, не осознает, не понимает, но вследствие того, как он создан, ему больше не о чем петь.

Ему кажется, что он поет о простой любви, а на самом деле о любви к Творцу?

Только об этом! И это естественно. Откуда еще исходит наполнение? К Нему он воспевает.

/20/ И ВЗЯЛА МИРЬЯМ, ПРОРОЧИЦА, СЕСТРА ААРОНА, ТИМПАН В РУКУ СВОЮ, И ВЫШЛИ ВСЕ ЖЕНЩИНЫ ВСЛЕД ЗА НЕЮ С ТИМПАНАМИ И СВИРЕЛЯМИ. /21/ И ОТОЗВАЛАСЬ МИРЬЯМ: «ПОЙТЕ БОГУ, ИБО

ВЫСОКО ПРЕВОЗНЕССЯ ОН, КОНЯ И ВСАДНИКА ЕГО ПОВЕРГ ОН В МОРЕ».

Тут впервые говорится о роли женщин: Мирьям и женщины. Что такое тимпан?

Тимпан – это музыкальный инструмент, похож на бубен.

Мирьям – старшая сестра Моше, которая передала его Батье, дочке Фараона, вырастившей Моше.

Мирьям – пророчица. Это особый уровень постижения Творца, постижения всего мироздания. Мирьям олицетворяет собой высшую женщину, которая собирает в себе все совокупное женское желание. И, как мы сейчас видим, женщины выходят вперед.

Через женщин все идет. Хотя они находятся на втором плане, но постоянно в движении.

Все время Мирьям где-то появлялась на втором плане. И сейчас вдруг женщины выходят вперед?

Я бы не сказал так, не знаю, насколько это «вперед». Но в общем – да, по сравнению с тем, что было раньше. Эта песня возносится именно от самого желания, потому что оно прошло здесь определенные очищения.

Женщина – это желание. Мужчина – это реализация желания. В каждом человеке есть его женская и мужская часть. Так же и в разделении людей на мужчин и женщин: женщины несут желание, а мужчины его реализуют.

ГЛАВА «КОГДА ПОСЛАЛ»

ГОТОВНОСТЬ ЖЕНЩИНЫ

Сейчас снова выходит вперед желание к Творцу, более чистое. Произошел исход из Египта. Поэтому женщины выходят?

Да, и поэтому желание более сформировано. Теперь женщины уже готовы к следующему этапу – к получению методики исправления.

Думаю, что так и сегодня происходит в мире. Мы видим, что женщины выходят вперед. Они становятся более независимыми, более ведущими. Здесь проявляется желание такого же типа.

Там, правда, оно уже явное – в единении с Творцом, в постижении, на уровне пророчества.

В нашем мире пока еще идет подготовка, выделение женского желания, выходящего со второго плана на первый.

Так происходит, потому что мы начинаем приближаться к выходу из нашего Египта.

Говорят, что когда-то был матриархат.

Это не был настоящий матриархат. Для настоящего матриархата необходимо, чтобы женщины были независимыми от мужчин. Но они всегда были зависимыми, более слабыми.

Не было такого общественного строя, как матриархат. Общество не было готово дать женщине возможность быть независимой, управляющей. Только технологии, прогресс нашего времени делают их более самостоятельными.

Но хотя раньше никогда не было матриархата в полном смысле этого слова, женщины всегда командовали через мужчин, управляли более скрыто, находясь на втором плане.

Сегодня это происходит более явно. Женщины выходят вперед, благодаря развитию. Что будет дальше? Я думаю, что этот процесс будет усиливаться. Затем произойдет правильная оценка, правильное сочетание женских и мужских возможностей. Будет гармоничное соединение.

Не скажут, что за каждой успешной женщиной стоит мужчина, как сейчас говорят, что за каждым успешным мужчиной стоит женщина?

Я думаю, что все увидят необходимость в гармонии, а не в превалировании одного над другим.

/22/ И УВЕЛ МОШЕ СЫНОВ ИЗРАИЛЯ ОТ МОРЯ СУФ, И ВЫШЛИ ОНИ В ПУСТЫНЮ ШУР, И ШЛИ ТРИ ДНЯ ПО ПУСТЫНЕ, И НЕ НАХОДИЛИ ВОДЫ. /23/ И ПРИШЛИ В МАРУ, И НЕ МОГЛИ ПИТЬ ВОДУ В МАРЕ, ИБО ГОРЬКА ОНА. ПОТОМУ-ТО И НАЗВАЛИ ЭТО МЕСТО МАРА. /24/ И ВОЗРОПТАЛ НАРОД НА МОШЕ, ГОВОРЯ: «ЧТО ПИТЬ БУДЕМ?». /25/ И ВОЗОПИЛ ОН К БОГУ, И УКАЗАЛ ЕМУ БОГ ДЕРЕВО, И БРОСИЛ ЕГО В ВОДУ, И СТАЛА ВОДА ПРЕСНОЮ. ТАМ УСТАНОВИЛ ОН ЕМУ ЗАКОН И ПРАВОСУДИЕ, И ТАМ ИСПЫТАЛ ЕГО, /26/ И СКАЗАЛ: «ЕСЛИ БУДЕШЬ ТЫ СЛУШАТЬСЯ БОГА, ВСЕСИЛЬНОГО ТВОЕГО, И УГОДНОЕ ЕМУ ДЕЛАТЬ БУДЕШЬ, И ВНИМАТЬ БУДЕШЬ ЗАПОВЕДЯМ ЕГО, И СОБЛЮДАТЬ ВСЕ ЗАКОНЫ ЕГО, ТО НИ ОДНОЙ ИЗ БОЛЕЗНЕЙ, КОТОРЫЕ Я НАВЕЛ НА ЕГИПЕТ, НЕ НАВЕДУ НА ТЕБЯ, ИБО Я – БОГ, ТВОЙ ЦЕЛИТЕЛЬ».

Мы видим повторение предыдущей египетской казни: там невозможно было пить воду, она обратилась в кровь. Здесь казни повторяются в новом небольшом проявлении, только исправляются они на другом уровне.

Там это происходило в виде казней, а здесь – как необходимость исправить это состояние.

Может быть, можно исправить молитвой?

Не только молитвой. Это молитва, которая разрешается, когда ты поднимаешься на следующую ступень. Тогда ты используешь растительный уровень исправления желания для исправления неживого уровня.

Народ ропщет, и всё время требуются доказательства. Моше говорит: «Как они поверят мне?». Творец отвечает: «Брось посох». «Нет воды. – Удар по камню».

Всё время происходят чудеса. А можем ли мы что-то доказать людям?

Это не чудеса. Людям надо раскрыть картину их внутренних свойств. Раскрыть, как они могут управлять своими внутренними свойствами и, таким образом, управлять раскрывающимся перед ними миром. Ведь мир является отражением моих внутренних свойств.

Я этого не осознаю, но я вырастаю. Я воспринимаю этот мир в пяти моих органах чувств. Я начинаю его оценивать, расставлять все между собой, градуировать в соответствии с системой ценностей, которую мне преподносит семья, детский сад, школа, общество, средства массовой информации и всё, что на меня воздействует.

ДРУГОЙ МИР В ДРУГИХ ЧАСТОТАХ

Необходимо начать объяснять людям, каким образом они могут себя перенастроить, ввести в себя совершенно иную программу действий. И тогда они будут воспринимать всё, как план. Ведь Тора – от слова *ораа* (инструкция) – объясняет, каким образом ты можешь перестраивать себя.

В любой инструкции есть указания, что если будешь действовать так-то, ты получишь то-то.

Конечно, поскольку мы поднимаемся на новые уровни, то для нас каждое раскрытие, следующее за нашим действием, как чудо. Но на самом деле это не чудо: ты управляешь естественными законами природы, которыми раньше управлять не умел и не знал как. Ты подчинялся им полностью, они сваливались на тебя совершенно неожиданно.

Сейчас ты уже входишь в систему и начинаешь ее осознавать, знакомиться с нею и быть в ней действующим лицом. Не она на тебя действует, а ты ею управляешь. Ты воздействуешь сам на себя, исправляешь свое мировоззрение, миропостижение, и мир становится другим.

Как привести человека к таким открытиям? Достаточно ли этих объяснений?

Да. Мы же видим, как это происходит. Человек начинает постепенно-постепенно адаптироваться к этим свойствам, к этим силам. Он видит, что, используя каждое из свойств, он может менять свое ощущение мира. И вдруг он видит мир другим.

Он перенастраивает себя и видит в другом цвете, в других частотах. Видит другой мир. Вдруг перед ним раскрываются дополнительные картины, ранее скрытые, так как у него не было для них органов ощущения.

Тора дана только для того, чтобы раскрыть человеку глаза, что он находится в мире бесконечности. Смотри, что на самом деле перед тобой! Это не только животная картинка, воспринимаемая через пять органов твоих животных чувств.

Почему каждый год Тора читается снова и снова?

На каждой ступени каждый день она новая. И каждый день человек новый.

МНОЖЕСТВЕННОЕ ЧИСЛО ОТ СЛОВА ТВОРЕЦ

/27/ И ПРИШЛИ ОНИ В ЭЙЛИМ, А ТАМ – ДВЕНАДЦАТЬ РОДНИКОВ ВОДЫ И СЕМЬДЕСЯТ ФИНИКОВЫХ ПАЛЬМ. И РАСПОЛОЖИЛИСЬ ТАМ СТАНОМ У ВОДЫ.

Здесь указаны точные цифры. Что они значат?

Двенадцать: три умножить на четыре – это полная система, двенадцать родников воды.

Семьдесят финиковых пальм – из полной системы выходит система уменьшенная, *зэир анпин*, состоящая из семи *сфирот*, по десять в каждой – семьдесят. И дальше идёт уже в *малхут*.

Двенадцать родников воды – вода олицетворяет свет *бины* (свет милосердия).

Исходит высший свет – это и есть источник воды, но он не один. Двенадцать его источников, то есть абсолютно полная система, которая затем уменьшается до семидесяти. Она даёт как бы семьдесят плодов, своих уже овеществлённых образов.

Это переход к малхут, к народу, который вышел?

Да, люди, которые приходят и наслаждаются финиками и водой.

Народ, который вышел из Египта и поднимается, по крайней мере.

Наше желание поднимается до уровня бины – двенадцать родников воды. И семьдесят – это переход к этому состоянию.

Дальше идёт следующее:

/1/ И ДВИНУЛИСЬ ИЗ ЭЙЛИМА, И ПРИШЛО ВСЕ ОБЩЕСТВО СЫНОВ ИЗРАИЛЯ В ПУСТЫНЮ СИН, КОТОРАЯ МЕЖДУ ЭЙЛИМОМ И СИНАЕМ, НА ПЯТНАДЦАТЫЙ ДЕНЬ ВТОРОГО МЕСЯЦА ПО ВЫХОДЕ ИХ ИЗ СТРАНЫ ЕГИПЕТСКОЙ. /2/ И ВОЗРОПТАЛО ВСЕ ОБЩЕСТВО СЫНОВ ИЗРАИЛЯ НА МОШЕ И ААРОНА В ПУСТЫНЕ. /3/ И СКАЗАЛИ ИМ СЫНЫ ИЗРАИЛЯ: «ЛУЧШЕ БЫ НАМ УМЕРЕТЬ ОТ РУКИ БОГА В СТРАНЕ ЕГИПЕТСКОЙ, КОГДА МЫ СИДЕЛИ У ГОРШКА С МЯСОМ И ХЛЕБ ДОСЫТА ЕЛИ, ВЕДЬ ВЫ ВЫВЕЛИ НАС В ЭТУ ПУСТЫНЮ, ЧТОБЫ УМОРИТЬ ВСЕ СОБРАНИЕ ЭТО ГОЛОДОМ!»

Снова ропот.

Ропщут, несмотря на то, что вышли из Египта, вырвались из своего эгоизма, прошли через перипетии, поднялись до уровня *Элим*, то есть до уровня *бины*! Элим – это множественное число от слова Эль (Бог, Творец). Мы потом узнаем, в чем тут дело.

Поднялись до уровня *Элим* и упали в ненависть. На своем пути они подходят к горе Синай – самой, я бы сказал, основной точке выявления, проявления эгоизма. *Син* от слова *сина* – ненависть. Произошло возобновление эгоизма.

ГЛАВА «КОГДА ПОСЛАЛ»

Конечно, они начинают роптать. Всё, что прошли, хорошее и плохое, сейчас на их уровне ощущается наоборот, как невозможное! Человек в таком состоянии не может мириться со своим эгоизмом. Для него лучше было бы просто исчезнуть, чем испытывать такую ненависть.

ЗАЧЕМ НАМ ТАКАЯ ЖИЗНЬ?

Здесь имеется в виду совершенно другое ощущение эгоизма. Они прошли через разделение от Египта и сейчас уже начинают всё видеть в правильном виде. Они подходят к осознанию того, что на горе Синай, так называемой, в своем внутреннем состоянии человек прошёл все этапы, научился, увидел, убедился, ощутил себя, других, отношения между собой. И всё, он больше не может переносить своей ненависти к другим!

Он говорит: «Я предпочитаю вообще исчезнуть, чтобы ничего со мной не было, чем ощущать такое отношение к другим!».

Он вдруг говорит: «В жизни во мне не было такой ненависти к другим! Мне лучше вернуться в эгоизм!».

В любое иное состояние, чем испытывать такое, чем видеть себя в таком отношении к другим. Хорошее чувство! Это движение вперёд.

«Лучше нам умереть», – обращаются они к Моше, к тому, кто их вывел. Они не могут обратиться к Творцу, потому что в таком состоянии Творец скрыт.

Моше – это как бы скрытое свойство Творца.

«Зачем нам такая жизнь?» – не явное отношение к Творцу, а к судьбе. Может быть, так.

Продолжаем:

/4/ И СКАЗАЛ БОГ, ОБРАЩАЯСЬ К МОШЕ: «ВОТ Я ПОСЫЛАЮ ВАМ ХЛЕБ С НЕБЕС, И БУДЕТ ВЫХОДИТЬ НАРОД, И СОБИРАТЬ ЕЖЕДНЕВНО, СКОЛЬКО НУЖНО НА ДЕНЬ – ЧТОБЫ МНЕ ИСПЫТАТЬ ЕГО, БУДЕТ ЛИ ОН ПОСТУПАТЬ ПО ЗАКОНУ МОЕМУ ИЛИ НЕТ».

Здесь речь идёт о необходимом. «Я буду давать необходимое», – он говорит. И не смейте взять больше.

Это постоянная тренировка человека в отношении к миру, в котором он находится во власти высшей силы, свойства *бины*, отдачи. В данный момент он не думает ни о чем: ни вперёд, ни назад, ни о себе.

Тебе дано то, что надо сегодня.

То, что сейчас тебе необходимо для существования, чтобы накормить скотину – своё тело, чтобы была энергия для помощи другим. В этой мере ты можешь её кормить, и она имеет право существовать.

То есть чётко задано условие жизни твоей скотины в этом состоянии. Иначе вообще нет никакого права существовать!

Пойдем дальше.

/5/ «И БУДЕТ: В ШЕСТОЙ ДЕНЬ ПРИГОТОВЯТ ТО, ЧТО ПРИНЕСУТ, И ОКАЖЕТСЯ ВДВОЕ ПРОТИВ ТОГО, ЧТО СОБИРАЮТ КАЖДЫЙ ДЕНЬ».

Так сказал Творец.

/11/ И ГОВОРИЛ БОГ, ОБРАЩАЯСЬ К МОШЕ, ТАК: /12/ «УСЛЫШАЛ Я РОПОТ СЫНОВ ИЗРАИЛЯ! СКАЖИ ИМ ТАК: ПОД ВЕЧЕР ВЫ БУДЕТЕ ЕСТЬ МЯСО, А ПОУТРУ ХЛЕБОМ НАСЫТИТЕСЬ, И УЗНАЕТЕ, ЧТО Я – БОГ, ВСЕСИЛЬНЫЙ ВАШ».

Глава «Когда послал»

Мне на ум приходит такое сравнение. Можно объяснить так. Сейчас хотят ввести 3D-принтеры, которые будут заправлять белками, пастами и т.д. Всё, что хочешь, ты набираешь на принтере, и он тебе готовит.

Это будет что-то вроде холодильника или ящика. В нем – белковая масса, бобовые, много всяких картриджей. С перчиком, лимончиком. И ты набираешь: хочу барбекю такого-то типа, поджаренное, с такими-то вкусами и так далее. С запахом дыма, если хочешь. Он тебе в ответ листочек, из чего это все приготовлено. Он всё отпечатывает и выдаёт на тарелочке. Всё отпечатано на принтере, включая тарелочку, из одного материала, из бобовых, соевых продуктов.

Что называется «манной»? Высший свет не имеет в себе никаких свойств, потребитель определяет свойства, то есть эти картриджи, наполнители.

Они находятся в принтере и не имеют никаких особых свойств. Когда задаёшь свойства, то ты их смешиваешь. Тебе кажется, что вечером вы едите мясо, а утром будете есть хлеб и ещё что-то. На самом деле выходит одна масса, а потребитель только определяет её вкус, цвет и вид.

Ещё один маленький абзац.

/13/ И БЫЛО – ВЕЧЕРОМ НАЛЕТЕЛИ ПЕРЕПЕЛА И ПОКРЫЛИ СТАН, А УТРОМ БЫЛ СЛОЙ РОСЫ ВОКРУГ СТАНА. /14/ И ИСПАРИЛАСЬ РОСА, И ВОТ – НА ПОВЕРХНОСТИ ПУСТЫНИ НЕЧТО МЕЛКОЕ, РАССЫПЧАТОЕ, МЕЛКОЕ – КАК ИЗМОРОЗЬ НА ЗЕМЛЕ. /15/ И СМОТРЕЛИ СЫНЫ ИЗРАИЛЯ, И ГОВОРИЛИ ДРУГ ДРУГУ: «ЧТО ЭТО?». ИБО НЕ ЗНАЛИ, ЧТО ЭТО. И СКАЗАЛ ИМ МОШЕ: «ЭТО ХЛЕБ, КОТОРЫЙ ДАЛ ВАМ БОГ В ПИЩУ. /16/ ВОТ ЧТО ПОВЕЛЕЛ БОГ: СОБИРАЙТЕ

ЕГО КАЖДЫЙ СТОЛЬКО, СКОЛЬКО ЕМУ СЪЕСТЬ, ПО ОМЕРУ НА ЧЕЛОВЕКА, ПО ЧИСЛУ ДУШ ВАШИХ, СКОЛЬКО У КАЖДОГО В ШАТРЕ, СОБИРАЙТЕ».

Надо понимать, что числовое значение слова *таль* (роса) – тридцать девять. Свойство *бины* – это сорок. То есть это всё, что определяет свойство *бины*.

ЧТО ЖЕ ТАКОЕ МАННА?

/17/ И СДЕЛАЛИ ТАК СЫНЫ ИЗРАИЛЯ, И СОБРАЛИ КТО МНОГО, А КТО МАЛО. /18/ И ИЗМЕРИЛИ ОМЕРОМ, И ОКАЗАЛОСЬ, ЧТО НЕ БЫЛО ЛИШНЕГО У ТОГО, КТО СОБРАЛ МНОГО, А У СОБРАВШЕГО МАЛО НЕ БЫЛО НЕДОСТАТКА – КАЖДЫЙ СОБРАЛ СТОЛЬКО, СКОЛЬКО ЕМУ СЪЕСТЬ.

Что тут интересно? Сколько каждый может приложить усилий? Вот, допустим, я толстый, с одышкой, больное сердце, сколько я могу нагибаться за этими горошинами? А этот пацан проворный набирает себе мешки.

В духовном такого нет! Всё происходит в соответствии с теми условиями, в которых ты находишься. Сколько индивидуальных усилий относительно каждого ты можешь приложить, в соответствии с этим будет рассчитывать мощность твоей работы и вознаграждение.

Ещё раз объясните, что такое манна?

Манна – это высшее изобилие, которое наполняет человека в соответствии с его подготовкой. В той мере, в которой готов отдавать, я раскрываю себя для получения, – так это работает.

Что такое спустившееся от Творца необходимое?

Когда я отталкиваю всё и не хочу вообще ничего, я начинаю понимать, как бы через силу, что мне надо.

Это довольно сложные психологические определения. Я всё отталкиваю, не думаю никак о себе, но когда работаю на других, выявляется, что я обязан заправить себя, как машину бензином. Такое отношение – и ничего другого! Эта заправка называется «необходимость».

Человек, когда он работает на других, вдруг начинает реально видеть: всё, дальше «завестись» не могу, необходимо заправить себя. И он заправляется с таким же отношением к себе, как к машине.

И ни капли больше. Он не чувствует другого отношения к себе. У него нет этого.

Человек, который двигается к постижению духовного, может определить, что для него – необходимость, а что – нет?

Это определяется внутренним чувством. Ты можешь вкушать изысканный обед, и это будет необходимостью.

У нас всё работает по нашим маленьким меркам. Не надо думать об этом! Никогда не надо отмерять!

Секрет очень простой. Как пишет РАБАШ в своей статье, например, у меня есть сосед, который не ест, не пьёт, не спит, ничего у него нет. Он всё время занимается, допустим, только политикой. Бегает на собрания, идёт голосовать, разбирать людей, чего-то делать. Совсем ничего у него нет! Жена заставляет его немножко отдохнуть или перекусить: «Некогда мне! Некогда».

Это называется, что человек, если что-то и перехватывает для себя, то это для того, чтобы хватило сил бегать, как бы заправить свою машину.

Поэтому не надо думать, сколько и как, много я или мало потребляю. Если твои мозги настроены в правильном направлении, по дороге делай, что угодно.

Вы говорили, что если существует атмосфера, окружение, которое направляет и всё время заставляет держаться этой цели, тогда у человека возникает явное отсечение лишнего. Вся задача в том, чтобы окружение постоянно направляло. Чтобы правильная атмосфера создавалась.

/19/ И СКАЗАЛ ИМ МОШЕ: «НИКТО ПУСТЬ НЕ ОСТАВЛЯЕТ ОТ НЕГО ДО УТРА». /20/ НО НЕ ПОСЛУШАЛИСЬ ОНИ МОШЕ, И ОСТАВИЛИ НЕКОТОРЫЕ ЛЮДИ ОТ НЕГО ДО УТРА, И ЗАВЕЛИСЬ ЧЕРВИ, И СТАЛ ОН СМРАДНЫМ, И РАЗГНЕВАЛСЯ НА НИХ МОШЕ.

Были, так написано в «Большом комментарии», двое – Датан и Авирам. Они взяли манну и оставили на потом, и из шатра их поползли черви. То есть они взяли лишнего себе, запаслись на завтра, хотя всё существует сегодня.

Другое намерение. Отсутствие веры! На завтра запастись – это ты уже не находишься в мире Творца, ты находишься в собственном мире.

Это ежесекундная, постоянная борьба, которая должна сопровождать человека, борьба не относительно еды или чего-то другого материального. Борьба относительно всего: взгляда на прошлое, настоящее, будущее, на отношение к себе, окружающим, на оценку всего, что с тобой происходит!

Это – я и моё отношение ко всему, это место, где я освобождаюсь от своего «я».

ГЛАВА «КОГДА ПОСЛАЛ»

Манна – устремление человека к свойству отдачи, которое влечёт за собой очень серьёзный переход: отречение, сокращение, подъем над собой, – включает в себя очень много условий.

Вот нарисуй на полу своё изображение и начни его топтать ногами – это то, от чего ты хочешь отказаться, почувствуй в себе эти состояния.

МЕНЯ ТВОРЕЦ СПАСЁТ?

От чего я хочу отказаться?

От себя такого. Фотографию большую свою положи, попробуй, прочувствуй то, что ты хочешь затоптать!

Но существуют ещё и другое отношение. Помните, как в том анекдоте?

Случилось наводнение, человек сидит на крыше, проходит лодка: «Давай, мы тебя спасём». Он говорит: «Нет, меня Творец спасёт». Прилетает вертолёт: «Давай, тебя спасём». – «Нет, меня Творец спасёт». И тонет человек. А потом говорится: «Я тебе послал и лодку, и вертолёт...».

Это гордость! Это жуткая гордость: «Меня Творец спасёт».

Человек не адаптирует, не отождествляет себя с миром, не понимает, что Творец во всём: и в лодке, и в вертолёте – везде. Он не связывает Творца со всем этим, а разделяет мир на много всевозможных посредников, мыслей, сил. Это идет от несостоятельности ощущения Творца как единства.

Существует необходимое, как Вы говорите, чтобы человек не был обузой для группы, для семьи и так далее? Пенсионный фонд на будущее?

Это человек определяет только после того, как полностью отдаётся туда. Он будет думать о всяких пенсионных фондах для того, чтобы не пасть обузой на руки своих товарищей, своих близких, чтобы не заставлять их думать о себе.

Он начинает видеть, что весь мир – это одна система. И в ней он находится гармонично, равновесно.

Эта работа – постоянная, к ней привыкаешь. Я помню, поэтому могу сказать. Такая работа становится необходимостью, потребностью, становится тем, что именно на этом уровне существуешь. Остальные уровни очень плоские, одномерные – уже невозможно в них думать.

Человек начинает привыкать думать в n-мерном пространстве, которое сжимается в одну-единую силу, цель. Уже не представляет сложности ощущать весь мир связанным единой целью, единой мыслью, единой силой. Вплоть до того, что ты смотришь на звёздное небо, допустим, и видишь, что связывает все звезды.

Возникают очень интересные вопросы. Как древние люди связывали звезды между собой в созвездия, каким образом они им представлялись? Ведь если я смотрю на звезды – Орион, Большая Медведица, Малая – и на знаки зодиака я не могу это связать! У меня не складывается. У меня нет такой большой фантазии, как у древних греков. Да и вообще это идёт из более древних представлений.

Великие астрологи Вавилона?

Да, этим занимался Авраам. Взять тот же зиккурат. Наверху, на седьмом этаже Вавилонской башни, размещалась обсерватория. Там, кстати, действительно было семь ступеней, семь ярусов.

Интересно, как древние астрологи все это связывали? У них было ощущение связности этих звёзд, источников созвездия, хотя они находятся очень далеко друг от друга и в разных плоскостях.

На сотни миллионов лет эта звезда ближе к тебе на Земле, а та – на миллионы лет дальше и вообще неизвестно где. И вдруг астрологи видят их связанными друг с другом, как на одной плоскости. И это примитивные представления?!

Что это? Наведённая фантазия людей? Где там Медведица? Семь звёзд, квадратик с хвостиком. Как можно вообразить это?!

На самом деле, очень интересно получается, что мысль, которая связывает все эти звезды, начинает постигаться человеком определенным образом.

Или другой вопрос: как влияют на человека знаки зодиака?

Есть приходящая мысль, наводящая человека на это?

Да. Конечно, это очень далеко от того, что написано в астрологических книжках, я вообще этого касаться не хочу.

Но очень интересно, как люди ощущали в древности. Из-за нашего эгоизма мы оторвались от всей вселенной, от восприятия её как единого целого. А им представлялись ощущения связанности.

Связи относительные, потому что они воспринимали это как сонм богов, высших сил, влияющих на них. Такое представление шло не от того, что они были маленькие или примитивные. Просто это – не искаженное, не огрублённое восприятие человека.

Без большого количества фильтров, как у нас. Гораздо большее ощущение света.

Но если сейчас мы начнём исправлять свой эгоизм, то ощутим свет во много раз больше. Скачок будет выше. Ведь мы намного грубее.

ЧТО ЗАХОЧУ, ТО И ПОЛУЧУ

Мы говорили о манне, о том, что человек получит такой вкус, какой он захочет.

Да. Это – высший свет, высшая сила.

У Бааль Сулама есть пример с электричеством. Ты можешь подключить к электророзетке холодильник, обогреватель, приемник, передатчик – все, что угодно. В розетке ничего нет, кроме электроэнергии, а ты, благодаря прибору, который подключаешь, энергию преобразуешь в то, что тебе необходимо.

Манна – это та же бесплотная, бестелесная энергия, не облаченная ни во что, – дух, сила высшего света. Облачаясь в потребителя, в человека, она создает любые действия, всевозможные преобразования, метаморфозы, которые человек как бы заказывает, к чему он готов.

Зависит от человека, что он получает?

Нет. Если я хочу двигаться по направлению к подобию Творцу, то есть быть больше и больше человеком (Адам – от слова домэ «подобный»), тогда я могу вызывать на себя свойства света. И он будет преобразовывать меня все время. Только в этом направлении действует свет – у него нет другой возможности. Высший свет исходит из Творца и действует на нас в мере нашего желания приблизиться своими свойствами к Творцу.

Попросту говоря, пойду – получу?

Да. Если я не желаю подняться за определенное количество времени, в течение которого я должен подняться, приблизиться к Творцу, свет все равно на меня действует. Тогда этот отрезок, на который должен был подняться, я начинаю видеть, чувствовать как страдания. Что-то вдруг происходит нехорошее со мной, вокруг меня, потому что я затормозил, пошел не в ту сторону.

Свет действует, все время увеличивает свою интенсивность в воздействии на меня. А я, если подобен ему, должен двигаться по лучику света. Если его интенсивность увеличивается (это происходит автоматически по закону природы), а я не в ту сторону направляю себя, тогда я чувствую его интенсивность отрицательной: страдания, проблемы – вплоть до мировых войн. Это нам надо учесть.

Вы сейчас добавили, что «интенсивность увеличивается», но, с другой стороны, Вы все время говорите, что свет – это нечто постоянное?

Постоянное – по действию в одном направлении, но не по интенсивности. Мы же видим, что вдруг увеличиваем скорость своего развития. Это зависит от интенсивности.

Все зависит от света, мы – ничто! Я ничего не могу сделать, мой эгоизм является производной от влияния света, он увеличивается автоматически.

Все, что зависит от меня, – это сопоставить, направить мой эгоизм к свету. Если точно направляюсь, то я иду по лучику света вперед и прекрасно себя чувствую. Если отклонился чуть в сторону, то в мере углового искажения, я ощущаю страдания.

Когда я двигаюсь, как мы образно говорим, «по лучику», это называется, что я живу необходимым?

Да! Только лишь в подобии свету.

Когда я чуть-чуть отвлекаюсь, это значит, я взял больше, чем надо от этой манны, которая спустилась.

/14/ И ИСПАРИЛАСЬ РОСА, И ВОТ – НА ПОВЕРХНОСТИ ПУСТЫНИ НЕЧТО МЕЛКОЕ, РАССЫПЧАТОЕ, МЕЛКОЕ – КАК ИЗМОРОЗЬ НА ЗЕМЛЕ. /15/ И СМОТРЕЛИ СЫНЫ ИЗРАИЛЯ, И ГОВОРИЛИ ДРУГ ДРУГУ: «ЧТО ЭТО?». ИБО НЕ ЗНАЛИ, ЧТО ЭТО. И СКАЗАЛ ИМ МОШЕ: «ЭТО ХЛЕБ, КОТОРЫЙ ДАЛ ВАМ БОГ В ПИЩУ»... /21/ И СОБИРАЛИ ЕГО КАЖДОЕ УТРО, КАЖДЫЙ СТОЛЬКО, СКОЛЬКО МОГ СЪЕСТЬ, А КОГДА СОГРЕВАЛО СОЛНЦЕ, ОН ТАЯЛ.

Что такое, «когда согревало солнце, он таял»?

Попробуем объяснить. Когда тебе ясно видно, что это исходит из Творца, это уже не *манна*.

В духовном нет утра, дня, вечера, ночи – нет времени. Есть внутренние состояния человека, которые называются: утро, день, вечер, ночь. Это моё ощущение.

Если в своем внутреннем состоянии я нахожусь в состоянии «утро» (утром восходит солнце), я начинаю получать для себя высший свет для того, чтобы правильно идти вперед.

ГЛАВА «КОГДА ПОСЛАЛ»

Тогда у меня есть ясность моего пути?

Да. В течение всего этого состояния я точно направляю себя на свет, на Творца. Я его получаю, чтобы идти к Нему, – такое состояние называется «утро», и это состояние может продолжаться тысячу лет.

Потом я начинаю воспринимать это состояние иначе: как оно во мне находится, меня питает, обогревает, возбуждает какие-то желания и потребности. Таким образом работает во мне воздействие света, оно входит в меня по четырем стадиям развития света внутри желания. Тогда я уже начинаю приближаться к полудню.

ВЕЧЕРНИЕ СУМЕРКИ

Туда уже примешивается мое «я»?

Да. И начинается ощущение света как угнетающего: жара, зной – мне необходима влага, тень. Скрыться от света! Как это так? То есть я должен быть в тени, компенсировать свои внутренние недостатки, исправление направления к свету внешними состояниями.

Я начинаю себя защищать, ставить на себя не внутренний, а внешний экран. И таким образом постепенно во мне вызывается отрицательная сила, которая заставляет солнце зайти, уйти на закат.

Я приближаюсь к состоянию «вечер». Вечер – это сумерки, когда я не вижу разницы между хорошим и плохим, не различаю правильно или неправильно я иду, кто находится рядом со мной: знакомый или незнакомый. То есть теряю ориентиры.

Вечер – это сомнение?

Да, сомнение в моем духовном пути. В таком случае все сникает. Человек из стоячего состояния переходит в сидячее, из сидячего – в лежачее. Голова и ноги находятся полностью на одном уровне по важности.

От него ничего не остается как от человека – он опускается на животный уровень, полностью уходит. Утром встает и к вечеру уходит с уровня «человек».

Такие состояния необходимы все время. Таким образом мы накачиваем желание, как на водокачке накачиваем воду.

В темноте ты получаешь новые эгоистические желания, исправляешь их утром и в течение дня снова к ним уходишь.

Снова и снова качаешь на себя, занимаешься этой перекачкой из резервуара Творца в собственный резервуар, пока не наполнишься полностью, не станешь таким же, как Он.

Вы исходите из того, что это необходимое состояние? Не может быть все время состояния утра?

Конечно, нет! Написано: «И будет вечер, и будет утро – день один». Так что все начинается с вечера. Это цикл: «И будет вечер, и будет утро».

Поэтому говорится: «И когда согревало солнце, он таял»? То есть уже приходил день?

Да, приходил день, и свойство веры, отдачи падало, исчезало.

Манна исчезала. *Манна* – это свойство *бины в малхут*, свойство отдачи в желании получать. Оно чувствуется только утром.

Это касается исключительно человека? У животного не может быть таких состояний? Животные ночью выходят на охоту.

Это внутри человека. Это касается тех людей, у которых внутри есть два свойства: получать и отдавать. Желание получать называется «сердцем», а желание отдавать называется «точкой в сердце».

Если люди ощущают в себе это разделение и устремление познать суть жизни, а не удовлетворяются тем, что здесь вокруг них крутится, если они чувствуют депрессию от ощущения себя в этом мире и желают устремляться куда-то выше, то только такие люди могут двигаться по этой методике и начать ощущать высшее состояние.

Если у людей нет этой предопределенности, так сказать, духовных генов, то они находятся в рамках нашего мира, видят свои действия только в нем. Среди них политики, экономисты, они крутятся на экранах телевизоров, озабочены своим имиджем. Они играют в эти игрушки: смотрите, как они заняты.

Это точное олицетворение одномерных созданий – машинок, заводных игрушек: зайчика заводишь и видишь, как он быстро лапками перебирает.

СМЕНА ВЛАСТИ ВО ВСЕМ МИРЕ

Время политиков еще не пришло?

Я не думаю, что оно придет. Думаю, дойдет до того, что они просто должны будут подобру-поздорову уступить место мудрецам – людям, которые понимают систему природы, а не существуют только в одномерном (основаном только на силе получения) мире, которым мы уже не можем управлять.

Наш мир постепенно переходит, поднимается, раскрывается перед нами как двухмерный, то есть состоящим из двух сил: получения и отдачи.

Человечество сделает в свое время новый виток к правлению мудрецов, как во времена царя Давида, *царя Шломо?*

Это было только в маленькой группе людей. Сейчас надо, чтобы весь мир к этому подошел.

Недаром был произведен этот спуск, чтобы поднять весь мир к мудрецам?

Поднимется!

/22/ И БЫЛО – НА ШЕСТОЙ ДЕНЬ СОБРАЛИ ХЛЕБА ВДВОЕ БОЛЬШЕ: ПО ДВА ОМЕРА НА ЧЕЛОВЕКА, И ПРИШЛИ ВСЕ ВОЖДИ ОБЩЕСТВА, И СКАЗАЛИ МОШЕ. /23/ СКАЗАЛ ОН ИМ: «ОБ ЭТОМ ГОВОРИЛ БОГ: ЗАВТРА ПОКОЙ, СУББОТА СВЯТАЯ ДЛЯ БОГА, ЧТО ВЫ БУДЕТЕ ПЕЧЬ – ПЕКИТЕ, И ЧТО БУДЕТЕ ВАРИТЬ – ВАРИТЕ, А ВСЕ ОСТАЛЬНОЕ ОТЛОЖИТЕ СЕБЕ, СОХРАНИВ ДО УТРА». /24/ И ОТЛОЖИЛИ ЕГО ДО УТРА, КАК ВЕЛЕЛ МОШЕ, И НЕ БЫЛО СМРАДА, И ЧЕРВЕЙ НЕ БЫЛО В НЕМ. /25/ И СКАЗАЛ МОШЕ: «ЕШЬТЕ ЕГО СЕГОДНЯ, ИБО СЕГОДНЯ – СУББОТА ДЛЯ БОГА, СЕГОДНЯ ВЫ НЕ НАЙДЕТЕ ЕГО В ПОЛЕ. /26/ ШЕСТЬ ДНЕЙ СОБИРАЙТЕ ЕГО, А НА СЕДЬМОЙ ДЕНЬ – СУББОТА, НЕ БУДЕТ ЕГО».

Впервые говорится о субботе – о каком-то особом дне, к которому надо готовиться?

Да. Причем очень интересно.

Все дни каким-то образом связаны с космическими системами: новолуние, утро, день, вечер, год, вращение Земли вокруг Солнца, вращение Луны вокруг Земли. Вращение Земли вокруг своей оси определяет день, месяц, год.

А неделя вообще никак не определена: она ни с чем не связана.

Неделя рождена каким-то разумом?

Вот! С одной стороны, новолуние у нас есть. Между новолуниями есть определенное количество дней: четыре недели, допустим, хотя это тоже не так.

Дело в том, что мы находимся в очень интересной системе — зависим и от луны, и от солнца. Здесь и проявляется двоякость. И очень интересно устроены календари: календарь мусульманский — лунный, календарь христианский — солнечный, календарь иудейский основан на солнце и на луне.

В мусульманском календаре праздники кочуют с зимы в лето, весну, осень. Они двигаются, не привязаны — нет определенных дней. Праздники христианские тоже меняют свой календарь: есть новый календарь, старый календарь, исчисления всякие.

УНИВЕРСАЛЬНЫЙ КАЛЕНДАРЬ

Иудейский календарь не меняется, потому что он построен по средней линии. Не по правой линии, как мусульманский, не по левой — как христианский, а на сочетании этих двух линий, потому что на самом деле мы зависим и от солнца, и от луны.

Мы зависим от правой линии и от левой, от свойства получения и от свойства отдачи. Мы не можем быть только под одной линией. Поэтому наш календарь никогда не меняется.

Но он непростой! Существуют високосные годы, раз в четыре года: швита, йовель – всевозможные особые праздники. Существует солнечный кругооборот: два раза в 27 лет и так далее. Но хотя он составлен несколько тысяч лет назад, он не менялся – ни на секунду не должен был поправить себя.

Значит, я могу заложить календарь далеко вперед?

Если он устроен на основании двух сил, которые существуют в природе, то ты идешь вместе с природой абсолютно точно посредине, используя все ее силы в гармонии. И это олицетворяет собой наш календарь – солнечно-лунный.

Можно об этом много говорить, это действительно интересная вещь, потому что луна нам показывает отношение земли к солнцу. Если я – земля, то луна мне показывает мой экран.

Она является моим зеркалом как бы?

Да! Насколько я правильно отношусь к Творцу или к свету, меняясь во всех своих фазах: от полностью убывающей до полностью растущей и снова убывающей.

Это четыре недели? Луна – новолуние?

Растущая и убывающая, растущая и убывающая. Это тоже полный цикл, как и день. Мы говорим: «И был вечер, и было утро – день один».

ГЛАВА «КОГДА ПОСЛАЛ»

Я встаю к солнцу, а потом солнце начинает на меня воздействовать настолько, что поднимается мой эгоизм, возникает левая линия, которая склоняет солнце к заходу. И рождает ночь и луну.

Фазы луны в соответствии с появлениями в различных созвездиях – это настолько цельная картина и простая! Интересно, что простая: чем дальше изучаешь и вникаешь в это, тем четче возникает ощущение абсолютной гармонии.

Так музыкант ощущает аккорд и говорит: «Прекрасный аккорд, прекрасная компоновка инструментов – не хватает только одной ноты, чтобы взяла ее труба». Он чувствует. Так и здесь необходимо, чтобы возникло ощущение гармонии.

Вообще, это потрясающе.

Поэтому говорится, что постижение Творца – это и есть совершенство.

Итак, вернемся к субботе все-таки. Появился особый день?

Да, появился особый день, который олицетворяет собой связь *зеир анпина* и *малхут*. *Зеир анпин* – как солнце, *малхут* – как земля.

Эта связь построена на соединении земли и солнца, когда земля полностью наполняется от солнца, причем, в течение шести дней. И это олицетворяет собой связь еще и через луну. Есть шней меирот а гдолим – два великих светила. Потому что по размеру они, вроде бы, равны.

ПЯТЬ РАБОЧИХ ДНЕЙ

Солнце и луна, одно светит от другого. Земля между ними заслоняет луну от солнца, и поэтому мы видим фазы. Фазы на луне олицетворяют собой связь луны и земли. Солнце отсвечивает размер их сопряжения, соединения.

Шесть дней – это соединение зэир анпин и *малхут*, в течение которых *малхут*, то есть земля, достигает своего насыщения и поэтому в день седьмой должна отдохнуть. *Малхут*, земля, человек – все должны отдохнуть, даже животные, вообще весь мир.

На самом деле суббота – это самое напряженное время. В течение шести дней идет исправление *малхут* относительно зеир анпина, на седьмой день – в субботу происходит их объединение, слияние, соитие. Поэтому суббота олицетворяет собой любовь, связь, как в Песне Песней поется.

Суббота олицетворяет собой именно полное объединение всего творения в Творце.

Шесть дней работы – это шесть дней «накачки»?

Подготовки к этому. Подобно тому, как солнце, как луна крутится в своих фазах, или как человек встает утром и ложится вечером.

Седьмая стадия наступает, когда он готов, полностью себя исправил. Седьмая стадия – это соединение, любовное соединение, то есть он исправил себя в состояние подобия.

В этот момент ему не нужна пища, не нужена манна, получается?

Не надо, ни в коем случае, она выпадает еще раньше. Шестой день олицетворяет собой подготовку, поэтому называется есод – соединяет в себе все.

Существует пять дней работы: первый, второй, третий, четвертый, пятый. Шестой день – соединение всех дней работы в один. Результативный седьмой день – это уже полностью нерабочий день.

Поскольку все происходит только из сопоставления правой и левой линии, то седьмой день сразу же был воспринят как день отдыха в группе Авраама, в еврейском народе. Остальные народы это переняли через религии, которые произошли из той же каббалы.

Все дни отдыха переняты из этого дня, который принесла группа Авраама?

Да. Но поскольку мы идем по средней линии, то остаемся в субботе. По правой линии, у измаильтян, в исламе, отдых в шестой день. У христиан – воскресенье, первый день.

Таким же образом устроены и календари: солнечный – в христианстве, лунный – в исламе, а наш – совмещенный.

Как все закручено… Эти различия должны существовать в таком виде?

Не могут люди жить по-другому до тех пор, пока не соединятся вместе в средней линии. Иначе не поднимешься к средней линии – к Творцу.

Все религии существуют только для того, чтобы человек осознал, как он должен над ними подняться и соединиться со всеми вместе в едином – не в религии, а в каббале.

Недаром Бааль Сулам называет религией состояние отдачи.
Да.

Мы дошли до седьмого дня. Говорится, что всё будет седьмой день, ощущение седьмого дня. Что подразумевается под вечной субботой, вечным отдыхом?
Будет ощущение полного исправления, что и является полным соединением Творца и творения, вечной субботой.

Вечный отдых – это значит, что тебе не с чем воевать, но у тебя есть большая работа в постоянном положительном устремлении к Творцу. Это устремление идёт уже не от недостатка, а от всё большего раскрытия совершенства.

Мы не представляем, как это может быть. Как я могу идти вперёд, если кроме правой не опираюсь на левую ногу тоже? А здесь возникает какая-то непонятная средняя нога.

Как будто ты плывёшь.
Да. Ты просто идёшь вперёд в Его раскрытии. Ты идёшь к Нему не от того, что всё время себя исправляешь и двигаешь себя к Нему, а от того, что Он всё время раскрывается больше и больше. И ты входишь в Него всё больше. Это система.

МЕДОВЫЙ ПИРОГ СУББОТЫ

Мы заканчиваем главу «Бешалах», что в переводе означает «Когда послал». И остановились на таком отрывочке:

/30/ И ОТДЫХАЛ НАРОД В ДЕНЬ СЕДЬМОЙ. /31/ И НАЗВАЛ ДОМ ИЗРАИЛЯ ЕГО «МАН», ОН БЫЛ КАК СЕМЯ КОРИАНДРА, БЕЛЫЙ, А НА ВКУС – КАК МЕДОВЫЙ ПИРОГ.

Может, перевод не очень точный, шаббат назван «МАН» и даны ему вкусы?

Дело в том, что суббота – это особое состояние. В течение шести предыдущих состояний ты исправляешь свое эгоистическое желание. И потом его, уже как общее свойство, подводишь к реализации всего исправленного желания.

Есть пять основных эгоистических свойств, которые мы должны исправить. Ты исправляешь уровни эгоизма: 0, 1, 2, 3, 4. А в шестой день происходит их взаимное слияние, смешение, соединение в одно целое.

Затем на это исправленное объединенное желание ты получаешь свет. Этот свет и является субботой.

Ты сам можешь исправить эти пять эгоистических состояний, а последнее – нет?

Я не исправляю их сам. Я могу их исправить с помощью света исправления. Есть свет, который приходит для того, чтобы исправить во мне эти свойства: свойства первого дня, второго, третьего, четвертого, пятого.

Затем в шестой день есть особый свет, который объединяет все вместе, и получается у меня одно альтруистическое желание, общее свойство отдачи. Это шестой день.

В седьмой день в исправленное альтруистическое желание я получаю наполнение. Оно и является седьмым днем.

То есть идет очищение сосуда? Потом в практически чистый сосуд может войти свет?

Да, свет, который входит в него, является олицетворением седьмого дня.

Поэтому ему дается вкус, и он называется МАН?

Да. Потому, что он все время идет под нашим устремлением кверху, к тому, чтобы получить свет исправления и затем – свет наполнения.

Написано, что вкус его, как медовый пирог.

Это аллегория, непонятная мне немножко. Это не тот мед, который сегодня получают от пчел. Иной подразумевался мед.

Это просто наш подслащенный исправленный эгоизм, который начинает работать на отдачу. Он олицетворяет собой вкушение, трапезу. Иногда говорится о ней: шор – бык, левиафан – кит. Это духовные корни, которые в нашем мире проявляются таким образом.

ЕСТЬ ЛИ БОГ?

Дальше двинулся народ из пустыни Син и расположился в Рефидиме, и не было воды, и снова народ возопил, и Моше снова подходит к Творцу и говорит:

/4/ ...«ЧТО МНЕ ДЕЛАТЬ С ЭТИМ НАРОДОМ, ЕЩЕ НЕМНОГО И ОНИ ПОБЬЮТ МЕНЯ КАМНЯМИ!». /5/ И СКАЗАЛ БОГ, ОБРАЩАЯСЬ К МОШЕ: «ПРОЙДИ ПЕРЕД НАРОДОМ И ВОЗЬМИ С СОБОЙ ИЗ СТАРЕЙШИН ИЗРАИЛЯ, И СВОЙ ПОСОХ, КОТОРЫМ ТЫ ПОРАЗИЛ НИЛ, ВОЗЬМИ В РУКУ СВОЮ И ПОЙДИ. /6/ ВОТ Я СТОЮ ПЕРЕД ТОБОЮ ТАМ, НА СКАЛЕ В ХОРЕВЕ, А ТЫ УДАРИШЬ

ПО СКАЛЕ, И ПОЛЬЕТСЯ ВОДА ИЗ НЕЕ, И БУДЕТ ПИТЬ НАРОД». И СДЕЛАЛ ТАК МОШЕ НА ГЛАЗАХ У СТАРЕЙШИН ИЗРАИЛЯ. /7/ И НАЗВАЛ ТО МЕСТО «ИСПЫТАНИЯ И РАЗДОРЫ» ИЗ-ЗА ССОРЫ СЫНОВ ИЗРАИЛЯ И ПОТОМУ, ЧТО ОНИ ИСКУШАЛИ БОГА, ГОВОРЯ: «ЕСТЬ ЛИ БОГ СРЕДИ НАС ИЛИ НЕТ?».

Что такое: «нет воды», «ударить по скале»?

Человек ожидает, что на его действия всегда придет ответ. Если он делает правильные действия, то на том же месте должен быть и правильный ответ.

Если я прилагаю усилия к тому, чтобы сблизиться и раскрыть связи с другими, свое свойство отдачи, то на этом совокупном свойстве, которое мы генерируем все вместе, должен проявиться высший уровень нашего состояния – Творец.

Это совокупность всех наших взаимных устремлений друг к другу, проявление высшей ступени, света, наполнения, ощущение жизни выше нашего сегодняшнего животного состояния, именно духовной жизни, которая не зависит от тела и от его смерти.

Это ожидание нехорошее, потому что человек при этом должен работать, якобы, за вознаграждение, тем более за духовное вознаграждение.

Я всегда жду результата. Пройдя пустыню, они ожидали, что будет вода и финики, и все будет в порядке?

Ну да, если можно так сказать. Финики и вода – имеется в виду, что у них будет все, согласно их усилиям. Свойство отдачи – это вода, наполнение в свойстве отдачи, свет разума – это *ор хохма*.

Что же тогда заставляет человека работать, если, Вы говорите, что ждать результат нехорошо?

Быть выше всякого результата, быть настолько в отдаче, что ты, кроме этого действия, ничего не требуешь. Даже если ты ничего не получаешь взамен, все равно для тебя само это действие уже является наполнением.

Вследствие этого ожидания и возникают раздоры между человеком и Творцом. Они повторяются на каждой ступени все время до полного исправления!

Постоянное требование к Моше – это оно и есть? Народ объединяется...

Народ или все внутренние свойства в человеке, которые называются народ, объединяются и требуют хотя бы понимания того, правильно я действую или нет.

Но это тоже является вознаграждением! Это тоже неполная, неполноценная отдача!

Отдача – это состояние, когда ты идешь с полностью закрытыми глазами, ты совершенно не видишь результата своего труда. Ты просто отдаешь.

Это против всех законов мира. Любой, услышав Вас, ответит, что это невозможно.

Да! Это действительно невозможно! Но именно к этой полной, цельной отдаче мы и должны идти. И тогда достигаем свойства Творца.

Здесь внутри есть еще много тонкостей, психологических и духовных.

ГЛАВА «КОГДА ПОСЛАЛ»

УДАР ПОСОХОМ

За счет чего мы идем, за счет чего двигаемся?

Мы двигаемся за счет того, что постоянно находимся в выявлении своей истинной эгоистической природы, за счет того, что все время требуем новых действий и наполнений.

Их нет. Но в этих раздорах мы начинаем раскрывать свои внутренние, всё более и более эгоистические желания. То, что раньше мне казалось моим духовным стремлением на отдачу, правильным, вдруг оказывается недуховным и неправильным, наоборот, эгоистическим.

На каждой новой более высокой ступени я вижу иначе то, что представлялось мне раньше верхом альтруизма, отдачи и любви, верхом распространения от себя. Вдруг я начинаю понимать, мне раскрывается, что я делал это с внутренним эгоистическим порывом.

Все эти ступени являются обязательными для каждого постигающего, то есть для любого человека. Поэтому они и описываются в Торе.

Тора — инструкция вхождения в Высший, духовный мир раскрытия Творца. Все ступени так и будут раскрываться согласно этой инструкции. Тут не имеется в виду, что люди поступили каким-то неправильным образом. Они правильно поступают и поэтому натыкаются на проблемы.

Что же тогда с вознаграждением, которое все-таки приходит — «проходит Моше с посохом»?

Это нехорошее вознаграждение, которое сразу же раскрывается. И то, что он ударил, — это тоже нехорошо.

Нехорошо, что он ударил, нехорошо, что появилась вода?

В общем, да. Потом дальше мы посмотрим, почему. Есть тому продолжение.

Сказано, что Творец согласился и сказал ему: «Пройдешь, ударишь, и будет вода».

Да, конечно, но за все это ты и ответишь.

Дальше появляется новый образ.

/8/ И ПРИШЕЛ АМАЛЕК, И СТАЛ ВОЕВАТЬ С ИЗРАИЛЕМ В РЕФИДИМЕ. /9/ И СКАЗАЛ МОШЕ ЙЕОШУА: «ВЫБЕРИ НАМ МУЖЕЙ И ВЫХОДИ НА ВОЙНУ С АМАЛЕКОМ! ЗАВТРА Я ВСТАНУ НА ВЕРШИНЕ ХОЛМА С ПОСОХОМ ВСЕСИЛЬНОГО БОГА В РУКЕ МОЕЙ».

Появляется Амалек.

Амалек – наше самое внутреннее эгоистическое желание. Наш враг в духовном пути, наш идеологический враг.

АМАЛЕК НЕПОБЕДИМ

Вся эта война внутренняя, за то, чтобы еще больше собраться вместе, еще больше выявить в себе эгоистические желания, в том числе и Амалека, приподняться над ним, – этим он и побеждается. Чтобы противостоять Амалеку, действительно нужны старейшины, то есть самые исправленные свойства человека.

Поэтому и написано:

Глава «Когда послал»

/11/ И БЫЛО – КАК ПОДНИМЕТ МОШЕ РУКУ СВОЮ, ОДОЛЕВАЛ ИЗРАИЛЬ, А ЕСЛИ ОПУСТИТ РУКУ СВОЮ, ОДОЛЕВАЛ АМАЛЕК. /12/ И ОТЯЖЕЛЕЛИ РУКИ МОШЕ, И ВЗЯЛИ ОНИ КАМЕНЬ, И ПОДЛОЖИЛИ ПОД НЕГО, И ОН СЕЛ НА НЕГО, А ААРОН И ХУР ПОДДЕРЖИВАЛИ РУКИ ЕГО – ОДИН С ОДНОЙ, А ДРУГОЙ С ДРУГОЙ СТОРОНЫ, И БЫЛИ РУКИ ЕГО ТВЕРДЫ ДО ЗАХОДА СОЛНЦА. /13/ И ОСЛАБИЛ ЙЕОШУА АМАЛЕКА И НАРОД ЕГО СИЛОЙ МЕЧА.

Здесь описывается очень много свойств. С их помощью ты выходишь на борьбу с эгоизмом, который уже видишь, и понимаешь, что он против тебя. Внутри – против тебя, и снаружи ты видишь его против себя, он, действительно, представляется тебе как враг.

До тех пор, пока человек не отделяет себя от своего внутреннего эгоизма, он не ощущает этого противостояния, этой вражды, ненависти к своей природе. Он не ощущает, что эта природа тоже исходит от Творца.

Специально Творец раскрывает в нем эти свойства, ведь «нет никого, кроме Него», чтобы помочь человеку, чтобы снова и снова он попросил Творца, то есть высшую силу, которая может его исправить, приподнять и правильно использовать все его эгоистические прошлые желания на отдачу и любовь.

Нет у человека свойства отдавать. Свойство отдавать – это Творец. У человека есть свойство получать. Свойство получать ради отдачи, использовать свой эгоизм на отдачу – это и есть война с Амалеком. Она очень тяжелая.

Всевозможные предыдущие войны, исправления были необходимы для того, чтобы приподняться над своим эгоизмом, убежать из Египта, выйти из каких-то проблем.

Сейчас надо не приподниматься, сейчас надо воевать с этим эгоизмом лицом к лицу.

С Фараоном не было войны непосредственно, был побег от него.

От Фараона можно только убегать, иначе ничего нельзя с ним сделать.

Амалек – это тот же Фараон, только в другом виде, в более внутреннем. От него ты уже не можешь убежать, ты должен противостоять ему, чтобы склонить его в свою пользу, победить тем, что заставляешь его работать на отдачу.

Амалек непобедим, на самом деле. Поэтому сказано, что война с *Амалеком* – она «во веки», до самого последнего исправления, и невозможно человеку его победить.

Всегда Творец оставляет *Амалека* на закуску, на самый последний рывок, когда человек побеждает его окончательно с помощью Творца. И уже весь эгоизм человека работает на отдачу.

Поэтому сказано: «Это война Творца с *Амалеком* во веки».

РУКИ ВВЕРХ!

Сначала Моше сам поднимает руку и держит посох. Потом ему уже требуется поддержка, чтобы руки не падали, – и тогда Израиль побеждает, так написано. Что такое – Моше поднимает руки?

Моше олицетворяет свойство *бины* – свойство отдачи в человеке. Аарон стоит с правой стороны, Хур – с левой. Так они поддерживают его руки.

Руки, устремленные вверх, – это аллегория, означает связь с Творцом. В духовном мире так называется подъем *МАНа*, подъем просьбы – связь низшего *парцуфа* с высшим.

Когда Моше поднимает руки, то есть свойство *бины* подпитывается от *кетер* – от высшего свойства отдачи, тогда побеждает *Исраэль*. То есть свойства человека, которые пытаются выйти из Амалека и подняться наверх, приподнимаются над ним и этим его побеждают.

Амалек – это основа мира, основа эгоизма. Только не всегда это проявляется настолько четко. Люди не считают себя эгоистами. Они считают себя нормальными людьми: я отдаю, получаю – я нормальный гражданин. Те свойства, которые раскрываются затем, впоследствии, когда всю нашу природу мы раскрываем, как абсолютно эгоистическую, – это уже *Аман, Амалек, Билам, Балак*.

Когда опускаются руки Моше?

Идет постоянная работа, подпитка свыше, пока не победишь *Амалека*.

Но Амалека невозможно победить, потому что в человеке есть ограниченное количество средств и сил для связи с Творцом. Само действие – война с *Амалеком* – ведется из поколения в поколение. Когда ты поднимаешься с одной духовной ступени на другую, ты всегда воюешь с ним.

Уничтожить *Амалека* полностью можно только силой Творца. Человек, уже исправившись, осознаёт, что он не требует для себя абсолютно ничего, даже знания того, что что-то сделал, даже никакой отдачи в свою сторону, даже намека на отдачу. Тогда Творец разом исправляет это последнее эгоистическое свойство.

Человек не может исправить это сам. Пока где-то во мне существует зародыш эгоизма, ведь это – моя основа, пока существует подсознательно какой-то хвостик из того, что я делаю, до тех пор невозможно действовать, не будучи привязанным к действию и к его результату. Это и есть Амалек. Где-то все равно проскальзывает этот змей. И поэтому война нескончаема.

Этот особый путь предназначен только для тех, у кого, как мы говорим, есть точка в сердце?

Дорогу осилит идущий! Остальные не получают таким образом. Не надо им ничего этого! Даже народ не воюет.

Только Моше стоит с поднятыми вверх руками. Только особые свойства в человеке могут бороться, а остальные нет, они идут за Моше.

Что означает, что нет вознаграждения?

Они лишь укрываются. На войну против Амалека ты не можешь выставить свои свойства – они упадут. Они не смогут противостоять требованию полной отдачи.

Поэтому воюет только несколько свойств. На этой ступени побеждают свойством отдачи, верой, что называется. Вера – это свойство отдачи и любви. И поднимаются дальше на следующую ступень.

МЕЖДУ ТВОРЦОМ И АМАЛЕКОМ

Здесь написано, что «и были руки его тверды до захода солнца». Что за состояние «до захода солнца»?

Пока существует высший свет, который проливается на него, пока существует связь между Моше и *кетер* (*биной и кетер*), до тех пор есть сила противостоять Амалеку. Затем все уходит. Эта ступень скрывается и раскрывается следующая, потому что день начинается с вечера в ночь.

Действительно, тут каждое слово означает что-то очень точно. Написано: не победил, не разбил – «и ослабил Йеошуа Амалека и народ его силой меча». Он только ослабил, а дальше все пойдет снова.

И ушел. Да, нападал и ушел.

/14/ И СКАЗАЛ БОГ, ОБРАЩАЯСЬ К МОШЕ: «ЗАПИШИ ЭТО На ПАМЯТЬ В КНИГУ И ВНУШИ ЙЕОШУА, ЧТО СОВЕРШЕННО СОТРУ Я ПАМЯТЬ ОБ АМАЛЕКЕ ИЗ ПОДНЕБЕСНОЙ». /15/ И ВОЗДВИГ МОШЕ ЖЕРТВЕННИК, И НАЗВАЛ ЕГО «БОГ – МОЕ ЧУДО». /16/ И СКАЗАЛ: «БОГ КЛЯНЕТСЯ СВОИМ ПРЕСТОЛОМ, ЧТО ВОЙНа У НЕГО С АМАЛЕКОМ ИЗ РОДА В РОД».

Человек не может победить Амалека. Но он должен создать такие условия, чтобы находиться между Творцом и Амалеком и действительно захотеть, чтобы Творец убрал из него это свойство.

Человеку необходим Амалек. Иначе у него не будет связи с Творцом. Весь эгоизм, Фараон и все прочие специально подталкивают нас к Творцу, без них мы не вознуждались бы в Нем.

Здесь есть фраза: «И внуши Йеошуа, что совершенно сотру я память об Амалеке из поднебесной». И в тоже время написано в конце главы, что «война у него с Амалеком из рода в род».

В итоге, сотрет. Но прежде будете все время воевать – никуда не денетесь. За счет Амалека производятся все исправления, которые в различных его проявлениях называются по-разному.

Читаешь с Вами, и такими легковесными кажутся все сценарии, фильмы. Вообще все, что происходит, все, что мы видим вокруг, вовсе не находится на этой сумасшедшей высоте по исправлению человека.

Но речь идет о внутреннем мире! Раскрываются совершенно другие картины внутренних связей между всем, что происходит. Человек начинает видеть систему, которая связывает нас всех вместе, все свойства, все силы вселенной, и то, что находится и происходит между нами.

Конечно, это великое действие! Человек поднимается на уровень, когда его тело уже не существует. Есть только он внутри этих сил.

Мы закончили главу, которая называется «Когда послал» («Бешалах»). Следующая глава, очень важная – «Итро», в которой мы будем говорить о Десяти заповедях и стоять у горы Синай.

Глава «ИТРО»

ДВУЛИКИЕ ЕВРЕИ

Новая, очень важная глава «Итро» названа именем героя. До этого не было такого прецедента, хотя рассказ об Итро ведется только в начале, а дальше вся глава – о горе Синай и о заповедях. Почему же она названа именем Итро? Ведь Итро не самая важная фигура в этой главе?

Это только так кажется. Мы не знаем, что важно, а что не важно в Торе. Она раскрывает нам все в таком условном виде, что лишь человек, работающий над собой для входа в духовный мир, начинает понимать, что там, в этой инструкции, сказано.

Существует четыре уровня понимания Торы: простой, повествовательный, аллегорический и истинный.

И каждый может понимать Тору только в соответствии со своим уровнем постижения?

Да. Итро – это большая система в духовном мире, которая связывает, в частности, свойство отдачи и свойство получения. Именно благодаря ей человек может начать правильно работать со своими эгоистическими желаниями.

Свойство Израиль – это свойство отдачи, не привязанное к эгоизму, отвлеченное от нашего мира. Поэтому говорят про евреев, что они вообще как инопланетяне. Что-то в них есть особенное, что выделяет их. Люди смотрят на евреев и подозревают: что-то в них не так.

Это заметно даже внешне?

Это видно по их не эгоистическому отношению к миру, к жизни. Хотя в последнее время и произошли наносные изменения. Если копнешь человека поглубже, то в нем

ГЛАВА «ИТРО»

видно иное отношение, иное мнение, иное свойство, иное поведение.

Осторожность – не от трусости, а от свойства, ведущего к пониманию, что мир совсем не простой, он намного сложнее.

В евреях есть свойство особого отношения к миру, к судьбе, к истории – ко всей внешней системе. Это отношение в нашем мире облачается во всевозможные обычные свойства. Но истоки его в том, что изначально в них был заложен духовный корень, так называемая искра, точка в сердце. Поэтому такие люди дуальные, то есть не чисто эгоистические. Внутри их эгоизма находится точка в сердце.

Эта точка в сердце перевешивает эгоизм?

Эта точка в сердце может выделяться и тащить за собой весь эгоизм. Но возможен и обратный процесс: эгоизм тащит за собой эту точку в сердце.

Люди, у которых точка в сердце тащит за собой эгоизм, олицетворяют собой тот Израиль – народ времен Вавилона и до крушения Второго Храма 2000 лет назад. Тогда они жили именно точкой в сердце, она вела их вперед. Они исправляли эгоизм. О том, как его исправлять, говорится в Торе.

Затем наступило изгнание. Изгнание – это когда точка в сердце находится внутри эгоизма и подчиняется ему. Эгоизм ее тащит и выигрывает, благодаря этой точке. Поэтому мы видим: евреи в нашем мире, эгоистичные, проворные, преуспевающие, находятся в нехорошем, более эгоистическом состоянии, чем все остальные народы.

Свойства, которые даны евреям для подъема, они используют для углубления в эгоизм?

Да. Они больше умеют использовать эгоизм для его же наполнения. Но это не проблема – это необходимое смешение эгоистических и альтруистических свойств.

Итро и есть та система, которая с помощью точки в сердце помогает правильно настроить эгоизм на постепенную работу над собой.

Итро – это система, которая сначала не имела отношения к Израилю? Ведь он – царь Мидьяна, жрец всех религий, знакомый со всеми идолами.

Он такого же типа, как отец Авраама – Терах. Он также занимается внутри своего эгоизма.

И если мы продолжим параллель Терах – Итро, то получим Авраам – Моше, который провел у Итро 40 лет! Он взял в жены его дочку Ципору. И родил внуков. С тех пор имя Ципора, так же как Батья (дочь Фараона) – очень популярные женские имена.

В доме Итро Моше (это точка в сердце) созрел. Здесь он спускается в эгоизм и начинает с ним работать. Если бы на предыдущей ступени отец Авраама, Терах, послушался сына, то они также нашли бы общий язык. И, может быть, уже с той поры смогли бы начать исправлять мир.

ПЕРЕСТРОЙКА СИСТЕМЫ

Вавилон уже стал бы началом исправления?

На самом деле, это невозможно без египетского изгнания и выхода из него, без получения Торы, потому что ты должен окунуться в эгоизм. Именно поэтому Терах был против Авраама, и тому пришлось убежать из Вавилона.

ГЛАВА «ИТРО»

В главе «Итро» мы видим возврат к тому же процессу, но на следующей ступени.

Моше – это совсем другая ступень по сравнению с Авраамом: он уже был в эгоизме, он уже прошел этот этап и вышел из эгоизма.

За 40 лет пребывания Моше у Итро произошло их взаимное объединение. Они соединились через дочь Итро – Ципору.

«Ципора», «сыновья родились» – это совмещение эгоистического и альтруистического начал в человеке.

Происходит закалка Моше, чтобы он сумел вернуться в глубокий эгоизм – обратно в Египет?

Да. И теперь, когда Итро идет к Моше, то он привозит к нему Ципору и детей. И они начинают работать вместе, так как только Итро может научить Моше и народ Израиля, как работать с тем эгоизмом, который сейчас начнет проявляться.

Пришло время свойству Итро в человеке начинать подниматься и указывать ему, каким образом действовать дальше. Моше не в состоянии действовать. С чем он работает? Где тот эгоизм? Взяли же впоследствии и вынесли из Египта все эти, так называемые, сосуды – весь эгоизм.

Сейчас эгоизм проявляется в народе постепенно, поступенчато. И поэтому Моше должен судить народ.

Что значит судить? Он должен ему объяснять: каким образом действовать, где свойство отдачи, где свойство получения, в каком ракурсе соединяться над собой, раскрывая следующую ступень Творца в своем соединении. Здесь необходимо правильное взаимодействие. Где иерархия в этом эгоизме?

Свойство отдачи – это свойство, которое расширяется: широкая душа, раскрытое сердце.

Поэтому говорят «широкий человек»?

Да, свойство отдачи растекается по плоскости как вода. А эгоизм работает все время вертикально. Эти два параметра как-будто и не совмещаются вместе.

Поэтому Итро говорит: «Ты должен построить другую систему», – пирамидальную (конусную). Весь свой эгоизм ты должен разложить по полочкам: десятки, сотни, тысячи, десятки тысяч. Таким образом, ты возвращаешься к тому состоянию, когда входили в Египет 12 братьев.

Так вы и выйдете оттуда: те же 12 колен или 12 ручьев – по сути, 12 шеренг. Но в каждой из них вы должны градуировать себя по эгоистическим уровням. Разным уровням соответствуют свои законы, свои начальники, подчиненные, то есть должна быть иерархия.

Вы работаете сейчас не просто на любовь, на отдачу. Вы работаете с эгоизмом, который надо постепенно исправлять по мере того, как он исправляется, каждый раз в соответствии с его возможностями.

Я начинаю понимать, почему глава называется «Итро». Ведь именно он организовал и запустил всю эту машину?

Да. Если бы Моше не прошел школу Итро, не соединился бы с этим эгоизмом и не начал немножко работать с ним, он не смог бы выстоять против Фараона. У него не было бы с ним контакта. У него возник бы просто конфликт с Фараоном, и он убежал бы.

Школа Итро его закалила. И теперь он противостоит Фараону, он приходит и говорит: «Нет, мне надо вытащить из тебя своих людей». И кроме своих людей, он еще забирает из Египта огромный эгоизм.

Значит, Египет обескровлен? Моше забирает с собой эгоизм для исправления. Он не смог бы этого сделать, если бы предварительно это свойство в человеке не соединилось с эгоизмом, с эгоистической системой, называемой Итро.

Сам Итро, когда приходит к Моше, забирает от него его свойство отдачи, кроме того, что он там получил. Итро перенимает от него Тору и возвращается к своим для того, чтобы обучать их.

То есть в человеке происходит перетасовка, взаимное соединение этих свойств.

Теперь я понимаю, почему глава называется даже не «Десять заповедей», а «Итро». Это, действительно, очень серьезно и правильно. Это начало, запуск.

Это система исправления. Заповеди – это сила, раскрытие задачи, а Итро – реализация.

БЛАГОСЛОВЕНИЕ ИТРО

В Большом Комментарии написано:
Когда Итро приблизился к лагерю сынов Израиля, он написал в письме, адресованном Моше: «Твой тесть Итро пришел. Пожалуйста, выйди и встреть меня. Если ты не хочешь выйти ради меня, то выйди ради твоей жены Ципоры, а если не ради нее, то ради двух ее сыновей». Итро привязал письмо к стреле и послал ее в Облако Славы. Хотя обычно Облако отбрасывало все, это послание оно пропустило ради Моше.

Расскажите, пожалуйста, об этом.

Даже не знаю, как описывать: как происходящее внутри человека или отчасти снаружи, чтобы было понятнее.

На самом деле все это происходит внутри нас. В нашем сегодняшнем состоянии нет связи между Итро и Моше.

Моше оторвался, конечно. Именно поэтому Итро и говорит: если не получится связь со мной, так, может, будет с Ципорой, если не с ней, так с сыновьями.

Итро все-таки ищет связь?

Итро ищет связь. Он запускает письмо в Облако – это значит, что Моше находится на следующей ступени, достичь его невозможно, Итро не может подойти к нему.

Когда в духовном говорят, что невозможно подойти, то посылают какое-то известие, какого-то гонца или посредника. Имеется в виду, что эти два свойства не совместимы между собой, не понимают друг друга. Они меня внутри разрывают на части, я не знаю, каким образом можно работать с ними.

Свойство получения, эгоизма – Итро. Там же находится и жена Моше, и его дети. Мы потом, может быть, поговорим о его жене и его детях. Больше, практически, ничего о них не говорится, также как о Йосефе, Эфраиме, Менаше, хотя родились они тоже от египтянки.

Здесь упоминается Гершон (гер – родившийся там). Это один из его сыновей?

От Оснат, да.

Свойство Моше и свойство Итро несовместимы. Поэтому здесь между ними надо строить буфер, переходник, что-то соединяющее их. Единственное, к чему Итро может прикоснуться, – это поднять свои желания, свое послание к Облаку Славы, или к тому непостижимому, в чем находится (относительно его ступени) свойство Моше. Находится уже после получения Торы, после стольких ступеней, которые они прошли.

Разрыв, который существует между Моше и Итро, необходим. Благодаря этому разрыву сейчас они вместе начинают создавать связь.

Такие же эгоистические свойства будут проявляться и в народе Израиля, который вышел с ними из Египта. Народ еще не исправлял их, просто сделал на них сокращение, он не использует их.

Теперь же, когда эгоистические свойства начнут постепенно исправляться, то окажется, что Итро олицетворяет их проявление. Но в каком виде? В нём находится точка, которая хочет подняться до ступени Моше. Она находится в Итро, потому что 40 лет (то есть от *малхут* до *бины*) Моше провел у него и закладывал эту точку.

Это и есть та стрела, которую Итро посылает к Моше. И Моше, естественно, идет к нему навстречу. Человек не может отказаться, он видит, насколько ему это сейчас необходимо!

Очень красиво! Весь Большой Комментарий имеет такую глубину?

Большой Комментарий – это труд, который создавался три с половиной тысячи лет назад.

Дальше говорится, что Моше выходит навстречу и рассказывает Итро обо всем, что с ним произошло, включая выход из Египта, выпадение манны, колодца Мирьям. Итро начинает все это чувствовать?

Да, Итро благословляет Творца за то, что Он сделал с Израилем.

К чему это? Что начинают видеть эти два свойства? Как они коррелируют друг с другом? Как взаимно включаются друг в друга?

Дело в том, что сначала Моше должен проделать всю работу на уровне *бины* и потом может то же самое делать уже со своими низшими свойствами – с народом. Человек всегда делает духовную работу на своем самом тонком уровне, а потом уже подключает к нему более грубые желания.

ОБРЕЗАНИЕ ИТРО

Раньше Моше входил в Итро, а теперь происходит обратный процесс: Итро начинает перенимать от Моше все, что Моше прошел?

Да, Моше передает Итро Тору со всеми теми ступенями, которые они уже прошли, в той мере, в которой она может войти в эгоизм, быть в нем и уже начинать в нем работать.

После того, как Итро получает это, он, в свою очередь, рассказывает Моше, каким образом надо работать с эгоизмом.

Есть две ступени: *малхут* и *бина*. Расстояние между ними – это и есть 40 ступеней, или 40 лет.

Есть *малхут*, которая поднимается до уровня *бины* и включается в нее. Это Итро, который приходит к Моше.

И есть Моше, который включается в Итро и работает в нем. Это *бина*, спустившаяся в *малхут*.

Глава «Итро»

Сначала Моше передает Итро Тору в том виде, в котором надо передать, то есть иносказательно. Итро получает это чисто, как бы уже включая в себя отчасти те ступени, которые прошли Моше и народ, и все остальные свойства, которые были исправлены в человеке.

Затем Итро передает Моше свой опыт. То есть *малхут*, которая поднимается в *бину*, создает в *бине* систему, как можно работать с эгоизмом. Высшая ступень, *бина*, должна включить в себя эгоизм, чтобы понимать, как работать с ним, чтобы образовывать систему постепенной работы исправления эгоизма в эгоизме.

Поэтому Итро и Моше должны не просто сосуществовать, а должны включаться друг в друга.

Все время?

Нет! Не все время. Моше передает Итро Тору в том виде, в котором она нужна Итро, чтобы затем возвратиться к своим и исправлять более низкие желания. Итро – это переходная ступень к низшим желаниям, которые являются его народом.

После этого Моше получает от Итро систему работы с эгоизмом: разбить на десятки, сотни тысяч. Это система работы с толщиной желания (с *авиютом*) – то, чего в *бине* нет. Она вся прозрачная. Когда *авиют* подходит к ней, то нужна система градации, иерархии. Эта система и выстраивается.

Хотя, в принципе, для Израиля она не типична. Израиль – это только свойство *бины*, свойство отдачи. Но вышли-то они из Египта: втянули, впитали в себя, абсорбировали в себе весь эгоизм. Сейчас они начинают его градуировать и понимать, каким образом работать постепенно, поступенчато. Вся эта система может быть принята ими благодаря именно Итро. Вот это самое главное.

В Большом Комментарии сказано об Итро после того, как он взял Тору:

Когда Итро услышал подробное описание великих чудес, совершенных (Творцом) ради народа Израиля, (он взял в руки) острый нож, он сделал себе обрезание и провозгласил (Творца) единственным Повелителем. Однако (написано) в глубине души Итро жалел египтян, утонувших в Ям Суф (в Конечном море)...

Это переходное состояние, и оно необходимо для дальнейшего исправления. Обрезание – это как бы связь между двумя половинками: человек всегда состоит из двух частей.

Сегодня тоже иногда разговариваешь с человеком – чувствуется, что он полностью с тобой, направлен к Творцу, а с обратной стороны у него есть сомнения, подвязка к эгоизму. И так до самого конца исправления. Мы должны с этим считаться и принимать во внимание, когда имеем дело с людьми.

Оказывается, на «Итро» построена вся основная работа!

В Книге Зоар – это огромная глава!

ИНСТРУМЕНТ ДЛЯ ИСПРАВЛЕНИЯ МИРА

Вся Тора дана народу Израиля для того, чтобы с ее помощью он начал исправлять весь мир. Итро – связующее звено между народом Израиля и всеми остальными народами, которые надо исправить. Поэтому здесь он и является главным героем.

Так и сказано, что народ Израиля, который вышел из Вавилона, прошел весь путь, сейчас получает уже методику исправления. С точкой в сердце, которая есть в этих людях, он начинает развиваться до определенного состояния.

Потом Израиль должен будет упасть на уровень народов мира, избавиться как бы насильно от всех духовных достижений. Он должен смешаться со всеми народами и начинать их вытаскивать. В наше время этот процесс уже начинается.

Вся Тора дана не для самого народа Израиля, не для группы каббалистов, которая вышла из Вавилона, а для того, чтобы в самих себе они организовали духовный инструмент и с его помощью начали исправлять все остальные народы мира.

Из Вавилона ушла маленькая группа. Она практически очень медленно размножается. Это те плюс-минус пятнадцать миллионов людей, которые говорят, что существуют от этой группы.

Основная масса народов называется Вавилоном или человечеством.

Эта группа должна поднять все это огромное человеческое желание, очень отдаленное от духовного. Вот задача этой группы, у которой нет никакой иной личной миссии!

Поэтому вручение Торы Итро, становление группы – это самая главная, я бы сказал, сцена всей Вечной Книги. Именно для этого она и дана изначально.

Получение Торы связано с тем, что группа сделает из себя инструмент для исправления мира.

Они берут на себя ответственность, что получение Торы будут использовать только для того, чтобы исправить мир, но сначала исправив себя?

Исправив себя, подготовив себя для исправления мира. В этом заключается их задача.

Изначально работу по исправлению они должны принять на себя. Иначе нет смысла получать Тору, методику исправления. Они должны быть проводниками. Это их миссия.

Но это не обижает народы мира? Если мы коснулись этой темы, то речь идет вот о чем: «Вот вы избранные, вы все время об этом говорите, и это нас обижает».

Да, но эта избранность не строится на эгоизме. Она строится на обслуживании! И поэтому здесь нет никакой гордости или чванства, нет тщеславия, – всего того, что всегда сопутствует и является естественным для эгоизма.

Здесь, наоборот, все идет в другую, противоположную сторону. Если я знаю больше, если я духовно сильнее другого, то весь я настроен делать не для себя, а именно ради Него.

Происходит очень замечательное уравновешивание. Доставить наслаждение Творцу, что является целью, можно только тогда, когда соединяются две противоположные части.

Группа, которая называется «Израиль», направлена прямо на Творца, поэтому называется яшар Эль – Исраэль (Израиль). Она работает со второй группой, которая называется «обычное человечество» – народы мира. Обе группы не могут друг без друга, одни нуждаются друг в друге.

Их взаимное исправление – действие, когда народы мира давят на Исраэль, чтобы он поскорее его совершил. А Исраэль, понимая это, сознательно ускоряет свое исправление, свою подготовку к тому, чтобы стать воспитателями, обслуживающими народы мира. Все это совместно работает между ними на одном уровне, потому что их общее движение направлено к Творцу.

Тут они совершенно равнозначны. И даже более того, по мере своего духовного возвышения и своего духовного воплощения и, главное, своей реализации Исраэль чувствует себя все более и более обязанным, обслуживающим, работающим на народы мира.

ВЕДУЩИЕ И ВЕДОМЫЕ

Здесь, я бы сказал, ощущение совершенно другое. Поскольку все исходит из одного корня, то Творцом задано именно такое состояние, что нет высших и низших – всё соотносится и всё приходит к Нему. Каждый, выполняя свою миссию, свою работу, дополняя всю общую картину, становится абсолютно равноценным с другими.

Хотя, несомненно, существует роль ведущих и роль ведомых. Несомненно! Но невозможно быть ведущим, если ведомый от тебя этого не требует, если с тобой не согласны, если тебя не подталкивают, то есть необходима обоюдная работа во всем.

В итоге, когда таким образом человек начинает готовить себя внутри, он обнаруживает себя состоящим частично из желаний и намерений, которые влекут его к Творцу, и другой части, которая тянет его обратно к материальному. Он начинает видеть, насколько эти две части работают и взаимообязаны друг другу, взаимоопределяют друг друга.

Я вижу это по своим ученикам в разных странах мира, которые не относятся по своему происхождению к народу Израиля. Они совершенно противоположны, очень далеки от нас. Немцы, французы, народы Южной Америки, индейцы, русские, африканцы, турки – все они чувствуют свою зависимость.

Но по мере того, как начинают раскрывать в себе эти две части – народы мира и Израиль, начинают владеть этой методикой, их чувство зависимости постепенно улетучивается. Так ученик, который получил учение от своего учителя и дальше работает с ним, развивает его. Самое главное в том, что мы все определяем себя, как находящихся под этой высшей силой.

Если высшая сила все определяет, все решает, если она наделяет каждого его личным участием, характером, силами, то человек начинает понимать, что самое главное для него – выполнить то, что должен сделать он. И больше ничего не надо.

Но и сделать это он не сможет, если его остальные части, то есть все люди на земле, не будут выполнять свою роль. Так что все зависит от всех. Здесь в этой работе нивелируются, абсолютно уравниваются все!

У каждого своя функция.

Да. Она обеспечивает всех остальных и зависит от всех остальных. Как в «Лего», есть части выпуклые и вогнутые. Если ты не соберешь их правильно, то не получишь целой картины. Ты не можешь отрезать какие-то куски, а какие-то пустоты залепить пластилином, подобно эксперименирующему ребенку. Я даже видел попытки соединять отдельные части насильно, молотком! Это шуточное такое исправление, конечно.

Мы пытаемся сделать то же самое, пока не начинаем понимать, что в каждом из нас все свойства – выпуклые, вогнутые, положительные, отрицательные. Они все нуждаются только во взаимном дополнении.

Найти сопряжение с остальными – это и есть исправление.

СВОЕ МЕСТО В МИРЕ

Итро появился у Моше и наутро видит такую картину: Моше судит народ – сидит и объявляет законы Творца. Перед ним с утра до вечера стоит народ. Итро говорит ему, что так невозможно – ни народ, ни ты не выдержишь. И предлагает вот что:

/21/ ТЫ ЖЕ ВЫБЕРИ ИЗ ВСЕГО НАРОДА ЛЮДЕЙ ДЕЛЬНЫХ, БОЯЩИХСЯ ВСЕСИЛЬНОГО, ЛЮДЕЙ ПРАВДИВЫХ, НЕ ТЕРПЯЩИХ КОРЫСТИ, И ПОСТАВЬ ИХ НАД НАРОДОМ ГЛАВАМИ ТЫСЯЧ, ГЛАВАМИ СОТЕН, ГЛАВАМИ ПЯТИДЕСЯТИ И ГЛАВАМИ ДЕСЯТИ; /22/ И ПУСТЬ ОНИ СУДЯТ НАРОД ВО ВСЯКОЕ ВРЕМЯ. И БУДЕТ: ВСЯКОЕ ВАЖНОЕ ДЕЛО ПРЕДСТАВЯТ ОНИ ТЕБЕ, А ВСЯКОЕ ДЕЛО МАЛОЕ СУДИТЬ БУДУТ САМИ. И БУДЕТ ТЕБЕ ЛЕГЧЕ, И ОНИ ПОНЕСУТ С ТОБОЙ ЭТО БРЕМЯ. /23/ ЕСЛИ ТЫ СДЕЛАЕШЬ ТАК, И ВСЕСИЛЬНЫЙ ПОВЕЛИТ ТЕБЕ, ТО СМОЖЕШЬ УСТОЯТЬ, И ВЕСЬ НАРОД ЭТОТ ПРИБУДЕТ НА СВОЕ МЕСТО В МИРЕ.

Кстати, о месте даже тут говорится: «На свое место в мире». Что происходит? Начинается деление?

Деление свойств человека в зависимости от того, что человек выбирает, что начинает видеть, какие свойства исправляются в нем под воздействием методики исправления, высшего света, который проявляется в нем.

Деление в зависимости от свойства отдачи. Какие-то его свойства ближе к исправлению, какие-то дальше от него. Отсюда и начинается градация. Внутренняя градация.

Таким образом человек и строит из непонятной горы. Он начинает ее градуировать, превращать в пирамиду. Это действительно пирамида: малое количество особых свойств и много простых, удаленных, более эгоистических. Так что в итоге получается именно такая конструкция, она содержит в себе и десятки, и тысячи.

Итро это понимает. Он, происходящий из эгоистических свойств, понимает их градацию, их различие.

То есть он говорит из себя? Чтобы нас исправить, он говорит: «Ты должен…»

Да, из себя говорит, конечно. Эгоизм устроен по пяти свойствам, по пяти уровням – ноль, один, два, три, четыре. Итро хорошо это знает. Когда Моше пытается начать обрабатывать всю свою массу, обрабатывать человека внутри себя, то эта масса (гора) представляет собой то же подобие человеческой массы, только внутри человека.

И человеку страшно: «Как я с этой массой справлюсь?»

Да. Каббалистическим языком это называется – *АХАП дэ-гальгальта вэ-эйнаим*. Моше – это *гальгальта вэ-эйнаим* в чистом виде. *АХАП*, который ему надо обработать, – народ Израиля. Но это народ! То есть вся гора.

ГЛАВА «ИТРО»

АХАП дэ-гальгальта вэ-эйнаим – эгоизм, который присущ этой группе! И он подобен, в общем-то, эгоизму, который находится в народах мира. Поэтому Итро знает, как и каким образом его обработать, как к нему надо относиться.

Моше сначала приступил ко всему исправлению?
Конечно, по своему свойству. Потому что он – один, единственный, равный, свойство хасадим, растекающийся, обращен ко всем с широкой рукой, с широким сердцем. А это не подходит, эгоизм должен исправляться постепенно, поступенчато. Вот тут Итро и строит этот порядок.

Здесь, конечно, есть еще очень много свойств. Кстати говоря, тут прорабатывается свойство обратного взаимодействия света и кли. Хотя бы в том, что самые сильные военачальники должны быть над тысячами. А самые слабые – над десяткой. Но десятка, с духовной точки зрения, – самая легкая, самая воздушная, самая близкая к Творцу.

ДВЕ ПИРАМИДЫ – ЗВЕЗДА ДАВИДА
В итоге, самые слабые будут командовать самыми сильными, а самые сильные – огромным количеством слабых. Слабых, то есть удаленных, эгоистических.

Потом получается еще одна пирамида – не только эта прямая, но и обратная. Вот тебе и Звезда Давида.

Что значит, обратная пирамида? Когда начинают работать над собой, то в этой первой светлой десятке начинает возбуждаться огромный эгоизм. Свет на нее действует больше всего, и они в десятке, наоборот, ощущают в себе огромную тяжесть. И опускаются.

Слабенькие и маленькие, их, допустим, тысячи или десятки тысяч, каждый в себе немножко исправляет эгоизм благодаря своей массе. Им надо немного исправить, чтобы подняться. Происходит переворот и получается обратная пирамида.

Образуются два взаимных треугольника, накладывающиеся друг на друга, – это и есть прямой и отраженный свет. Звезда Давида – защита, щит.

В Большом Комментарии написано о том, что выбрано было:
600 судей-тысячников (по одному на тысячу),
6000 судей-сотников (по одному на сотню),
12000 судей (по одному на пятьдесят),
60000 судей (по одному на десять).
Итого, было предложено 78 тысяч судей

Нам понятно, откуда идет шестерка, потому что это основная эгоистическая ступень. Она состоит из шести свойств: *хесед, гвура, тиферет, нецах, ход, есод*. Поэтому, понятно, умноженное на десять, на сто, на тысячу.

А почему пятьдесят в середине? Потому, что свойство *бины* находится между *кетером* и *малхут* ровно посредине, включая в себя эти два свойства в равной степени. Это мы еще будем объяснять.

Дальше так:

/24/ И ПОСЛУШАЛ МОШЕ ТЕСТЯ СВОЕГО, И СДЕЛАЛ ВСЕ, ЧТО ТОТ ПОСОВЕТОВАЛ: /25/ И ИЗБРАЛ МОШЕ СПОСОБНЫХ ЛЮДЕЙ ИЗ ВСЕГО ИЗРАИЛЯ, И ПОСТАВИЛ ИХ ГЛАВАМИ НАРОДА: ГЛАВАМИ ТЫСЯЧ, ГЛАВАМИ СОТЕН, ГЛАВАМИ ПЯТИДЕСЯТИ И ГЛАВАМИ ДЕСЯТИ, /26/ ЧТОБЫ СУДИЛИ ОНИ НАРОД ВО ВСЯКОЕ

ГЛАВА «ИТРО»

ВРЕМЯ: ДЕЛО ТРУДНОЕ ПРИНОСИЛИ МОШЕ, ВСЯКОЕ ЖЕ МАЛОЕ ДЕЛО СУДИЛИ САМИ. /27/ И ОТОСЛАЛ МОШЕ ТЕСТЯ СВОЕГО, И ПОШЕЛ ТОТ В СВОЮ СТРАНУ.

Моше получил от Итро совет. Мы выяснили, о чем здесь речь. Дальше происходит следующее действие – драматические ситуации:

/1/ НА ТРЕТИЙ МЕСЯЦ ПО ВЫХОДЕ СЫНОВ ИЗРАИЛЯ ИЗ СТРАНЫ ЕГИПЕТСКОЙ, В ЭТОТ ДЕНЬ, ПРИШЛИ ОНИ В ПУСТЫНЮ СИНАЙ: /2/ ВЫШЛИ ИЗ РЕФИДИМА, И ПРИБЫЛИ В ПУСТЫНЮ СИНАЙ, И РАСПОЛОЖИЛИСЬ СТАНОМ В ПУСТЫНЕ, И РАЗБИЛ ЛАГЕРЬ ТАМ ИЗРАИЛЬ НАПРОТИВ ГОРЫ. /3/ А МОШЕ ПОДНЯЛСЯ КО ВСЕСИЛЬНОМУ, И ВОЗЗВАЛ К НЕМУ БОГ С ГОРЫ, ГОВОРЯ: «ТАК МОЛВИ ДОМУ И СЫНАМ ИЗРАИЛЯ: /4/ ВЫ ВИДЕЛИ, ЧТО Я СДЕЛАЛ ЕГИПТУ, ВАС ЖЕ ПОДНЯЛ Я НА ОРЛИНЫХ КРЫЛЬЯХ И ПРИНЕС ВАС К СЕБЕ. /5/ А ТЕПЕРЬ, ЕСЛИ ВЫ БУДЕТЕ СЛУШАТЬСЯ МЕНЯ И СОБЛЮДАТЬ СОЮЗ МОЙ, ТО БУДЕТЕ МНЕ ИЗБРАННЫМ ИЗ ВСЕХ НАРОДОВ, ИБО МОЯ – ВСЯ ЗЕМЛЯ, /6/ И БУДЕТЕ ВЫ МНЕ ЦАРСТВОМ СВЯЩЕННОСЛУЖИТЕЛЕЙ И НАРОДОМ СВЯТЫМ. ВОТ СЛОВА, КОТОРЫЕ ТЫ СКАЖЕШЬ СЫНАМ ИЗРАИЛЯ».

Это то, чему должен служить этот народ?

Да. Этот народ избран для исправления всего человечества.

ГОРА СИНАЙ – ЭТО НЕНАВИСТЬ

Что значит, что Моше поднялся на гору к Творцу?
Человек должен воспринимать это двояко. Во-первых, все говорится о нем, о том, что все эти свойства существуют внутри него. И весь эгоизм – народы мира тоже в нем.

Во-вторых, Израиль в нем – это испорченный альтруизм, который пока тоже работает на эгоизм. Поэтому говорится, что любой человек находится во власти эгоизма. Все наши даже хорошие побуждения – «суждены вам благие порывы» – все равно находятся в эгоистических свойствах.

«Но свершить ничего не дано».
Да. Не дано именно потому, что мы находимся во власти эгоизма. Это называется египетский плен, изгнание.

Человек должен представить себе, что эгоизм существует в нем. Человек должен все определить и разложить в себе, и чувствовать через это. И таким же образом начинать видеть, что это всё существует и в мире вокруг него.

Эта картина прорезается постепенно, умозрительно. Но вдруг, когда ты накладываешь ее на весь мир, то видишь, каким образом все работает. Это на самом деле действует, реализуется вживую в каждое мгновение.

Если человек пытается так организовать себя изнутри, то через свою внутреннюю организацию он начинает видеть мир. Тогда все, что происходит в мире, становится ему понятным: как это течет, к чему, почему – картина мира проясняется.

«Поднялся Моше на гору к Творцу». Это наша точка в сердце?

Точка в сердце – когда я начинаю чувствовать подъем в свойство отдачи, в свойство отделения себя от эгоизма. Я уже не отождествляю себя с эгоизмом, а ставлю себя против него. Тогда я приподнимаюсь над ним, приподнимаюсь над землей, поднимаюсь на эту гору ненависти.

Гора Синай – это ненависть. Взаимная ненависть, которая у меня есть ко всем. Я готов их всех поработить, заработать на них, подчинить себе.

Я приподнимаюсь над всем, что эгоизм хочет в каждое мгновение своего существования, и в зависимости от моего подъема приближаюсь к свойству отдачи.

Абсолютное свойство отдачи и любви – это и есть Творец. Не овеществленное, а именно то, что человек ощущает как образ, как качество.

Я оставляю народ под горой, а сам поднимаюсь?

Я оставляю всё, что тянет меня по-другому видеть мир, и поднимаюсь именно к этим качественно новым определениям.

Далее говорится так:

/8/ И ОТВЕТИЛ ВЕСЬ НАРОД ВМЕСТЕ, И СКАЗАЛИ: «ВСЕ, ЧТО СКАЗАЛ БОГ, СДЕЛАЕМ!». И ПЕРЕДАЛ МОШЕ СЛОВА НАРОДА БОГУ. /9/ И СКАЗАЛ БОГ, ОБРАЩАЯСЬ К МОШЕ: «ВОТ Я ИДУ К ТЕБЕ В ГУСТОМ ОБЛАКЕ, ЧТОБЫ УСЛЫШАЛ НАРОД, КАК Я БУДУ ГОВОРИТЬ С ТОБОЮ, И ПОВЕРЯТ ТАКЖЕ В ТЕБЯ НАВСЕГДА!». И ПЕРЕДАЛ МОШЕ СЛОВА НАРОДА БОГУ. /10/ И СКАЗАЛ БОГ, ОБРАЩАЯСЬ К МОШЕ: «ИДИ К НАРОДУ И ОСВЯЩАЙ ЕГО СЕГОДНЯ И ЗАВТРА, ПУСТЬ ВЫСТИРАЮТ ОДЕЖДЫ СВОИ, /11/ ЧТОБЫ БЫТЬ ГОТОВЫМИ К ТРЕТЬЕМУ ДНЮ, ИБО НА ТРЕТИЙ ДЕНЬ

СОЙДЕТ БОГ НА ГЛАЗАХ У ВСЕГО НАРОДА НА ГОРУ СИНАЙ».

Это и есть точка, которая поднялась, заключила там договор?

Это значит, что человек начинает контактировать со свойством отдачи. Он привлекается к ней, он уже начинает впитывать ее в своей наивысшей точке, называемой Моше (от слова *мошех* – вытягивать), которая вытаскивает себя из эгоизма. Через это он начинает получать свойство отдачи – высшую энергию, высшее качество.

Человек начинает чувствовать, каким образом теперь ему можно далее работать на отдачу Творцу. То есть обретать такое же абсолютное свойство, как Он, как Тот, перед которым он сейчас находится. Человек чувствует Его, но еще не принадлежит Ему. Есть сопряжение, но сопряжение внешнее.

Для этого, он понимает, ему нужны все его эгоистические свойства. Необходимы для того, чтобы максимально привлечь их к себе, со всей возможной мощью воткнуть, притянуть в точку в сердце, которая находится в контакте с Творцом. Вкладывать постепенно от своего эгоизма, как бы, присоединять, присовокуплять весь народ к точке Моше.

Народ – это те, кого он на время оставил? Те свойства?

Да, для этого они должны пройти определенный период последней подготовки. Это три дня отторжения от своего эгоизма и исправления своих внешних свойств, так называемых одежд.

У нас есть *шореш, нэшама, гуф, левуш* и *эйхаль*. Внутреннюю часть – всё, что существует в моем теле, как бы в мясе: *шореш, нэшама, гуф* (корень, душа и тело) – мы уже исправили. Без этого мы не вышли бы из Египта – человек не оторвался бы от эгоизма.

Точка в сердце оторвалась. Теперь мы должны исправить *левуш* – одеяния на душу. Одежда – это то, что на мне, то, что меняется, что я могу снять или надеть.

Потом исправляется *эйхаль* – все остальные свойства мира. *Эйхаль* – это зал, как бы полная обитель.

Недаром здесь написано: «Пусть выстирают одежды свои».

Да, вымыть их надо – это значит, исправить.

ИНСТРУКЦИЯ АЛЬПИНИСТАМ

Дальше мы будем говорить о заповедях и о том, что Творец сказал народу.

Народ стоит перед горой Синай в ожидании раскрытия Творца. Здесь написано, как встретить Творца.

/12/ «И ПРОВЕДИ ГРАНИЦУ ДЛЯ НАРОДА КРУГОМ, ГОВОРЯ: ОСТЕРЕГАЙТЕСЬ ВОСХОДИТЬ НА ГОРУ И ПРИКАСАТЬСЯ К КРАЮ ЕЕ – ВСЯКИЙ, КТО ПРИКОСНЕТСЯ К ГОРЕ, НЕМИНУЕМО УМРЕТ. /13/ НЕ РУКОЮ ОН БУДЕТ УБИТ, НО КАМНЯМИ БУДЕТ ОН ПОБИТ ИЛИ СБРОШЕН ВНИЗ; СКОТ ЛИ, ЧЕЛОВЕК ЛИ – НЕ ОСТАНЕТСЯ В ЖИВЫХ; КОГДА ЖЕ ЗАТРУБИТ ШОФАР, СМОГУТ ОНИ ВЗОЙТИ НА ГОРУ».

Почему при подходе к горе даются такие предостережения?

Сама гора олицетворяет собой 125 ступеней восхождения к Творцу. Пять миров, пять *парцуфим*, пять *сфирот*: 5 умножить на 5 и снова умножить на 5 равно 125. Это градации, по которым человек должен меняться по мере восхождения к самой вершине.

До соединения с Творцом он проходит 125 внутренних изменений. Гора олицетворяет собой весь эгоизм человека. Сейчас люди стоят у подножия горы. И беда, если они начнут прикасаться к этому духовному возвышению, не будучи подготовленными, не получив Тору, то есть инструкцию исправления эгоизма.

Когда человек работает со своим эгоизмом, то он желает начать духовное восхождение сразу же, вместе со своим эгоизмом. И ясно, что он не понимает сути. Он требует, как ребенок: «Я хочу!», – и лезет, допустим, в какую-то большую машину. Это опасно. Его надо уберечь. Так же и здесь. Даже не прикасайся, ведь ты не имеешь никакой возможности. Ты этим погубишь себя, ты запутаешь себя.

То есть не готов к исправлению – не прикасайся! Без инструкции ты не можешь подходить к Нему.

Не только! Именно в самой инструкции сказано, каким образом постепенно исправлять себя, по каким ступеням и в чем. И только так ты можешь восходить. Причем будут проблемы на каждом этапе: тебя будет сталкивать с этой горы обратно, ты будешь падать и снова подниматься.

Как ребенок взбирается по лестнице? Он перелезает со ступени на ступень. Нет у него сил высоко поднять ногу – ступенька велика для него, и он падает, пролетает несколько ступенек вниз и снова карабкается.

Но когда он карабкается снизу вверх по пройденным ступенькам, то он уже понимает, как лучше. Поднявшись на ступеньку первый раз, он ее понял: «Как хорошо, теперь я понял!». Но попытавшись подняться чуть-чуть выше, снова падает вниз на две ступеньки. И приходит новое понимание.

Когда человек поднимается с низшей ступени на среднюю и затем еще выше, он больше понимает среднюю ступень, он обнаруживает в ней не свет нэфеш, а свет руах. Он начинает понимать ее глубже. И затем падает на три ступеньки вниз.

Конечно! А как иначе он поймет? Чтобы понять все причины, он должен скатиться вниз. Я должен понимать себя сегодняшнего с момента моего создания, еще до нашего мира. Понимать, что я создан из ничего и как я обязан действовать дальше.

Нет такого понятия «прошел и прошел». Есть – «прошел еще раз»?

Минуточку. Тебе уже за вторую половину жизни. Ты вспоминаешь свои прошлые годы и сейчас понимаешь их лучше, чем в те времена, когда просто проживал их. Тогда ты ничего не знал. Поэтому мы говорим: «Жизнь моя, иль ты приснилась мне».

Когда мы проживали эту жизнь, то были как во сне. А сейчас, когда смотрим назад с нашей ступени, мы постигаем, что все было предопределено. Это было необходимо именно для того, чтобы сейчас я смог видеть прошлое и испытывать благодарность к тому, кто мне это все уготовил, к Творцу.

Я оправдываю весь свой путь, каким бы он не был, какие бы страдания мне не приносил?

Сейчас я уже не вижу страданий. Я вижу в нем необходимые изменения, которые должен был пройти, чтобы сегодня быть в контакте с Творцом. Поэтому всегда есть падения, и они все глубже.

В Книге Зоар рассказывается о рабби Шимоне, который прошел все ступени. Ему оставалась только одна ступень, и он скатывается с этой 124-ой ступени (125-ая – это конец всего исправления), скатывается в самый низ. И тогда он почувствовал, что перед ним 125-ая ступень.

Он не мог шевельнуться, не мог ничего вспомнить – ни слов, ни букв. Но в нем остается эта искра последней ступени?

Да! Иначе он не был бы внизу. И надо понимать, что ты внизу. Для этого измерять себя относительно верха.

Как все противоположно! *Быть внизу* – **значит ощущать, что ты перед самой вершиной? И поэтому ты не прикасаешься, пока не готов?**

Не имеешь возможности до тех пор, пока не начал методику исправления, не прошел эти три дня отчуждения от собственного эгоизма.

Три ступени необходимы для того, чтобы полностью отделиться от одного свойства и перейти к другому. Две смежные ступени сопрягаются между собой, они имеют общий контакт. Значит, ты должен быть не между двумя, а между тремя ступенями, то есть пройти от низшей ступени к более высокой и, затем, к высшей ступени – ты отрываешься от низшей ступени через одну промежуточную.

И далее, как мы говорили, необходимо исправить себя так, чтобы «омыть свои одеяния», – исправить четвертую часть своего эгоизма. Тогда ты сможешь приблизиться – до определенной степени.

Ты должен видеть свою степень приближения, понимать себя, свои эгоистические свойства относительно альтруистических. Насколько человек исправляет себя, настолько он поднимается над горой. Гора олицетворяет эгоизм и подъем над ним.

И СИЛЬНО СОДРОГАЛАСЬ ВСЯ ГОРА

Это очень важное состояние, когда я уже вижу гору, вижу, куда мне надо подняться. Что это – гора передо мной?

Это весь эгоизм Фараона, олицетворение Египта, весь вселенский эгоизм. Сейчас он обернулся горой Синай.

Раньше я мог только убежать от эгоизма. А сейчас он перевернулся в гору, и я начинаю с ним работать.

Есть разница между этими двумя отношениями – я уже получаю методику исправления, Тору. Поэтому у меня возникает возможность взойти на гору.

Есть детали, которые я хотел бы выяснить. Говорится: «Не рукой он будет убит, но камнями будет он побит».

Камень олицетворяет собой эгоизм – лев а-эвен (каменное сердце). Поэтому сказано: будет побит камнями.

«Когда же затрубит шофар, смогут они взойти на гору». Что такое – трубящий шофар?

Шофар – это нисхождение высшего света знания, познания, раскрытия.

Звук – это свойство *бины*. Я получаю это свойство через слух. Оно производит исправление, и я начинаю слышать звуки (свойство *бины*) и видеть. Мне начинает раскрываться познание.

Я начинаю слышать и видеть, то есть я приближаюсь?

Да. Но видение – это ступень более высокая.

Слух, оказывается, очень серьезная, одна из самых важных функций.

/16/ И БЫЛО – НА ТРЕТИЙ ДЕНЬ, КОГДА НАСТУПИЛО УТРО, ЗАГРЕМЕЛИ ГРОМЫ, ЗАСВЕРКАЛИ МОЛНИИ, И ОБЛАКО ГУСТОЕ СКРЫЛО ГОРУ, И ШОФАР ЗАТРУБИЛ ОЧЕНЬ ГРОМКО, И СОДРОГНУЛСЯ ВЕСЬ НАРОД, КОТОРЫЙ БЫЛ В СТАНЕ. /17/ И ВЫВЕЛ МОШЕ НАРОД НАВСТРЕЧУ ВСЕСИЛЬНОМУ ИЗ СТАНА, И ВСТАЛИ У ПОДНОЖИЯ ГОРЫ. /18/ А ГОРА СИНАЙ ДЫМИЛАСЬ ВСЯ ОТТОГО, ЧТО СОШЕЛ НА НЕЕ БОГ В ОГНЕ; И ВОСХОДИЛ ДЫМ ОТ НЕЕ, КАК ДЫМ ИЗ ПЕЧИ, И СИЛЬНО СОДРОГАЛАСЬ ВСЯ ГОРА. /19/ И ЗВУК ШОФАРА СТАНОВИЛСЯ ВСЕ СИЛЬНЕЕ. МОШЕ ГОВОРИЛ, А ВСЕСИЛЬНЫЙ ОТВЕЧАЛ ЕМУ ГОЛОСОМ.

Картина потрясающая, и написано очень красиво. Все очень-очень чувственно.

Это все внутри человека. Это явление свойства отдачи. Не нужно говорить: Творец. Это – свойство отдачи.

Первое явление, которое человек ощущает в своих свойствах, еще эгоистических, еще противоположных. Они в чем-то желают стремиться к подобию, к единению со свойством отдачи и начинают ощущать его, как высшее, как особо ценное. В них происходит постоянная переоценка ценностей.

Но она сопровождается страхом опустошения своего внутреннего эгоизма: «Что у меня останется? Где моя семья? Где мои близкие? Где мое, где всё? Как я могу от этого отказаться?».

Все ниточки, которыми я прикреплен к этому миру: что-то ближе, что-то дальше; этого люблю, того ненавижу, – все расставлено по полочкам, и человек находится внутри этих ниточек. Он так себя определил, и все они должны быть связаны таким образом.

Как мало людей, способных оторвать, оборвать их! Решиться – и будь, что будет. Это хуже смерти, ведь ты абсолютно теряешь контроль над собой. Наш эгоизм терпеть этого не может. В нашем мире это ощущение можно представить себе, как рождение, когда человек выходит из матери во внешний мир.

Человек полностью отрывается. Представляешь, тебе перерезают то, что раньше давало жизнь? Вот сейчас от тебя это отрежут. Что будет дальше? Никаких эгоистических, привычных обещаний, никаких видений будущего – ничего нет!

Несмотря на то, что подготовка шла, но все равно ты не готов к этой стадии?

Подготовка приводит именно к тому, чтобы быть не готовым к этой стадии, и при этом ты это осознал. Осел, коза или барашек, находящиеся рядом, не ощущают этого. Это ощущает в нас только свойство «человек», а не свойство «животное».

Подготовка необходима для того, чтобы приподнять себя на уровень, где ты ощущаешь, что это такое. А иначе, для чего это проявляется, относительно кого?

Осознание противоположности, неготовности — тоже постижение. Человек осознает, насколько это свойство ему противоположно, насколько он в нем не находится и не может его понять. Понимает, что он не может понять («отрицание отрицания»), и, таким образом, идет вперед.

НЕТ ВРЕМЕНИ И НЕТ ПРОСТРАНСТВА

Кто способен обрезать эти нити?

Он сам и только добровольно!

Подготовка существует для того, чтобы ты смог оторваться от предыдущей ступени, выйти из матки. Смог, не ориентируясь, не опираясь ни на что, начать измерять себя, свои действия, свои дальнейшие шаги совершенно иным инструментом: ни временем (сейчас и потом, сегодня и завтра), ни накоплением, ни возвышением, ни безопасностью — об этом речи нет. Не измерять какой-либо принадлежностью к чему бы то ни было.

Нет координат, свойственных нашему эгоизму: времени (прошлого, будущего и настоящего) и пространства (наполнения, опустошения). Ты входишь в иную матрицу, в иное измерение, где существуют совершенно другие ценности, совершенно другие определения, где все взвешивается на других весах. Твое отношение кардинально меняется.

Мы в нашем мире этого не ощущаем. Мы, наблюдая неживую, растительную и животную природу, видим различные уровни эгоизма, определяющие каждый из этих уровней. Животное более эгоистично. Поэтому оно движется, добывает, размножается. Растение — чуть меньше, неживое – еще меньше. Но есть желание притянуть к себе, удержать, абсорбировать, накопить, поглотить и так далее.

А здесь все направлено совершенно в обратную сторону. И эта обратность нам непонятна. Она не просто с отрицательным знаком – тоже по модулю, но с отрицательным знаком. Нет.

Ведь мы строим мир в наших ощущениях, в наших ценностях и определениях: больше или меньше, влияет на меня лучше или хуже. В соответствии с этим я строю мир. Мир отображается в моем эгоизме, – его нет на самом деле! В моем эгоизме что-то мне ближе, что-то дальше, что-то хуже, что-то лучше – так образуются объемы, предметы, видения, ощущения, отношения.

Если у меня это исчезает, я начинаю определять всё относительно нового свойства – свойства отдачи, к которому у меня совершенно нет восприятия. И начинаю рисовать в себе новый мир из ничего.

Дальше говорится:
/17/ И ВЫВЕЛ МОШЕ НАРОД НАВСТРЕЧУ ВСЕСИЛЬНОМУ ИЗ СТАНА, И ВСТАЛИ У ПОДНОЖИЯ ГОРЫ.

Я все-таки ухватываюсь за эту точку, у меня существует какая-то координата или нет? Вывел Моше народ навстречу.

Оторвал от стана. От стана – от того, что есть у них, оторвал от всего. И стоят они против этого великого свойства отдачи и любви.

/18/ А ГОРА СИНАЙ ДЫМИЛАСЬ ВСЯ ОТТОГО, ЧТО СОШЕЛ НА НЕЕ БОГ В ОГНЕ;

Так описывается проявление свойства отдачи в человеке, ведь это умозрительная картина, внутренняя.

НЕ ЗВУК, А ГОЛОС

Как Вы говорили, тут не приблизиться – дымилось все, сошел на нее Бог в огне. Проявляется свойство, к которому ты не знаешь, как приблизиться.

/19/ И ЗВУК ШОФАРА СТАНОВИЛСЯ ВСЕ СИЛЬНЕЕ.

Это ощущение *бины,* **ощущение этого свойства все больше и больше?**

Да.

И дальше:

/19/ ...МОШЕ ГОВОРИЛ, А ВСЕСИЛЬНЫЙ ОТВЕЧАЛ ЕМУ ГОЛОСОМ.

«Всесильный отвечал ему голосом»? Не звук! Это уже голос.

Это проявление свойства света *хохма* в свойстве *бины.* Голос – это проявление информации. Свойство бины не дает никакую информацию, оно дает тебе нахождение – как плод в водах матери. Он находится внутри матери.

Любой звук – это информация. *Бина,* сама по себе, – чистота, пустота, отсутствие чего бы то ни было.

Звук – это информация, это различие, эмоция, то есть перепады состояний. Но проявление Творца ...

Ты видишь, как Тора описывает это. Человек подготовил себя в процессе предварительной работы, пройдя египетское изгнание, выход из него, пересечение моря, пустыни….

Три дня – это же не просто три дня стоять там и голодать. Этим он подготовил себя к тому, что уже может ощутить свое внутреннее состояние, как отрыв от эгоизма перед новым свойством. Он уже в новом состоянии.

Далее Тора не перечисляет огромного количества всевозможных проблем, сумятиц, смятений, выяснений – всего того, что происходит в человеке. Но, в итоге, он приходит к тому, что получает инструкцию. Внутри него начинает выявляться, образовываться некая схема, которая соединяет его с Творцом. Между ними начинает проявляться что-то общее. Возникает понимание, каким образом человек может все больше уподобляться Ему и как должен быть настроен, чтобы Он смог делать человека подобным Ему.

Существует подготовка со стороны человека – быть готовым, достойным, чтобы Творец начал его менять. Человек должен желать этих изменений, хотя все они – против эгоизма, все они построены на том, что ты рвешь себя, выворачиваешь наизнанку. Подготовка к этому и есть инструкция.

Почему у меня возникает желание быть подобным Ему, если Он не притягивающий? Есть такое ощущение, что Он не притягивающий?

Абсолютно не притягивающий! Это и называется постепенное приближение к стоянию против горы Синай. Я подготовил себя к возникновению во мне совершенно новой системы ценностей. Свойство отдачи становится ценным, важным. И хотя нет у меня к этому никаких предпосылок (абсолютно!), я готов расстаться со всем ради него.

Через что в меня проникает это желание?

Через точку в сердце, которая изначально должна находиться в человеке.

Но если эта точка находится в каком-то внутреннем состоянии, еще дремлет внутри, потеряна в глубинах эгоизма, то ничего не сделаешь. Ее надо постепенно вытаскивать взаимодействием с подходящим окружением, которое повлияет на него всевозможными эгоистическими воздействиями, правильно воспринимаемыми человеком. Он станет считать, что ему стоит это делать, так как общество одобряет эти действия.

Когда точка в сердце начинает выходить вперед, то человек готов отдать все для того, чтобы ее реализовать. И он уже не спрашивает! На его вопросы невозможно найти ответ в эгоистическом измерении. Так как это является следствием предыдущих ступеней воздействий света на него.

У человека даже вопросов нет?

Нет, вопросы есть. Ответ один: потому что я так желаю! Всё! Поскольку эгоизму больше ничем нельзя ответить, нечем отвечать, нет оправдания этому – абсолютно безрассудный поступок.

Но к эгоизму надо подступать постепенно. Мы должны понимать, что наши действия по распространению этой методики должны соответствовать готовности и согласию человечества воспринять ее. А с другой стороны, общий кризис действует так, что они уже могут это слышать.

ГЛАВА «ИТРО»

КУЛЬМИНАЦИОННЫЙ МОМЕНТ

Мы говорили, что Итро – направляющая и определяющая сила.

Это источник мудрости!

Говорили, что народ пришел к горе Синай и получил законы – как не приближаться к ней, не трогать ее, как встать вокруг нее. И сейчас кульминационный момент: /20/ И СОШЕЛ БОГ НА ГОРУ СИНАЙ, НА ВЕРШИНУ ГОРЫ, И ПРИЗВАЛ БОГ МОШЕ НА ВЕРШИНУ ГОРЫ, И ВЗОШЕЛ МОШЕ. /21/ И СКАЗАЛ БОГ, ОБРАЩАЯСЬ К МОШЕ: «СОЙДИ, ПРЕДОСТЕРЕГИ НАРОД, ЧТОБЫ НЕ ПОРЫВАЛИСЬ ОНИ К БОГУ, ЖЕЛАЯ УВИДЕТЬ ЕГО, А ТО ПАДУТ ИЗ НЕГО МНОГИЕ. /22/ И ТАКЖЕ СВЯЩЕННОСЛУЖИТЕЛИ, ПРИБЛИЖЕННЫЕ К БОГУ, ДОЛЖНЫ ОСВЯТИТЬ СЕБЯ, ДАБЫ НЕ ПОРАЗИЛ ИХ БОГ!». /23/ И СКАЗАЛ МОШЕ БОГУ: «НЕ СМОЖЕТ НАРОД ВЗОЙТИ НА ГОРУ СИНАЙ, ПОТОМУ ЧТО ТЫ ПРЕДОСТЕРЕГ НАС, СКАЗАВ: ОГРАДИ ГОРУ И ОСВЯТИ ЕЕ». /24/ И СКАЗАЛ ЕМУ БОГ: «ИДИ, СОЙДИ, И ВЗОЙДЕШЬ ТЫ, И ААРОН С ТОБОЙ...»

Дело в том, что тут возникает небольшой конфликт между Моше и Творцом. Творец говорит, и это ощущается человеком, что «все твои действия, все твои эгоистические желания не должны прикасаться ко мне». «Ты не можешь работать с ними на отдачу».

Народ не может взойти на гору, ни в коем случае. Народ ничего не может сделать. Он может ограничить себя и не участвовать в этом. Но не может сделать из себя альтруиста.

Моше говорит: «Но они слышали это». Тогда Бог велит ему: «Ты иди и спустись…». Человеку кажется, что он получил достаточно предупреждений.

Не прикасаться и не подходить. А Бог не верит?

Нет, не верит. Это эгоистические желания, которые еще не исправлены, несмотря на то, что они уже не находятся под явной властью Фараона. Человек еще не может ими пользоваться. Это его обычные материальные эгоистические желания.

Это не точка, которая оторвана. Моше – это точка в человеке, которая связана с Творцом. У нее природа Творца. Она так внедрена среди всех остальных, что ее не видно. Она не светит. Она немножко теребит человека дальним полетом куда-то, вопросом о смысле жизни и так далее.

Все остальные привязаны к миру, к жизни, к тому, что здесь есть. И хотя человек уже размышляет: для чего мне эта жизнь, – но как только начинает использовать желания нашего мира, он сразу же «улетает» обратно.

Внутри этого мира он забывает обо всем высоком. Поэтому надо строго отделять точку в сердце – свойство Моше, Аарона – от всех остальных. Остальное – все эгоистическое. Не будь в нас этой точки следующего уровня – свойства отдачи, мы были бы животными.

Моше очевидно, что народу велено следовать этому закону?

Вроде бы, да. На самом деле точка в сердце находится в нас. Но так как она приходит к нам из совершенно другой природы, она – свойство Творца, то благодаря ей мы много раз ошибаемся. Нам кажется, что мы уже праведники, уже наверху. Однако как только начинаешь заниматься чем-то земным, так сразу же мысли улетают в обратную сторону.

Падения могут быть очень низкими тоже благодаря этой точке. Здесь нечего стесняться, возмущаться или удивляться – это природа человека. На него надо смотреть, как на механизм, который так себя ведет и не может предусмотреть, что с ним случится в этот момент относительно следующего.

До каких уровней продвижения возможны самые низкие падения человека, когда он ощущает, что «более низко я не падал»?

До самого полного исправления, перед которым происходит самое глубокое падение. Сегодня мы переживаем очень незначительные флуктуации: туда-сюда, плюс-минус… А впереди нас ждут удивительные открытия.

Несмотря на это, дальше даются заповеди, законы. Творец говорит: «Не будь уверен. Сейчас я тебе дам законы, которым ты должен следовать».

Да, да. Даются законы, чтобы ты мог явно с их помощью себя градуировать и понимать, где находишься. Иначе ты, как корабль без руля и без ветрил.

Заповеди являются основой всего человеческого кодекса, человеческого общежития, человеческого существования; заповеди приняты во всех религиях, во всех обществах. Это основа.

Но дело в том, что в каббале они не такие, в каббале все совершенно не так. Поэтому законы из каббалы нельзя переносить на наш мир.

КТО ТЫ ТАКОЙ?

/1/ И ГОВОРИЛ ВСЕСИЛЬНЫЙ ВСЕ СЛОВА ЭТИ, СКАЗАВ: /2/ «Я – БОГ, ВСЕСИЛЬНЫЙ ТВОЙ, КОТОРЫЙ ВЫВЕЛ ТЕБЯ ИЗ СТРАНЫ ЕГИПЕТСКОЙ, ИЗ ДОМА РАБСТВА.

Итак, первая заповедь:

/3/ ДА НЕ БУДЕТ У ТЕБЯ ИНЫХ БОГОВ, КРОМЕ МЕНЯ. /4/ НЕ ДЕЛАЙ СЕБЕ ИЗВАЯНИЯ И ВСЯКОГО ИЗОБРАЖЕНИЯ ТОГО, ЧТО НА НЕБЕ НАВЕРХУ, И ТОГО, ЧТО НА ЗЕМЛЕ ВНИЗУ, И ТОГО, ЧТО В ВОДЕ НИЖЕ ЗЕМЛИ. /5/ НЕ ПОКЛОНЯЙСЯ ИМ И НЕ СЛУЖИ ИМ; ИБО Я – БОГ, ВСЕСИЛЬНЫЙ ТВОЙ, БОГ-РЕВНИТЕЛЬ, КАРАЮЩИЙ ЗА ВИНУ ОТЦОВ ДЕТЕЙ ДО ТРЕТЬЕГО И ДО ЧЕТВЕРТОГО ПОКОЛЕНИЯ, ТЕХ, КТО НЕНАВИДИТ МЕНЯ, /6/ И ТВОРЯЩИЙ МИЛОСТЬ НА ТЫСЯЧИ ПОКОЛЕНИЙ ЛЮБЯЩИМ МЕНЯ И СОБЛЮДАЮЩИМ ЗАПОВЕДИ МОИ.

Если бы человек так говорил, то это гимн его гордыне: меня, люби меня, не будет у тебя иных богов, кроме Меня»...

Я бы сказал, что это самая неуловимая заповедь.

«Не сотвори иных богов». Человек творит богов. Не делай себе изваяния. Что тут такого, если я сделаю что-то? «Вместо Меня чтобы у тебя не было никого». Почему Он ревнивый такой?

Я – Единственный! Я – Бестелесный. Никоим образом не изображаемый и никак не представляемый в человеке. Кто Ты такой? Где и как мне Тебя уловить – в моих чувствах, в моем разуме? В чем?! И никакой зацепки. Ни положить в карман, ни поставить в угол, ни на стенку повесить.

Глава «Итро»

Представить себе и наложить на себя амулеты, какие-то знаки себе сделать – ничего этого нет!

У человека обычно как происходит? Ребенок хватает какую-нибудь игрушку и не отпускает ее месяц. Она дает ему успокоение. Человек заходит в храм, совершает ритуал: «Теперь все будет в порядке, все хорошо». Успокаивается. Это надо человеку! Это же лекарство! Это успокоение, оберег от всяких проблем – социальных, семейных.

Здесь у тебя ничего нет! Ничего нельзя – даже представить. Да и обращаться не к кому. Если ты не можешь Его никоим образом представить себе, то это проблема. Нечто в виде чего?

Вы нас сейчас в тупик заведете. Человеку нужно за что-то ухватиться. А ему говорят: «Ты не ухватишься ни за что!». Вот что такое эта заповедь.

В итоге для простого человека в нашем мире – Бога нет. Он не может себе ни представить Его, ни ощутить – ничего. Свойство отдачи, любви, чего-то бесформенного, которое заполняет все и в то же время ничего? Но это годится только для того человека, кто может это раскрыть! А где я это раскрою? Я должен на чем-то Его почувствовать! Нет ничего! Что делать? Посылать друг другу «валентинки»?

Того Бога, высшую силу, о которой говорит Тора (Пятикнижие), мы никак не можем представить себе, вообразить. И быть с ней в контакте я не могу. Для того, чтобы быть с Ним в контакте, мне надо за что-то уцепиться, к чему-то обращаться, как-то себе представлять Его.

Почему мне обрезают все нити? Вы сказали: «Обрезаны все нити». Человек болтается в воздухе, подвешен....

Конечно! Специально. Для чего? Чтобы ты нашел Его совершенно на другом уровне, не на своем. Чтобы ты поднялся на Его уровень, и тогда то, что ты не ощущаешь, будет ощущаться. То, что не можешь определить, будет тобой определяться. Тогда у тебя появятся совершенно другие органы ощущения, называемые пять *сфирот*. Только так! А до того: «Какой Бог? Ничего нет».

Есть природа, которая вертит мною, ведет вперед, заставляет меня рожать, жить, существовать. Через окружающее общество она руководит мною, потом закапывает – и все.

У нас с Вами не может быть разговора на уровне общепринятой логики? Может быть только чувство – я иду к тому, что не ощущаю, не вижу, не чувствую?

Эта методика, конечно, применяема и для обычных людей в нашем мире. Но я специально заостряю, показывая, что у человека нет никакой связи с Творцом и с Торой.

Сказано: «Торат а-Шем тмима». Тмима – это значит чиста. Потому что еще никто ни разу до нее не дотронулся, не мог дотронуться. Эта духовная механика совершенно оторвана от людей!

Что я хочу сказать? В качестве красивых основ люди взяли себе правила человеческого общежития и судебные законы – это все хорошо. Это я ни в коем случае не отрицаю, без этого мы были бы варварами!

Но почему я заострил вопрос, сказав, что нет никакой связи с истинным содержанием Торы? Для понимания нами, что ее сила, истина, сердцевина заключается совершенно не в том, что мы делаем в нашем мире.

Она в том, чтобы заставить нас подняться на следующий уровень, где мы раскрываем Творца. И нам не требуется, чтобы Он был явным, облаченным в каком-то явлении, в каких-то признаках. Мы поднимаемся к таким органам ощущения, что в этом не нуждаемся, – мы выходим из себя!

КРИК В ПУСТОТУ

Значит, мне это дается специально, чтобы я не искал ничего на уровне земли? Специально меня открывают в вере...

Это дается на двух уровнях. Это дается на уровне обычного человека. Ведь нужны ему какие-то вожжи, чтобы организовать человеческое общежитие. Надо во что-то верить, держать себя в этом, к чему-то стремиться, если появляются желания более высокие.

Тора дана для того, чтобы поднять человека на уровень Творца. Там, где не существует никакой материи: Бестелесный – это самая первая заповедь. Бестелесность, неощутимость, неприсутствие в нашем мире ни в каком виде. С одной стороны, всем управляет, вертит абсолютно всем, в том числе и материей, – ведет ее к какому-то образу, к какой-то цели. С другой стороны, Сам при этом совершенно не ощущаем.

Как же к Нему обращаться? Никак! Обращайся! Люди на протяжении тысяч лет молятся, кричат, истязают себя, что только не делают. Ну и что? Нет никакой реакции. И правильно, что ее нет. Откуда? Мы до Него не достаем.

Для того, чтобы выйти с Ним на связь, мы должны быть на одном уровне с Ним или хотя бы пытаться быть на одном уровне.

Наука каббала рассказывает, как мы можем потребовать от Него – от этой неощущаемой силы. Каббала может поднять нас на уровень ощущения, на уровень диалога, на уровень интеграции с этой силой.

Что это за внутреннее состояние, чтобы «иных богов не было и не делать идолов»? Что такое «я делаю идолов»?

Как человек может не делать идолов? Он делает. Как же иначе? Я считаю мое состояние, мою жизнь определяющими.

Я могу опираться на все, что угодно! Гром и молнии, другие силы природы, знаки, красную нитку. «Ой, нитку забыл надеть…». Это называется сделать идола. Всё, мне хорошо, успокоение пришло. И уже я не нуждаюсь в Нем, в настоящем.

Но наше развитие выбивает почву из-под ног, чтобы мы, действительно, начали к Нему подниматься. Как наш сегодняшний кризис приведет нас к такому состоянию? Таким образом, когда мы не будем знать, что с нами произойдет в следующую минуту!

Ты стоишь ошарашенный, мумифицированный и боишься двинуться, не знаешь, что делать. Когда мы придем к такому состоянию, тогда действительно воскреснем. И потребуем, чтобы нам раскрылась самая скрытая, тайная сила.

Но в состоянии, когда мы будем требовать ее раскрытия, мы почувствуем еще большее разочарование и еще большую боль. Она нам не раскроется. Из этого огромного страдания мы должны будем почувствовать, что мы должны подняться к ней, а не она спуститься к нам.

Мы не должны требовать от этой силы, чтобы она спустилась к нам и показала, как все происходит. Здесь написано, чтобы мы стали уменькими и вели себя хорошо: так-то обеспечь себя, так-то устрой свою жизнь. И все будет хорошо и красиво. Нет!

Нам надо увидеть, каким образом подняться до Его уровня! Это моя работа! Это мое изменение.

Не изменять мир! Человек хочет изменить мир, и Творца тоже давай сюда. Напротив, человек должен поднять себя на Его уровень. Вот что является концепцией, концентрацией нашего времени – самым ее ядром, зернышком.

Неужели это от всех потребуется? Неужели миллиарды людей обязаны это понять?

Семь миллиардов живут в нашем мире. Они ощущают наш мир?! Кто-то ощущает его на уровне природы, кто-то ощущает глубже, кто-то еще глубже, и еще. Так по-разному они будут ощущать и Высший мир.

В этой мере они и будут ощущать Творца. Высший мир – это ощущение Творца. В такой мере человек будет ощущать Его – эту общую силу исправления, любви и взаимосвязи.

Так или иначе, пирамида сохраняется. Что не делай – есть пирамида?

Никуда не денешься! Это не зависит от человека. Но каждый будет чувствовать себя при этом абсолютно удовлетворенным, умиротворенным. Ведь корень души, который таким образом располагает нас друг относительно друга, неизменен.

ДО ЧЕТВЕРТОГО КОЛЕНА

Дается тебе что-то делать, делай. Как сказано: «Рассуждали мудрецы семьдесят лет, кому больше повезло – не родившемуся или родившемуся? И пришли к выводу, что если ты родился, – конечно, лучше не родиться, – но если ты родился, то выполняй свое предназначение». И все. Это можно расшифровать, но даже в обычном смысле сильно сказано! «Лучше не родившемуся». Понимаешь? Все-таки мудрецы от своего имени так говорят.

Лучше не родиться, но если уж родился, то ты должен сделать это исправление.

Тут есть продолжение, чтобы уже закончить эту заповедь:

/5/ ...Я – БОГ, ВСЕСИЛЬНЫЙ ТВОЙ, БОГ-РЕВНИТЕЛЬ, КАРАЮЩИЙ ЗА ВИНУ ОТЦОВ ДЕТЕЙ ДО ТРЕТЬЕГО И ДО ЧЕТВЕРТОГО ПОКОЛЕНИЯ, ТЕХ, КТО НЕНАВИДИТ МЕНЯ, /6/ И ТВОРЯЩИЙ МИЛОСТЬ НА ТЫСЯЧИ ПОКОЛЕНИЙ ЛЮБЯЩИМ МЕНЯ И СОБЛЮДАЮЩИМ ЗАПОВЕДИ МОИ.

Да, вне всякой пропорции. Если дает наказание, то – третье и четвертое колено, а если вознаграждение – даже на тысячи колен вперед.

Если я делаю нарушения, то ступень, на которой я работаю, сворачивается на три поколения вниз. Я поднялся в состояние гадлут и, сделав свое нарушение, из состояния гадлут полностью проваливаюсь вниз на состояние еника и на состояние *ибур* (на три ступени вниз в четвертую ступень). На этом кончаются все мои прегрешения.

Проиграл эту ступень и снова начинаю. При этом я проигрываю свет трех ступеней – *НАРАН* (*нэфеш, руах, нешама)* – «*НАРАН де цадиким*». Если же я поднимаюсь, у меня получается НАРАНХАЙ – полный свет.

Полный свет в десять тысяч раз больше, потому что это уровень Арих Анпин. И поэтому получается, что свет вознаграждения до десяти тысяч раз (так говорится, но это намного больше) – в десять тысяч раз больше, чем свет наказания.

Итак, Вы сказали, что существуют три ступени, которые называются ибур – зародыш, состояние духовного зародыша, духовного кормления и состояние большого...

Да. Полное. Когда теряется это большое состояние, то теряются три ступени – три ступени поколения. И снова начинаешь движение. Если выигрываешь, то добавляются еще две ступени – почти до конечного исправления. Там прогрессия потрясающая!

Непростая эта заповедь. Человечество не следует этой заповеди. Оно существует на психологических подпорках....

Если этой заповеди нет, все остальные не имеют значения. Если не выполняется эта заповедь, если она не самая главная, человеку нечего думать об остальных, ведь тогда ему остается животное сосуществование. И ничего больше, просто животные.

Первая заповедь является основной, первой. И каждая последующая заповедь (не случайно они расположены в определенном порядке) определяет ее выполнение, определяет все остальное. Если ты не можешь ее выполнить, то все остальные ничего не стоят. Они не ведут тебя к цели. Первая заповедь постоянно должна быть перед тобой. Ради нее ты выполняешь все остальные.

То есть мы исходим из кетер, головы. Мы так же точно смотрим: если нет десяти сфирот – не пройдем.

Все-таки есть вещи, за которые мы все же держимся в этом мире. Почему мы за них держимся, и говорится, что надо держаться? Например, здоровье. Ты слушаешь врача, ты ему веришь, ты за ним идешь. Обращаясь к врачу, ты делаешь другого Бога?

Нет. Потому что указано, что ты должен делать. Нет в нашем мире ничего, что не было бы указано, как надо делать, если только это не находится на животном уровне. И даже, когда ты идешь в туалет, то тебе указано, каким образом это делать.

Выходишь и делаешь омовение рук...

Да, да. Нет ничего, никакого движения, которое происходит твоим волевым усилием, которое ты можешь сделать самостоятельно. Нет такого! Все исходит из первой заповеди.

Это хорошо объясняется в статье «Нет никого, кроме Него». Кто хочет, можно зайти к нам на сайт и посмотреть эту статью.

Недаром с нее начинается книга «Шамати». Все остальное находится под этой статьей.

Основополагающая статья каббалы.

ОТ ОСОЗНАНИЯ ЗЛА К ОСОЗНАНИЮ ДОБРА

Мы начали проходить заповеди, которые стали основой всех законов, всех духовных книг, течений, рели-

ГЛАВА «ИТРО»

гий – всего! И прошли первую заповедь. Она является «короной», и о ней можно говорить еще очень много. Следующая, вторая заповедь:

/7/ НЕ ПРОИЗНОСИ ИМЕНИ БОГА, ВСЕСИЛЬНОГО ТВОЕГО, ПОПУСТУ, ИБО НЕ ПРОСТИТ БОГ ТОГО, КТО ПРОИЗНОСИТ ИМЯ ЕГО ПОПУСТУ.

Указание – и тут же: «Не произноси имени Бога всуе. Ибо – Я тебя накажу». Это угроза?

Нет, не угроза. Первое касается человека, а второе – это реакция на действие человека.

Что такое – попусту не произносить имя Его?

Попусту – ты не можешь привлекать силу Творца для того, чтобы произвести эгоистическое действие.

Творец – это исключительно альтруистическая сила, свойство отдачи. Ты не можешь использовать Его, просить Его, требовать или каким-то образом привлекать эту силу для совершения эгоистических действий.

Если я пойду и убью кого-то во имя Творца?

Не получится. И не только не получится. Дело в том, что действие, которое у тебя не получится, удаляет тебя от Творца. В этом заключается наказание.

«ИБО НЕ ПРОСТИТ БОГ...». Это наказание?

Да. В этом заключается наказание.

Творец – это цельный абсолют. Ты не можешь воздействовать на Него! Ты можешь Его использовать только для того, чтобы исправить себя или же, наоборот, испортить себя – отдалить от исправления. В этом заключаются все заповеди.

Десять заповедей являются основными, потому что человек состоит из десяти основных свойств.

Первое свойство: нет никого, кроме Творца. Первое свойство – идеологическое, оторванное от всего: голова, *кетер* (корона). «Нет никого, кроме Него». Ты Его не видишь, ты Его не слышишь, ты Его не знаешь, не ощущаешь. Ты никак не можешь Его использовать!

Второе свойство: не использовать Его для своих эгоистических действий. Почему это второе свойство? Потому что оно относится к *сфире хохма*.

Вторая заповедь говорит: нет, есть эманация, такое проявление Творца, которое ты, якобы, можешь использовать. Если ты используешь его без подготовки, а ведь говорится про свет *хохма*, то можешь получить его в себя, и тогда, конечно, будет разбиение. Так что, берегись! Это тебя отдалит!

Свет *хохма* отбросит тебя назад. Но если ты будешь делать это правильно – не попусту, а для исправления твоих желаний (свет *хохма* приходит исправлять желания), то он выявит все в тебе, правильно проанализирует. И тогда будешь знать, кто ты такой, и дальше действовать правильно.

Так что смотри сам, в какую сторону движешься. Творец не прощает. Что значит – не прощает? За твоим неправильным действием придет нехорошее следствие.

В течение всей истории развития человечества творилось религиозное безумие во имя Творца. Это только отдаляло людей от Него?

Это неважно. Отдаляло. Но отдаление необходимо, чтобы от осознания зла прийти к осознанию добра. Отдаление необходимо, чтобы привести человечество в тупик. И тогда уже он сможет посмотреть наверх.

Как же иначе? По-другому мы не учимся. Единственное, что мы можем, – это заранее увидеть тупик, приблизить его к себе своим сознанием так, как будто я в него попадаю.

Я достигаю его не физически, уже издали я знаю – это ведет в тупик и мне необходимо изменение. И еще не зайдя в тупик, я нахожу в себе силы заранее изменить движение, хотя это против моей воли, против моих желаний. Осознание тупика должно происходить так, как будто я на самом деле в нем нахожусь. Иначе у меня не будет силы изменить направление.

Для этого вместо Творца надо использовать окружение. Творца не будет, Он не проявится, потому что ты еще эгоистичен. А когда ты упираешься в тупик со всем своим эгоизмом, то начинаешь чувствовать Его, предчувствовать за этим тупиком. Если ты не достиг тупика с помощью страданий, но хочешь увидеть Его издали и откорректировать себя, то у тебя есть возможность определить и отформатировать все это в группе.

Это и называется «и победили меня сыны мои»? Именно это состояние?

Да, да. Перехитрили меня, что называется. Увидеть тупик на расстоянии, не приближаясь к нему. Они использовали свойства окружающей природы для создания такой формы взаимодействия, которая помогла бы им определять духовную истину в связи между собой.

Мы строим между собой модель, и она по аналогии показывает нам духовные категории, с которыми мы не связаны. Таким образом, не будучи на этой ступени мы можем корректировать свой курс, измерять его и делать всё внутри нашего правильного сообщества. Это то, что дано и ничего другого.

Тебе не дадут войти на духовную ступень, пока ты не соответствуешь ей своими свойствами. Ты не можешь войти, оставаясь собой. Войти – значит, изменить себя в соответствии с ней.

Как ты приведешь себя в соответствие с духовной ступенью, если не знаешь, что она такое? Поэтому в нашем мире ты должен выстроить такую модель и подогнать себя под эту модель. Тогда станешь подобным духовной ступени.

Как будто ты строишь, не ощущая ее.

Поэтому и называется – «модель».

НЕДЕЛЯ – ЭТО БИБЛЕЙСКОЕ ПОНЯТИЕ

/8/ ПОМНИ ДЕНЬ СУББОТНИЙ, ЧТОБЫ ОСВЯТИТЬ ЕГО. /9/ ШЕСТЬ ДНЕЙ РАБОТАЙ И ДЕЛАЙ ВСЮ РАБОТУ СВОЮ, /10/ А ДЕНЬ СЕДЬМОЙ, СУББОТА, – БОГУ, ВСЕСИЛЬНОМУ ТВОЕМУ: НЕ СОВЕРШАЙ НИКАКОЙ РАБОТЫ НИ ТЫ, НИ СЫН ТВОЙ, НИ ДОЧЬ ТВОЯ, НИ РАБ ТВОЙ, НИ РАБЫНЯ ТВОЯ, НИ СКОТ ТВОЙ, НИ ПРИШЕЛЕЦ ТВОЙ, КОТОРЫЙ ВО ВРАТАХ ТВОИХ. /11/ ИБО ШЕСТЬ ДНЕЙ ТВОРИЛ БОГ НЕБО И ЗЕМЛЮ, МОРЕ И ВСЕ, ЧТО В НИХ, И ПОЧИЛ В ДЕНЬ СЕДЬМОЙ; ПОЭТОМУ БЛАГОСЛОВИЛ БОГ ДЕНЬ СУББОТНИЙ И ОСВЯТИЛ ЕГО.

Речь идет о субботнем дне. Это относится только к евреям?

Кто хочет идти к духовному, тот должен соблюдать это условие.

О чем это говорит? Мы должны исправить себя под стать особому духовному облику, который называется «зэир анпин». Зэир анпин состоит из шести частей. В проекции на нас они называются шестью днями недели.

Что такое моя работа в первый день? Это не то же самое, что я хожу работать на завод или в офис. Понятно, это не считается работой. Скоро мы вообще нигде не будем работать, а вся наша работа будет заключаться именно в этом.

В первый день я уподобляюсь первой сфире – хесед; во второй день – второй сфире. На самом деле это не дни, не 24 часа, не период обращения планеты вокруг своей оси.

Это моя работа над собой. Я исправляю свое общее желание, градуирую его на семь частей: первое, второе, третье, четвертое, пятое, шестое. И исправляю его в таком соответствии, что оно приобретает форму: *хесед, гвура, тиферет, нецах, ход, есод*. Последнюю часть моего желания я не исправляю.

То, что исправил в течение шести дней, – эти исправленные желания собираются вместе и наполняют меня на моей седьмой ступени, которая называется *малхут*. Эта ступень не относится к шести рабочим дням моего исправления, она подарок свыше, дополнение к шести дням.

В нашем мире нет разделения на семь дней. Есть месяц, есть год, вращение Луны, вращение Земли, вращение Земли вокруг Солнца, но нет такого понятия, как неделя.

Нет такого понятия, как неделя?

А где? Астрономически? В чем? Земля вращается вокруг своей оси – это день. Месяц – это оборот Луны вокруг Земли. Год – это оборот Земли вокруг Солнца.

Есть еще 25, 27 лет, 50 лет – астрономические, далекие от нас периоды, но они существуют. Есть большой махзор – не земной год, когда Земля вращается вокруг Солнца, а солнечный год. Это известно издавна – тысячи лет, на это указывается и в каббале.

Вы хотите сказать, что неделя – это духовное понятие?

Конечно! В нашем мире неделя ничем не обусловлена! Никоим образом, никак! Ее никогда никто не соблюдал.

Неделя пришла из группы Авраама, которая начала себя настраивать на духовные силы.

Есть праздник, который называется новолуние. Есть праздник Новый год и так далее. Праздник новолуния понятен, ведь новолуние – это начало месяца. Когда начинается месяц, происходит новое зарождение луны. Земля ее скрывает не полностью и постепенно раскрывает. Появление растущего рожка луны – это астрономический знак. Ты смотришь на небо и видишь его, и можешь относительно него все измерять. Если ты находишься в Иерусалиме – то относительно Иерусалима, в зависимости от того, на какой широте находишься.

Но неделя – это исключительно библейское понятие.

Понятие, подхваченное всем миром?

Да. Неделя точно идет и не относится только к Иерусалиму. Ты можешь быть на любом меридиане. Если я сейчас в Иерусалиме праздную субботу, то мой товарищ в Мексике ее еще не празднует, у него рабочий день. Этого знака в нашем мире нет.

Что это значит? Человек занят духовной работой и исправляет в себе шесть частей, шесть *сфирот* своей души: *хесед, гвура, тиферет, нецах, ход, есод*. Он приходит к состоянию, когда все они сходятся вместе, потому что есод называется соединительной частью. И все это входит в малхут – в седьмой день недели.

В седьмой день (не имеется в виду календарный день, ведь это может быть мгновение или 10 минут – время не имеет значения) – в этом духовном состоянии он не имеет права что-либо делать. Наоборот, он должен ощущать в себе результат своей недельной работы.

Шести стадий исправления.

Шести *сфирот*, шести частей исправления.

По этим шести дням, шести частям исправления – он приходит к седьмой части; и снова по шести частям исправления – к седьмой. Таким образом человек доходит до полного исправления, когда вся его душа полностью исправляется.

ДАБЫ ПРОДЛИЛИСЬ ДНИ ТВОИ НА ЗЕМЛЕ

Здесь говорится: ...НЕ СОВЕРШАЙ НИКАКОЙ РАБОТЫ НИ ТЫ, НИ СЫН ТВОЙ, НИ ДОЧЬ ТВОЯ, НИ РАБ...

Это – его частные желания! Конечно, скотина моя и жена моя, и все они во мне – это все уровни моих желаний. Только за них я отвечаю.

Исправление идет от легкого к тяжелому?

Нет. Исправление идет на текущей ступени комплексно: первый, второй, третий, четвертый, пятый, шестой, седьмой. Все они входят в один комплект. Ты не можешь сделать что-то больше, что-то меньше.

Работа идет и с женой, и со скотом, и со всем остальным. Абсолютно со всеми и абсолютно во всех условиях! *Хесед, гвура, тиферет, нецах, ход* – все они должны соответствовать друг другу, это должен быть комплект.

Одно входит в другое?

Да. И на этом заканчивается неделя. Следующая неделя – следующий комплект. Ты получаешь пакет, который должен исправить. Произвести новое раскрытие своих свойств.

Понятно. Значит, эта работа не относится к национальности? Это работа человека? И к этому придет человечество?

В итоге, да. Так же, как группа, которую Авраам увел из Вавилона.

Была просто группа, начавшая это делать, поэтому назвалась *еxудим* (от слова е*h*уд – связь) и Исраэль (в переводе – прямо к Творцу).

Следующая заповедь:
/12/ ЧТИ ОТЦА СВОЕГО И МАТЬ СВОЮ, ДАБЫ ПРОДЛИЛИСЬ ДНИ ТВОИ НА ЗЕМЛЕ, КОТОРУЮ БОГ, ВСЕСИЛЬНЫЙ ТВОЙ, ДАЕТ ТЕБЕ.

«Чти отца своего и мать свою». Заповедь понимается человечеством напрямую. Как мы ее объясним?

Я не знаю, насколько это чтут сегодня, особенно отроки. Насколько они беспокоятся о своих родителях. Ты не можешь ничего сделать с этой жизнью.

Сегодня ты не можешь обслужить человека по современным критериям, запросам, возможностям. Раньше человек умирал молодым, у Пушкина: «вошел старец сорока лет». Как это так? 40 лет – старец?

В наше время никто не хочет умирать и в 80. Что же делать детям, которые с утра до вечера должны работать и не имеют времени присматривать за стариками дома? В прежние времена жена крутилась от печки к столу – это была ее работа, и рядом с ней были старики.

Это одна точка зрения. Но есть и другой взгляд – эго подскочило так, что человек полностью замкнут на себя.

Одновременно и то, и другое. Так мы устроены, и поэтому так мы устроили этот мир.

В духовном отец и мать не имеют никакого отношения к нашим биологическим отцу и матери, а относятся к двум особым системам. Отец – это свойство *хохма*, откуда исходит свет *хохма*, свет жизни. Мать – это свойство *бины*, откуда исходит свет заботы.

Оба света противоположны друг другу и взаимно дополняют друг друга. Свет отца – белый, дающий человеку разум, силу. Свет матери дает ему мягкость, связь, правильное отношение к другим, хорошую завязку. Здесь любовь, здесь возможность ощущения других. Отец – это сила.

Что такое «чти»?

Чти – это значит, смотри, как в отце и матери правильно сочетаются эти две силы. Сила отца и нежность, любовь матери вкладываются друг в друга – таким образом, сам ты должен сделать такое же сочетание свойств в себе.

И далее:

«ДАБЫ ПРОДЛИЛИСЬ ДНИ ТВОИ НА ЗЕМЛЕ...».

Да, ты должен сделать такое обращение, такое сочетание с землей, то есть со своим эгоизмом, со своим желанием. Тогда ты будешь с ним существовать.

Все становится очень просто, когда мы начинаем понимать, что это все относится к нашей природе и каким образом мы должны ее исправить. Ни о чем другом не говорится.

А что говорить о другом? О жизни в этом мире? Все равно она кончается. Здесь говорится о том, как из этого мира подняться на следующую ступень и начать существовать в ином измерении.

ПОЧЕМУ Я УБИВАЮ СВОЮ ДУШУ?

Следующая заповедь очень короткая:

/13/ НЕ УБИВАЙ.

Коротко! Как Вы объясните эту заповедь?

«Не убивай» – под этой заповедью подразумевается, что ты можешь отрезать свет, который приходит к нам свыше – свет жизни, свет оживляющий, исправляющий, направляющий к Творцу, к подобию Творца. Ты можешь прекратить его, можешь выключить его тем, что возродишь в себе эгоистическое желание.

Свет отца и матери, Вы имеете в виду?

Да. Как только в тебе появляется эгоистическое желание, свет мгновенно исчезает. Он еще не доходит до тебя, он заранее предчувствует это желание и уже исчезает. Потому что между светом и твоим желанием есть *кетер, хохма, бина, зэир анпин, малхут. Малхут* – твое последнее желание, а *кетер* – первое. Свет еще находится в *кетер* и он чувствует, что в *малхут* ему нельзя приходить. Таким образом, он не приходит к тебе. Вот тут получается парадокс: я еще только делаю что-то неисправное, а свет это уже знает и уже не подходит.

Даже никакого касания не происходит?

Никакого! Эти *сфирот* разделяют нас между собой.

Но я двигался к свету, поэтому свет уже начал движение ко мне?

Да, но потом ты начал двигаться неправильно и в *кетере* сразу же это чувствуется, потому что существует полная взаимосвязь, обратная связь между *малхут* и кетер. Как только в *малхут* ты что-то делаешь, мгновенно *кетер* ощущает твое намерение, – и из него выходит свет.

Так или иначе, я двигаюсь за наслаждением. Я – желание, правильно? Если я двигался туда, значит, я ощущал будущее наслаждение. Что же произошло со мной, почему я вдруг отрезан от света?

Душу убил свою!

Как? Почему я ее убиваю? Ведь впереди наслаждение.

Потому, что ты захотел это ради себя!

Свет входит только в подобные свойства. Ты сделал действие обратное свету, и он сразу же исчез.

Это можно заметить почти везде. Даже все революции начинаются с романтической стадии: «Сейчас мы построим справедливое общество». И все. Дальше идет кровь, убийства, тюрьмы и так далее.

Да. И в итоге – Че Гевара, диктаторы и всё остальное. Но какие романтики они были в начале!

Да, действительно. Не ели, не пили, больные чахоткой – делали революцию! Конечно, все это сейчас отбрасывается, говорится, что не было этого. Но была романтическая стадия!

Обязательно! Иначе она не смогла бы воплотиться ни во что. На своем первом этапе она получила поддержку света. Но свет остановился, даже не прикасаясь к ней.

То же самое происходит и в технологии, и со всеми богачами. Они хотели двигаться вперед, у них была романтическая составляющая.

РОМАНТИКА ДУХОВНАЯ И ЗЕМНАЯ

Вы имеете в виду капиталистическую систему? Начальная составляющая была – не положить в карман?

Любая система: капиталистическая, эгоистическая, нацистская – неважно какая. Но не это двигало людьми. Идея! Доказать, показать, претворить, насладиться тем, что я созидаю. Вот это было вначале. Потом осталась одна меркантильность.

Возникает момент эгоизма,– и все уже точно движется к краху! Может, пройдет еще 200 лет, но все равно крах будет.

Тогда – что делать? Можно объяснить, как избежать краха? Возможен ли предварительный союз, чтобы стадия романтическая перешла в высшую?

Надо знать, как удерживать себя в этой романтике. Романтика такая – высшая духовная ступень должна тебя притягивать больше, чем земная.

Но земная будет притягивать тебя все больше и больше. Тебе будут открываться такие наслаждения! Чего только нет?! И ты должен постоянно предпочитать духовный рост тому, что тебе раскрывается здесь.

Зная, что будет происходить, можно заранее закрыться?

Да, конечно.

Можно заранее заключить какой-то договор, что меня остановят, предупредят, напомнят?

Никак! Никак и ни в чем! Только через окружение, если ты связываешься с правильным окружением, ты вкладываешь в него все свои силы.

Это то, что делали революционеры. Они готовы были все отдать ради товарищей и поэтому их планы сбывались. Как только между ними пропадала связь: кто-то становился больше, кто-то меньше, начинали делить должности – на этом все исчезало.

Нет круга, нет равенства – и все пропадало. Эгоизм вторгался!

Что делать, чтобы это не возникало?

Создавать правильное окружение плюс Творец. Окружение, которое бы поддерживалось по схеме: начиная от Него – через широкое окружение – в самый центр.

То есть должен быть Он – Невидимый. Ты не делаешь идолов, Он невидим, со всеми непростыми законами…

И ты сам, невидимый, пропадаешь в этой системе – иначе ничего не будет! Без всяких вознаграждений для себя ты сам должен пропасть в ней. И тогда обретешь другой мир.

НЕ ТВОЯ ЖЕНЩИНА, НЕ ТВОЕ ЖЕЛАНИЕ

Мы подошли к шестой заповеди, она звучит так: НЕ ПРЕЛЮБОДЕЙСТВУЙ.

Да. Прелюбодеянием называется, когда ты используешь не свое личное, собственное, исправленное желание.

Берешь чужое желание себе?

Это не чужое желание. Чужих желаний нет, потому что весь мир – это ты, твоя аппликация. Поэтому просто неправильное использование желания называется прелюбодеянием. То есть это не твоя женщина, не твое неправильное желание.

Ты должен правильно выбрать, с каждым своим желанием ты должен обручиться, жениться, соединиться, слиться, совокупиться. И родить на него следующее состояние. Тогда приходит свет и наполняет это.

Это называется «мое желание»?

Да. Мужская часть – это экран, намерение отдачи. Женская часть – это желание получить. Получение ради отдачи является правильным применением желания, правильной его реализацией.

Почему тогда одна жена у человека?

ГЛАВА «ИТРО»

Нет, не одна! Жен столько, сколько новых желаний возникает у человека каждую минуту.

Он обручается с ними?
Да, и это происходит постоянно. И он другой, и желания другие.

То, что в нашем мире мы видим семь миллиардов различных людей или, скажем, три миллиарда пар, – это всё на самом деле находится внутри одного человека, как постоянно сменяющие друг друга желания и их экраны.

В итоге получается человек – суммарный, интегральный элемент, содержащий в себе абсолютно все человечество. А все человечество – то, что мы видим, – это просто такое изображение.

Снимок, слепок с наших внутренних состояний. Я переживаю в течение своего периода исправления, допустим, три миллиарда состояний и поэтому вижу вне себя шесть миллиардов пар. Вот и всё.

Можно подобраться, наверное, так к объяснению, – а оно очень непростое, – когда ты говоришь человеку, что в тебе весь мир, и все вокруг – это отражение твоих внутренних состояний, твоих желаний?
Да. Тора, конечно, не имеет в виду все проблемы нашего мира, с которыми мы сталкиваемся. И прелюбодеяния, которые на протяжении всей истории человечества сопровождали нас. Не было в этом деле никаких стремлений их обойти или затушевать.

Единственное, когда, может быть, этого не было, когда древние греки-мужчины «занимались друг с другом». Это не был период сексуальной однонаправленности. И у римлян тоже. А во все остальные времена всегда процветало прелюбодеяние.

Сексуальные желания считаются самыми основными, базовыми в наслаждении. Наслаждение сексом – это самое большое из наслаждений, не относящихся к необходимым.

Необходимость – это воздух, питание, понятно, в первую очередь. Неживая, растительная и животная составляющие в человеке.

Сексуальное – это базисное, необходимое наслаждение тоже? Человек не может без него?

Об этом даже речи нет! Естественно. Человек не может отвергать вообще никакие наслаждения. Он может их правильно применять.

Мы знаем, что были в христианстве такие запреты.

Существуют запреты в христианстве. И, наоборот, любое количество жен в мусульманстве. Всё это как правая и левая линия относительно иудаизма, где считается нормальным одна жена и запрет на прелюбодеяние.

Запрет на прелюбодеяние – это ясно. С этим более-менее понятно. У меня есть жена, то есть желание, с которым я работаю, от которого я «рожаю».

В каждый момент времени у человека есть то желание, которое сейчас надо реализовывать. Оно называется его женской составляющей частью. На эту женскую часть он готовит экран с правильным применением этого желания ради отдачи.

Антиэгоистическое?

Да, и таким образом использует это желание. Получающийся при этом выход, то есть отдача сама по себе, рождающийся свет в новой системе называется его потомством.

Дети. Без экрана это называется прелюбодейство?

Да, это антикаббалистический поступок. Действительно, в Десяти заповедях без этой заповеди никак не обойтись.

ЗАПОВЕДИ НЕ ОТНОСЯТСЯ К НАШЕМУ МИРУ

Следующая заповедь:

НЕ КРАДИ.

Да. И это относительно того же желания. Не кради – значит, когда я делаю намерение, как обычно, ради других, «возлюби ближнего». И по дороге вдруг немножко ломаюсь и хватаю себе – это называется кражей.

Кража происходит, когда я должен отдать вообще всё, но вдруг немножко из этого забираю себе. В нашем мире это, конечно, не так.

Не так? В нашем мире мы все время крадем, получается? Или в нашем мире нет экрана, поэтому нельзя сказать, что мы крадем?

Про нас в нашем мире тут вообще не говорится. Мы находимся на такой ступени, ниже всяких уровней духовной морали, что о нас просто речи нет.

Вы хотите сказать, что, по большому счету, эти заповеди не относятся к нашему миру?

К человеку, который просто существует в нашем мире? Нет! Конечно, нет!

Но человек нашего мира взял их и начал применять относительно своего общественного, человеческого, семейного общежития.

На самом деле мы видим, что никакой ступенью, предваряющей духовную ступень, они не являются.

Ну, все-таки был какой-то прогресс, когда из варварского состояния мир перешел в состояние соблюдения законов, *более или менее.*

Да, но это не значит, что он стал при этом ближе к духовному. Наоборот, он начал ощущать себя культурным, особенным. Продвинутым, демократичным, либеральным и прочее.

И все это можно отнести к прелюбодейству?

Нет. Прелюбодейство в духовном – это ошибки, которые постоянно случаются. То есть, если ты не будешь нарушать все эти десять заповедей, то по мере своего желания их выполнять, ты постоянно будешь вскрывать очередные нарушения.

Но нарушения будут вскрываться, когда тебе будут указывать более точную, тонкую, более глубокую картину. Ты будешь видеть: здесь я, действительно, не додумал, не допустил, не дотянул. И раскрытие всех этих погрешностей необходимо.

Вся Тора говорит только о том, как ошибаются и исправляют параллельно с этим. Без раскрытия ошибок нет исправлений.

Следующая заповедь:

ГЛАВА «ИТРО»

НЕ ОТЗЫВАЙСЯ О БЛИЖНЕМ СВОЕМ ЛОЖНЫМ СВИДЕТЕЛЬСТВОМ.

Заповедь звучит немного странно. «Ближний» – кто это такой?

Ближний ко мне. Это мой товарищ, с которым мы вместе работаем над взаимной отдачей. Я должен относительно него выглядеть абсолютно честным. Ближний – это, в той же мере, Творец, учитель. То есть эти три объекта находятся передо мной для формирования моего духовного роста.

И относительно них я никогда не могу сказать, что они находятся не в совершенном состоянии. Они всегда должны выглядеть в моих глазах совершенными, а не совершенен только я. Почему я так должен себя позиционировать? Потому что только в таком случае я увижу, что мне надо еще исправить.

А как я работаю сам с собой, чтобы это так видеть? Это же все-таки усилие, насилие…

Нет. Четко, постепенно, тренировкой я достигаю такого состояния, когда я вижу всех исправленными, а себя нет. Это чисто психологическая настройка.

Как Вы говорите: «привычка становится второй натурой». Здесь тоже так?

Да. Всё, что я вижу вокруг себя отрицательного, – это отрицательное во мне, а всё вокруг меня – это мир бесконечного совершенства. И поэтому ничего не надо исправлять кроме себя.

УБИТЬ ПЕРВЫМ!

Упражнения, как всегда, идут от легкого к трудному. От близкого товарища, учителя и дальше я раскрываюсь миру? Нельзя же сразу миром заниматься?

Мир – это совершенно другая, сложная система, с ней очень трудно работать. Только после того, как человек проходит в материи эти состояния, проходит относительно своего товарища, учителя и Творца, только после этого он может уже работать с миром. Там уже отношения посложнее. Но все равно они должны быть такими.

Естественно, кроме одного: если кто-то встает, чтобы тебя убить, то есть полностью отрезает тебе возможность к исправлению, в этом случае ты должен убить его первым.

Даже первым?

Да. Это заповедь! Эти законы простые! У тебя нет времени думать – это хорошо, плохо, надо, не надо. Если кто-то встает убить меня, я должен убить его.

Кто-то встает на меня войной, я должен выходить на него войной и делать все, чтобы его убить. И так далее. Существуют очень четкие правила.

А почему? Это, в принципе, нарушение того упражнения.

Нет, в таком случае убийство является его исправлением.

Даже того, которого убивают?

И то, что я убиваю, это является исправлением во мне. Очень сложно убить человека, когда ты к нему относишься, оправдывая его.

Глава «Итро»

Когда ты сначала так к нему относишься, а сейчас должен его убить?

Да.

Конечно, это почти невозможно, жить, оправдывая, и вдруг – убить.

Поэтому я говорю, что это непростое действие. Это действие – исправление, требующее огромного внутреннего психологического усилия, надлома, – трагический момент, когда ты для того, чтобы убить его, должен духовно убить себя.

Это проблема очень серьезная! Это обоюдное исправление! Потому что тогда каждого человека ты начинаешь воспринимать, как свою копию. И получается, что ты вроде бы убиваешь себя.

Это очень красиво звучит!

Но это надо переживать постепенно, постепенно – на движении вперед, на товарищах, учителе, Творце. И только после этого подходишь к такому состоянию.

Следующая заповедь:

/14/ НЕ ЖЕЛАЙ ДОМА БЛИЖНЕГО СВОЕГО. НЕ ЖЕЛАЙ ЖЕНЫ БЛИЖНЕГО СВОЕГО, НИ РАБА ЕГО, НИ РАБЫНИ ЕГО, НИ БЫКА ЕГО, НИ ОСЛА ЕГО И НИЧЕГО, ЧТО У БЛИЖНЕГО ТВОЕГО.

Сначала идет перечисление, а потом – «и ничего, что у ближнего твоего». Здесь включаются основные желания, которые есть в человеке, их можно перечислить.

Дом – это как первое желание?

Да, это идет снаружи внутрь. Дом, жена, раба, рабыни, бык, осел. То есть постепенно, по мере того, как это соединяется в нем от внешних келим, его инструментов, и до внутренних желаний.

И ВОЗНИКАЕТ АБСОЛЮТНАЯ ПУСТОТА

Что значит «не желай»?

«Не желай» – со всеми этими желаниями ты должен работать на отдачу.

Имеется в виду «не забирай себе»?

Да, не ради себя. Если до этого момента все говорилось о том, что у <u>тебя</u>, и как <u>ты</u> должен с этим действовать, а теперь – что <u>у другого</u>, и чем ты не можешь воспользоваться.

«Воспользоваться» – имеется ввиду «желать». Это не просто не забирай, даже не возжелай, на самом деле. И ни малейшей зависти: увидел я у тебя в руках красивую ручку. Посмотрел и увидел твою ручку – это уже невозможно.

Это очень тяжело! Ты ловишь себя каждый раз на миллиарде мыслей.

Ты начинаешь понимать, что если ты будешь относиться к человеку не так, то ты его не будешь видеть.

Как это не буду видеть?

Ты видишь в человеке только чуть-чуть хорошее, чуть-чуть плохое, ты испытываешь чуть-чуть зависть к нему, какая-то ложь между вами...

Ты не можешь видеть *его*, ты всегда видишь его относительно себя – лучше или хуже, так или иначе. Ты не можешь увидеть в нем никакого его свойства. Ты не увидишь его образа, если не будешь видеть его из чувства зависти, ревности и прочее. Он никак не будет вырисовываться перед тобой.

В камере за объективом стоит светочувствительная пластинка, которая трансформирует изображение в электрические сигналы, передает на пульт и т.д. Так наша эгоистическая «подложка» воспринимает все только относительно нас: насколько мне это представляется лучше или хуже относительно моего эгоизма.

И так вырисовываюсь я относительно Вас?

Да. Если я убираю это относительно себя, то я тебя не вижу, ты исчезаешь с моих глаз.

То есть, если нет моих реакций: тому завидую, этому нет, это лучше, это хуже?

Да, только так ты можешь на меня действовать.

Это очень интересно! И если этого нет, то я не вижу человека? Тогда и мира нет?

Да. В принципе, мира нет. И перед тобой возникает абсолютная пустота.

Я получаю вдруг исправленное состояние, когда во мне нет зависти, нет этих состояний относительно другого человека и человечества? *Состояние, что никого нет?*

Они исчезают! И тогда мне надо найти совершенно новое свойство, на котором я могу вообще что-то видеть.

Что остается? Что тогда существует?

Я И ТВОРЕЦ. И ВСЁ

Если мой эгоизм аннулируется, то аннулируется вся картина мира. Мира нет. А есть ли вообще что-то или нет? Нет ничего, кроме свойства отдачи.

Как же мне уловить это свойство отдачи? Вот сейчас я начинаю трансформировать себя под свойство отдачи, и в той мере, в которой я ему не соответствую, я начинаю его ощущать.

И обратно этому: в той мере, в которой я ему соответствую, я начинаю его ощущать, потому что возникает контраст. Тогда получается: та часть мира, где я не соответствую свойству отдачи – это пока еще я, а та часть мира, в которой я соответствую свойству отдачи – это Творец. И возникает «я и Творец», и всё.

Если я работаю со свойством отдачи – это означает, что я работаю с Творцом?

Конечно! Кроме вас, никого другого нет.

То есть я должен дойти до состояния, в котором работаю со свойством отдачи?

Когда ты постепенно-постепенно достигнешь полного исправления, ты как бы исчезаешь: остается только твое ощущение существования одного-единственного Творца. Но твое ощущение остается.

«Нет никого, кроме Него», – к этому ты приходишь.

Пришло такое особое время. Мы входим в такие новые состояния человечества, когда просто есть необходимость, есть возможность и разрешение немного больше объяснять. Потому что мы приблизились к очень серьезному изменению мира. Будем надеяться, что мы сможем многое рассказать. Не о приближении мира к каким-то критическим, плохим состояниям, а к хорошим. Но я особенно не радуюсь пока.

Тому, что можно объяснить? Потому что мы пока не приближаемся к хорошим состояниям?

Допустим, человека интересует какая-то медицинская проблема, он любит читать, изучает и постигает информацию о каких-то болезнях. Или другой вариант: к человеку приходит врач и рассказывает о его серьезной болезни.

То есть, либо человек, благодаря движению вперед, изучает предмет, либо узнает от врача о себе самом: «Ты болен, и тебе осталось жить…».

Мы находимся пока в таком сомнительном состоянии.

Может быть и такой вариант: ты серьезно болен, тебе осталось жить…, завершай свои дела?

Не настолько, я надеюсь. У меня очень серьезные надежды на хороший расклад в этом пасьянсе. Но, в общем, я пока раскрываю это из чувства, что надо спасать. А не из чувства восторга, что есть возможность что-то рассказать интересное.

Раньше Вы говорили: «Смотрите, что делается с экологией!». Недавно Вы сказали: «На самом деле, и еды достаточно, и экология восстановится, и все будет нормально». А сейчас: «И это восстановится, и это восстановится. И будет много еды, но все равно половина человечества будет голодать, потому что нет связи между людьми».

Да, это сегодняшнее состояние.

Все, что уничтожается человечеством, его эгоизмом, – это восполнимо. И все равно человечество голодает.

Потому что вторая половина выбрасывает в два раза больше.

Вместо того, чтобы дать это голодающим?

Да, конечно. Никто из них не может ничего сделать. Такое состояние между всеми людьми, что они не могут поделиться. Стоит мусорный ящик, рядом сидит голодающий человек, – и еду выбрасывают в мусорный ящик.

Почему?

У человека в голове нет такого, чтобы отдать кому-то, чтобы позаботиться о ком-то. Это естественно. И никакие организации помощи тут не помогут!

Что надо сделать, чтобы люди задумались об этом?

Заниматься интегральным воспитанием.

Воспитание – это процесс.

Да. Это процесс не длительный, кстати говоря. Но процесс, которым надо охватить практически все человечество.

ВОКРУГ ГОРЫ

Мы заканчиваем главу «Итро», прошли все заповеди и очень много узнали из этой главы. И дальше:

/15/ А ВЕСЬ НАРОД ВИДЕЛ ЗВУКИ, И ПЛАМЯ, И ЗВУК ШОФАРА, И ГОРУ ДЫМЯЩУЮСЯ; И КАК УВИДЕЛ НАРОД, СОДРОГНУЛИСЬ И ВСТАЛИ ПООДАЛЬ. /16/ И

Глава «Итро»

СКАЗАЛИ ОНИ МОШЕ: «ГОВОРИ ТЫ С НАМИ, И УСЛЫШИМ, ПУСТЬ НЕ ГОВОРИТ С НАМИ ВСЕСИЛЬНЫЙ, А ТО МЫ УМРЕМ!».

Есть состояние страха, во-первых. А во-вторых, тут есть такие детали, может быть, это ошибка – «видел звуки»?

Нет, видел звуки, конечно. Звуки видны.

Почему? Как человек видит звуки?

Как у Мюнхгаузена – там звуки замерзают в трубе.

Все в мире состоит из двух свойств: получения и отдачи. Это как вода и огонь, плюс и минус, северный и южный полюс. Два полюсных состояния являются двумя свойствами природы. Кроме них, ничего нет. Эти два состояния воздействуют на материю.

Желание насладиться, получить, наполниться является естественной природой материи. Например, атом хочет держать свою форму: больший атом – большую форму в зависимости от веса, места в периодической системе, от количества частиц в ядре и так далее.

Поскольку всё состоит из плюса и минуса, они должны быть разделены между собой каким-то адаптером. Это может быть какой-то мотор: плюс-минус к нему подключаешь – он работает. Но должна быть полезная нагрузка. При вредной нагрузке, как в атомной бомбе, происходит столкновение и взаимное уничтожение – короткое замыкание, проще говоря.

Когда два противоположных свойства – плюс и минус – встречаются, огромное количество энергии высвобождается.

В человеке для каждого уровня сил, каждого свойства есть свой уровень соответствия, то есть сопротивления, которое должно находиться между плюсом и минусом. Если плюс-минус маленькие – сопротивление может быть маленькое, если плюс-минус большие – сопротивление большое, иначе будет короткое замыкание.

Поэтому в человеке все желания получения относительно свойства отдачи отградуированы: 0, 1, 2, 3, 4 – пять уровней.

Уровни сопротивления?

Уровни желания. И соответственно им – пять уровней напряжения, или пять уровней Высшего света, отдачи и между ними – сопротивление.

Здесь указано, как они градуируются. Я нахожусь в таком состоянии, когда я против Творца, то есть свойство получения против свойства отдачи. Моше – свойство, которое во мне может быть, что называется, на короткой ноге с Творцом, стоящим рядом, практически лицом к лицу.

А те, которые удалены?

Все уровни, более овеществленные, более материальные, толстые, грубые, грязные – они соответственно должны быть удалены дальше. Поэтому говорится, что Моше здесь, затем идут Аарон, левиты, далее мужчины, женщины, старики, дети. И потом уже стада и прочее. Так они стоят, как бы пирамидой или кругами, вокруг горы Синай, вокруг точки соприкосновения с высшим свойством.

Почему говорится «вокруг горы», а не прямой линией? Потому что они еще не обрели экрана, у них нет линии, а все пока идет кругами.

Глава «Итро»

В данном случае страх является сопротивлением? Между ними существует страх? Это хорошо?

Да. Страх является хорошим свойством. Человек понимает, что ему нельзя подойти ближе, он отдаляется, как, например, вышедший из тюрьмы, знающий, что воровать плохо, обходит банк за два квартала. Есть такие, кто обходит за пять кварталов. Он четко знает, на каком расстоянии должен быть, чтобы предохранить себя от кражи. Здесь об этом и говорится. Об отсутствии защитного экрана.

Понятно, страх – хорошее свойство. А что такое «видел звуки»?

Всё, что мы воспринимаем, мы воспринимаем через свойство *бины*. *Бина* – это слух. Поэтому звуки тоже воспринимаем слухом. Но когда в свойстве *бины* присутствует еще и свет *хохма* – свет жизни, тогда в нем появляется видение.

Свет жизни вижу свыше?

Да. Есть пророки, которые говорят: «Я слышал», а есть пророки, которые говорят: «Я видел».

Это те, которые имеют дело со светом жизни, которые ближе к Творцу?

Да. Поэтому в раскрытии Творца является высшей ступенью не просто слышать, а видеть. Это два уровня понимания. На самом деле нет видения, как у нас, это внутреннее созерцание.

СТРАХ И ТРЕПЕТ

Сначала люди открыли низший уровень связи через слух, потом электричество – по проводам, затем – радиоволны. Но пока мы подошли к видению, прошло много времени.

Сейчас видение заменяет и чтение, и слух, и всё на свете.

Это говорит о том, что и в нашем мире самое большое количество информации мы получаем через зрение – более девяноста процентов.

Так и в духовном. Потому что свет *хасадим* – свет *бины*, он всего лишь подложка под свет *хохма*. Свет милосердия облачает свет *хохма*.

Свет хохма входит в свет милосердия?

Да. Свет знания – это свет *хохма*.

Свет милосердия идет от творения. Творец – это свет *хохма*. Творение, которое желает быть подобным Ему и получает в этой мере, – это свет хасадим.

Мы готовим сосуд, а свет уже входит. Всё понятно!

/17/ И СКАЗАЛ МОШЕ НАРОДУ: «НЕ БОЙТЕСЬ, ИБО ДЛЯ ТОГО, ЧТОБЫ ВАС ВОЗВЫСИТЬ, ЯВИЛСЯ ВСЕСИЛЬНЫЙ, И ЧТОБЫ СТРАХ ПРЕД НИМ БЫЛ У ВАС, ДАБЫ ВЫ НЕ ГРЕШИЛИ».

Страх нужен, очень правильно говорится. Только не *пахат* – страх, как в нашем мире, а *ира* – трепет.

Трепет? Здесь неправильный перевод?

Да. Трепет – чтобы мне не нарушить подобие Творцу. Причем за этим не следует никакое наказание!

Глава «Итро»

Наказание состоит именно в том, что я нарушаю. А дальше? Ничего дальше нет, никаких последствий! Единственное последствие – то, что ты нарушаешь.

Человек должен находиться на таком высоком моральном уровне, что для него это состояние – самое ужасное наказание.

Состояние, когда нет трепета?

Состояние отдаления от Творца – свойства отдачи, любви. Состояние, когда нет трепета. Для него трепет является индикатором.

ВХОЖДЕНИЕ В ОБЛАКО

Дальше написано:

/18/ И СТОЯЛ НАРОД ПООДАЛЬ, А МОШЕ ПРИБЛИЗИЛСЯ КО МГЛЕ, В КОТОРОЙ СКРЫВАЛСЯ ВСЕСИЛЬНЫЙ.

Что это за мгла, в которой скрывается Всесильный?

Мгла – это как бы облако. То есть состояние, когда Творец является светом во мгле. Свойство это – природа, ее сила – свет. Как оживляющий свет в нашем мире, свет разума, тепла, свет животворящий.

Этот свет скрывается, есть экран скрытия. Творец – это свет *хохма*, бесконечный свет скрыт пологом, занавесью, облаком. Свет находится как бы в капсуле, и человек его не воспринимает.

Свет скрыт, чтобы не сжечь человека, не навредить ему?

Не навредить и не сжечь. Человек вообще не чувствует, что это существует!

Когда человек начинает приобретать экран, в той мере, в которой приобретает, он постепенно снимает это облако.

Во мне есть пять уровней желания. Я приобретаю экран на свое самое тонкое желание, на первое — начинается всегда с самого тонкого — таким образом я снимаю самый тонкий покров (он тоже состоит из пяти частей). Тогда вхожу в облако на эту часть.

И ощущаю какое-то свечение?

Конечно! Я уже прошел первую часть! Всего их пять.

Работаю дальше, еще больше навожу на себя антиэгоистический экран и продвигаюсь в этом облаке. Вхожу в это облако в той мере, в которой могу облачиться в антиэгоистические, альтруистические намерения, любовь к ближнему. И таким образом достигаю состояния, когда обнаруживаю этот свет, свойство отдачи, прямо в себе.

Я снимаю фильтры, впускаю его в себя? В место, освобожденное от всего эгоизма и всей грязи, входит свет, и я с ним сливаюсь?

Да, становишься человеком света.

Вы говорите, что в книгах не описана эта последняя стадия. Почему нельзя описывать это состояние?

Последней стадии мы еще не достигли, никто не достиг. Никто! Это будет только в конце всеобщего исправления.

То есть нас еще ждут большие подарки и открытия...

ГЛАВА «ИТРО»

ЖЕРТВЕННИК ИЗ ЗЕМЛИ И ЖЕЛАНИЙ

/19/ И СКАЗАЛ БОГ, ОБРАЩАЯСЬ К МОШЕ: «ТАК СКАЖИ СЫНАМ ИЗРАИЛЯ: ВИДЕЛИ ВЫ, ЧТО С НЕБЕС Я ГОВОРИЛ С ВАМИ. /20/ НЕ ДЕЛАЙТЕ ПРИ МНЕ БОГОВ СЕРЕБРЯНЫХ, И БОГОВ ЗОЛОТЫХ НЕ ДЕЛАЙТЕ СЕБЕ.

Говорится о правой и левой линии, о свойстве отдачи и свойстве получения. Золото – левая, серебро – правая линия. Золото – это то, что притягивает.

/21/ ЖЕРТВЕННИК НА ЗЕМЛЕ СДЕЛАЙ МНЕ.

Из земли, не на земле, это неправильный перевод.

Земля – это *эрец*, желание – *рацон*. Из своих желаний сделай мне жертвенник.

И ПРИНОСИ НА НЕМ ЖЕРТВЫ ВСЕСОЖЖЕНИЯ И МИРНЫЕ ЖЕРТВЫ ТВОИ, МЕЛКИЙ И КРУПНЫЙ СКОТ; ВО ВСЯКОМ МЕСТЕ, ГДЕ Я РАЗРЕШУ УПОМИНАТЬ ИМЯ МОЕ, Я ПРИДУ К ТЕБЕ И БЛАГОСЛОВЛЮ ТЕБЯ.

Сначала делается жертвенник из неживых желаний – из земли, затем приносится всевозможная растительность – ветви, трава и так далее. Потом идет уже животная часть, животный уровень. Самый большой уровень – человеческий, потому что все делает человек. В него включаются все уровни желаний, все уровни природы.

Мы все эгоисты, и если у меня существует возможность все взять себе, я беру. Если нет возможности все забрать, если есть люди, которые против меня, которые не соглашаются мне отдать, тогда я вступаю с ними в контакт и должен им платить. Эта плата нежелательна с моей стороны, но нечего делать, я должен отдавать для того, чтобы что-то получить. Это эгоистические отношения, присущие человеку, который не исправляет себя с помощью каббалы.

Такое же отношение и к природе. Я хочу от природы что-то получить, чувствовать себя комфортно, а тут ураганы, цунами, землетрясения. Дикие звери нападают, эпидемии болезней, мор, нашествие саранчи, вся природа вдруг вымирает.

Как мне от этого откупиться? Кому платить и за что? На этом и основаны все религии.

Самое высшее жертвование – это жертвование человеком.

Откупались самой высокой жертвой – человеком?

Да. На самом деле, что такое жертвование? Куда шло это мясо? Просто сжигалось?! Нет! Я приношу ягненка в Храм, его разрубают. Все бедные и те, кто работает в Храме, и я вместе с ними сидят на трапезе. И так каждый день устраивались всеобщие трапезы. Это и называется храмовой работой.

Жертвоприношение означает, что я хочу отдать обществу от себя. Это выражается в виде выполнения законов, в виде десятины, которую я приношу. Она уходила на образование народа.

Жертвоприношения каждый должен был приносить в соответствии с тем, в чем провинился. Допустим, сделал что-то неправильное, эгоистическое.

Каждый сам определял?

Да, конечно, люди находились на высоком духовном уровне. Кто знал про твои эгоистические грехи?

ГЛАВА «ИТРО»

Никто не видел их! Человек сам чувствовал, что он сделал неправильно.

И как пишет мой учитель РАБАШ: В таком случае он должен устроить трапезу, пригласить товарищей, посидеть с ними и объединиться.

Это и есть служение Богу. Именно таким образом соединяются между собой люди, если внутри них происходит духовная работа – ради чего они это делают. Человек устраивает трапезу и воодушевляет всех остальных, чтобы в следующий раз они сильнее на него подействовали и помогли не оступиться еще раз.

И все происходит очень спокойно, это то, что мы делаем сегодня. Для чего нам нужен материальный храм? Ведь есть место, где мы собираемся с группой, – там и приносите жертвы. Но все должно предваряться четким антиэгоистическим анализом! Иначе не имеет никакого смысла.

Весь анализ должен приводить в результате к объединению?

Конечно. Все жертвоприношения, работа в храме – это совершенно не то, что мы себе воображаем. Работа в храме направлена только на связь между всеми людьми.

Храм был местом скопления всех желаний, всех исправлений. Оттуда уходили люди обучать народ в провинции, не было никого, кто не умел бы читать, писать, считать. Все умели выполнять духовную работу, благодаря поддержке десятины, которая давалась.

Никто ни за кем не следил! Все обязаны были давать десятину, потому что иначе ты не отдаешь.

И ни у кого не возникал вопрос, как сегодня, на что я ее отдал?

Она не считается десятиной, если задаешь такой вопрос, если не с желанием ты ее отдаешь. Так сказано, когда создавалось место, где происходит жертвоприношение, соединение: «И каждый человек пусть отдаст от своего сердца». Если это идет не от сердца, то не считается отдачей.

Храм – что это такое в сердце человека?

Храм – это центр соединения народа, который обучает, содержит в себе свойства отдачи и показывает пример, каким образом осуществляется объединение.

Разрушение храма началось за семьдесят лет до его крушения. Мы говорим крушение храма, а не крушение государства, потому что храм являлся духовной основой. В нем прекратилось действие единения народа, и все закончилось.

Семьдесят лет – это семь *сфирот* по десять в каждой, пока не спустился до *малхут*. *Хесед, гвура, тиферет, нецах, ход, есод, малхут* – и всё. Заранее было известно: еще год, два и не будет Храма.

Получается, что прежде, чем храм разрушается, он исчезает в человеке? То есть человек перестает приносить в храм настоящую жертву – ту, которая ведет к объединению? Он уже хочет сказать: «Я принес жертву». И это «я», которое вмешивается, рушит все храмы?

Да. Вот это и является причиной крушения храма.

Как точно!

/22/ А КОГДА ТЫ МНЕ БУДЕШЬ ДЕЛАТЬ ЖЕРТВЕННИК ИЗ КАМНЕЙ, НЕ КЛАДИ ИХ ОБТЕСАННЫМИ

Что это значит?

Не заноси руки своей на камень. То есть ни в коем случае нельзя делать что-то вне твоих естественных желаний. Ты не должен обрабатывать камень, не должен вносить ничего своего.

Камень на иврите – это эвэн, от слова авана – понимание.

От слова *авана* – понимание сердца.

НЕ КЛАДИ ИХ ОБТЕСАННЫМИ, ДАБЫ НЕ ЗАНЕС ТЫ НАД НИМИ ЖЕЛЕЗО И НЕ ОСКВЕРНИЛ ИХ.

Почему к железу такое отношение? Потому что это произведение рук человека?

Нет. Потому что железо – это свойство суда, *дин*, ограничение.

/23/ И НЕ ВОСХОДИ ПО СТУПЕНЯМ НА ЖЕРТВЕННИК МОЙ, ЧТОБЫ НЕ ОТКРЫЛАСЬ НАГОТА ТВОЯ НА НЕМ.

Да. Жертвенник должен быть выше тебя. Жертвенник должен быть выше твоей головы, то есть выше твоего знания, выше твоего постижения. Всегда отдача должна быть выше всех твоих расчетов.

Глава
«ЗАКОНЫ»

613 НЕИСПРАВЛЕННЫХ ЖЕЛАНИЙ

Мы закончили главу «Итро», в которой говорили о десяти заповедях, разбирались, кто такой Итро. Очень важная и интересная глава. Теперь начинаем главу «Законы» (на иврите «Мишпатим»).
Первый вопрос: есть десять заповедей, а есть законы. Как между ними разобраться?

Да, есть законы, правила, и есть заповеди.

Мишпатим означает законы – то, что действует со стороны ограничения. Заповеди – со стороны желательности выполнения, соблюдения.

В заповедях говорится: «Не убий». И об этом Вы тоже говорите, как о «желательности соблюдения?

И заповеди, и законы говорят об одном и том же: каким образом человек должен уподобиться Творцу.

Речь ведется не на уровне нашего мира. «Не убий» сказано относительно эгоизма человека: как его преобразовать в нечто обратное, в то, что подобно Творцу, свойству полной отдачи, любви. В этой связи раскрывается сила – вселенское свойство отдачи, называемое Творец.

В раскрытии этой силы задействованы наши эгоистические свойства, желания – их шестьсот тринадцать. Они так и называются «шестьсот тринадцать неисправленных желаний», которые мы должны исправить.

Исправить – значит, обратить их применение от эгоистического (к себе, для собственной выгоды, иногда даже во вред другим, так мы ощущаем собственный интерес), – в пользу для других. Через это исправление мы должны соединиться, слиться, уподобиться Творцу.

В этих действиях у нас есть ограничения: я поднимаюсь над своим эгоизмом и перестаю с ним работать. Затем есть преобразование эгоизма в то, что я могу совершать над ним альтруистические действия. И далее, когда я сам присоединяю эгоизм к моему альтруистическому намерению и действую вместе с ним на благо, на отдачу.

Допустим, вор прекращает воровать. Это первая заповедь. Вторая – все свое воровское мастерство он еще и отдает людям. Например, вскрывает сейф, который никто не может открыть.

Как у О. Генри, помните, герой рассказа вскрывает сейф, где закрылся ребенок, и таким образом все понимают, что он был вором.

Да. Здесь есть ограничение, есть подъем над эгоизмом и есть преобразование эгоизма в действие – в альтруизм.

Первое – ограничение: я не ворую. Второе – подъем над эгоизмом: что бы мне ни дали, какие бы эгоистические вознаграждения мне сейчас ни предложили, я все равно не буду воровать.

И следующее: я использую быстроту реакции, свои способности и возможности для того, чтобы отдать это на благо.

Отдать, то есть использовать только на любовь. Так распределяются заповеди и законы.

В их выражении есть ограничения правой, левой и средней линии относительно себя, общества, Творца, – в общем, много всевозможных нюансов.

Глава называется «Законы». Мы понемногу пойдем по этим законам. Сколько сможем – столько разберем. Да, их всего шестьсот тринадцать.

Первый закон очень интересный. Здесь говорится:
/1/ И ВОТ ЗАКОНЫ, КОТОРЫЕ ТЫ РАЗЪЯСНИШЬ ИМ:
/2/ ЕСЛИ КУПИШЬ РАБА-ЕВРЕЯ, ШЕСТЬ ЛЕТ ОН БУДЕТ СЛУЖИТЬ, А НА СЕДЬМОЙ – ВЫЙДЕТ НА СВОБОДУ БЕЗ ВЫКУПА.

Когда-то Вы говорили, что рабов у евреев не было.

ЧТО ТАКОЕ – БЫТЬ РАБОМ?

Да. В действии на этой земле, то есть в данном историческом отрезке, рабов не было. Человек мог добровольно продать себя в рабство, но рабов не захватывали. У евреев вообще это не принято. По Торе такого быть не должно. Сейчас мы узнаем, что такое быть рабом.

Раб – это вроде домработника в наше время. Люди живут в доме или приходят помогать, убирать, или постоянно служат, как в английских домах, например. Так они зарабатывают деньги.

Что значит, они принадлежали? Заключался очень четкий договор, как здесь сказано: «Шесть лет ты обязан работать, только на седьмой год имеешь право выйти».

ШЕСТЬ ЛЕТ ОН БУДЕТ СЛУЖИТЬ, А НА СЕДЬМОЙ – ВЫЙДЕТ НА СВОБОДУ БЕЗ ВЫКУПА.

Причем, ты не покупаешь раба на невольничьем рынке, покупаешь его у него же самого.

Как объяснить это на наших внутренних свойствах? Существуют такие желания в человеке, с которыми он не может самостоятельно работать. Он только начинает с ними работать. Проявилось во мне какое-то новое желание, сейчас оно находится на неживом уровне. Оно должно расти, пройти растительный и животный уровень развития. И только на последнем человеческом уровне я могу сознательно исправить его на работу вне себя.

Неживой уровень желания – рабский: само желание ничего не может сделать, я могу его только использовать. Я подминаю его под себя, то есть указываю ему. С этим желанием я не могу еще никаким образом работать, кроме как применяя его автоматически. Оно еще недоразвито во мне, не развито, как в маленьком ребенке.

Таким образом, я работаю с желаниями, развиваясь, применяя его на своем неживом уровне. У меня много таких желаний, и я их ограничиваю, потому что знаю, что ничего большего с ними сделать не могу.

Этот камень я кладу у дороги?

Эти желания, кстати говоря, большие. У меня постоянно появляются всё новые и новые желания. Каждое новое желание больше, чем все предыдущие, – я же расту! Передо мной возникает, допустим, какой-то соблазн, какое-то вероятное наслаждение. Но я его ограничиваю, не использую для себя.

Каким образом теперь я могу исправлять его на обратное применение? Вот здесь и имеются в виду эти шесть лет: *хесед, гвура, тиферет, нецах, ход, есод*.

Шесть *сфирот*, или шесть дней недели, и седьмой – это уже свобода.

Появляется полное желание?

Да. Таким образом, я вырастил экран на желание и могу с ним работать на следующем этапе.

Следующий этап – желание свободно, отпусти его на свободу. Ты сейчас можешь свободно работать с ним: оно обрело у тебя сознательный экран.

То есть я в себе прошел стадию от раба к свободному человеку?

Да, но только в этом желании, не в остальных. Вот и всё. Так происходит со всеми желаниями.

Это не значит, что я принуждал его работать? Я растил этого раба, правильно?

Ты принуждал его работать именно в таком виде. То есть закон обращается к тебе как к человеку, к твоему свойству «человек», – каким образом ты должен работать с желанием, которое не находится на уровне человек. Чтобы из него вырос человек, оно должно пройти стадию раба.

Ты, хозяин, относишься к своему желанию, как к рабу: это мой раб. Ты им управляешь. Ты гордишься тем, что в тебе есть силы быть рабовладельцем.

Когда об этом говорится в таком ключе, то кажется, что человек гордится тем, что он так управляет своими рабами.

Можно сказать, что я выращиваю в себе раба до свободного человека?

Да, конечно. В этом заключается весь смысл.

И так понемногу я беру одно желание, второе, третье и выращиваю из раба свободного человека.

ГЛАВА «ЗАКОНЫ»

Поэтому, наверное, первым законом это и стоит?

Да. Но потом, кроме рабов, есть еще женщины, дети, старики. Как с ними со всеми обращаться?

ВЫКУПИТЬ ЖЕНУ И ДЕТЕЙ ИЛИ ДЫРКА В УХЕ

Мужчина – это серьезные исправленные желания внутри человека, он считается хозяином. С его точки зрения ведется повествование. Пишется, каким образом он должен относиться ко всем остальным для того, чтобы притягивать их к себе, исправлять, защищать, соединять и вести дальше.

Понятно. Ничего унизительного в этом, оказывается, нет.

Нет! Говорится: «Тот, кто покупает себе раба, покупает господина!». Ты должен с ним работать, все внимание обращать на то, чтобы его растить.

Он заставляет тебя работать с ним?

Да.

Дальше.

/3/ ЕСЛИ ОН (раб) ПРИШЕЛ ОДИН, ВЫЙДЕТ ОДИН, А ЕСЛИ БЫЛА У НЕГО ЖЕНА, ВЫЙДЕТ И ЖЕНА ВМЕСТЕ С НИМ.

Да, потому что он исправлен, а без жены и детей он не может быть исправлен.

/4/ ЕСЛИ ГОСПОДИН ЕГО ДАСТ ЕМУ ЖЕНУ И ТА РОДИТ ЕМУ СЫНОВЕЙ ИЛИ ДОЧЕРЕЙ, ЖЕНА И ЕЕ

ДЕТИ ОСТАНУТСЯ У ГОСПОДИНА, А РАБ ВЫЙДЕТ ОДИН.

Потому что эта женщина господина и, естественно, потомство ее принадлежит хозяину.

Хозяин дал ее рабу, то есть этому своему желанию.

Раб должен выкупить жену и детей. Почему? Представь себе, он исправил себя, или хозяин исправил его в течение шести лет. Но исправил тем, что все время давал ему силы, давал ему жену для того, чтобы его исправить. И таким образом появились дети. То есть всё – за счет хозяина, который передал ему эти силы.

У раба не было своего действия. Сейчас для того, чтобы работать с собой, со всем тем, что у него есть, он должен их откупить, должен заплатить, – ему необходим экран! Он не может с ними выйти!

До этого не было его действий, а сейчас впервые требуется его действие – выкупить их?

Да. Вот сейчас он может работать на них.

Он уже человек, не раб. Он уже может выкупить детей и выйти вместе с ними.

Для этого он может снова поступить в рабство, но уже на следующей ступени, когда продает сам себя. Сейчас он работает на свою жену и детей. Он уже обретает экран на них, чтобы выйти целым кли.

Вот как здесь написано:

/5/ А ЕСЛИ ЗАЯВИТ РАБ: Я ЛЮБЛЮ ГОСПОДИНА СВОЕГО – то есть, его действия уже идут, – И ЖЕНУ СВОЮ, И ДЕТЕЙ СВОИХ, НЕ ВЫЙДУ Я НА СВОБОДУ, /6/ ПУСТЬ

ГЛАВА «ЗАКОНЫ»

ГОСПОДИН ПРИВЕДЕТ ЕГО К СУДЬЯМ, И ПОДВЕДЕТ ЕГО К ДВЕРИ ИЛИ К КОСЯКУ, И ПРОКОЛЕТ ГОСПОДИН УХО ЕГО ШИЛОМ, И ОСТАНЕТСЯ ОН СЛУЖИТЬ ЕМУ НАВЕКИ.

Это уже его действия, он вырос из раба: Я не ухожу, я остаюсь здесь, буду их любить, буду с ними?

Да. У него уже есть свойство отдачи, он уже свободный человек, в общем-то. И сейчас он готов работать с этим свойством отдачи, со своим желанием. Поэтому его желание – это хисарон, недостаток, эта дырка в ухе – в свойстве *бины*.

Здесь в конце эта странная фраза:

И ПРОКОЛЕТ ГОСПОДИН УХО ЕГО ШИЛОМ И ОСТАНЕТСЯ ОН СЛУЖИТЬ ЕМУ НАВЕКИ.

Что означает это?

Теперь он берет на себя работу с *малхут*, с эгоизмом. Ухо олицетворяет собой свойство *бины*. Свойство отдачи – это уровень слуха.

Дырка, которую делает господин, – это ощущение недостатка, которое ему еще надо исправить, то, что олицетворяют его жена и дети.

Значит, я не сам прихожу к этому недостатку? Творец дает мне этот недостаток?

Да, сам ты не можешь его сделать. Ты ощущаешь недостаток. Ты желаешь дальше исправляться. Но для того, чтобы ты дальше исправлялся, Творец делает тебе отверстие – это желание.

Я сам не могу сделать себе дырку в ухе?

Нет. Свойство *бины* – свойство совершенное, и чтобы сделать в нем недостаток, надо подняться на еще более высокий уровень. Это уже следующая ступень, на которой ты будешь работать с этим новым желанием.

Совсем не просто в совершенстве сделать несовершенство, – это может быть только свойство Творца. Поэтому Он и называется *Бо рэ* – делающий что-то вне себя, вне совершенства.

Все созданное – несовершенно, и такое несовершенство мог создать только Творец.

Это очень тяжело! Невозможно для нас. Мы всегда идем к совершенству.

Здесь мы с Вами говорим об очень глубоких вещах.

В данном случае, когда у раба появилось желание стать человеком, это значит, что он поднялся до уровня бины, до уровня отдающего?

Да. До уровня свободы.

И в этот момент он говорит: «Я не хочу быть свободным». Это его решение?

Потому что я люблю свою жену и детей, то есть я хочу исправить всё это желание и хочу, чтобы они были вместе со мной.

Хочу с ними подняться – *это* осознание очень высокое. Это свойство *бины*, которая желает работать с *малхут*, желает исправлять творение. И поэтому он навечно остается при своем господине.

Хозяин соглашается и делает ему прокол в ухе. У него получается слияние с Творцом, ведь он навечно остается с Ним.

Человек уже настолько вырос, что ощущает необходимость в работе с женой и детьми. Если он хочет работать со своим эгоистическим желанием, может поднимать его дальше к себе, то тогда Творец приближает его и помогает ему это сделать.

Так из стадии раба человек, практически, поднимается до стадии хозяина?

Да, конечно, до стадии хозяина: он не выходит от хозяина.

Но до сих пор он работал как раб. Сейчас он – тоже свойство раба, но свойство «раб Божий», что называется. Он – свойство, вытекающее из любви, из осознанная.

ИГРА ЖЕЛАНИЙ

Далее разговор идет о дочери, которую продают в рабство и выдают замуж.

/7/ А ЕСЛИ ЧЕЛОВЕК ПРОДАСТ СВОЮ ДОЧЬ В РАБСТВО, НЕ ВЫЙДЕТ ОНА НА СВОБОДУ ТАК, КАК ВЫХОДЯТ РАБЫ. /8/ ЕСЛИ ОНА НЕУГОДНА ГОСПОДИНУ СВОЕМУ, КОТОРЫЙ ПРЕДНАЗНАЧАЛ ЕЕ СЕБЕ В ЖЕНЫ, ТО ПУСТЬ ОН ПРЕДОСТАВИТ ЕЙ ВОЗМОЖНОСТЬ ВЫКУПИТЬ СЕБЯ; ЧУЖОМУ ЖЕ ПРОДАТЬ ЕЕ ОН НЕ ВЛАСТЕН, ИЗМЕНИВ ЕЙ.

Человек сам продает свою дочь в рабство?

Да, конечно, а кто же будет исправлять ее?

Надо понять, рабством называется принадлежность одного желания другому, более сильному, которое может его исправить. Все, о чем говорится в Торе, – это только об исправлении желаний. Таким образом было устроено у них все их совместное, социальное общежитие.

Еще раз, что такое «дочь моя»?

Дочь моя – это те желания, которые я раскрываю. Желания, которые я сам не в состоянии исправить. Я не могу жениться на дочери. Я не могу вместе с ней производить следующие ступени потомства.

Развивая эти желания, мы развиваем их так, что не я, как отец, соединяюсь с желанием «дочь», не с этим экраном я иду к ней. Другой экран, другое желание должно властвовать над ней. И таким образом она принадлежит другому.

На каком основании я ее продаю? Я ее продаю на том основании, что она должна принадлежать другому.

Недаром здесь написано:

А ЕСЛИ ЧЕЛОВЕК ПРОДАСТ СВОЮ ДОЧЬ В РАБСТВО, НЕ ВЫЙДЕТ ОНА НА СВОБОДУ ТАК, КАК ВЫХОДЯТ РАБЫ.

Не будет этих шести лет, правильно?

Нет, потому что женское желание должно принадлежать уже только той *бине*, в которой находится. Господину, которому она продана.

/8/ ЕСЛИ ОНА НЕУГОДНА ГОСПОДИНУ СВОЕМУ, КОТОРЫЙ ПРЕДНАЗНАЧАЛ ЕЕ СЕБЕ В ЖЕНЫ, ТО ПУСТЬ ОН ПРЕДОСТАВИТ ЕЙ ВОЗМОЖНОСТЬ ВЫКУПИТЬ СЕБЯ; ЧУЖОМУ ЖЕ ПРОДАТЬ ЕЕ ОН НЕ ВЛАСТЕН, ИЗМЕНИВ ЕЙ.

Да, она имеет право выкупить себя, обратить женское желание в мужское, самостоятельное. И таким образом продолжать действовать.

Есть желания, которые относятся к *малхут*. Есть желания, которые относятся к *малхут*, включенной в бину. Есть, наоборот, *бина*, которая включена в *малхут*. На пересечении этих желаний и происходит игра.

Продолжаем:

/9/ А ЕСЛИ ОН ПРЕДНАЗНАЧИТ ЕЕ СЫНУ СВОЕМУ, ТО ДОЛЖЕН ПОСТУПИТЬ С НЕЙ ПО ЗАКОНУ, КАК С ДОЧЕРЬЮ ИЗРАИЛЯ.

Если он предназначит ее сыну своему…?

То есть вполне возможно, что у него из его свойств появится такой экран, более низкого уровня, который сможет подходить этому желанию, работать с желанием, называемым дочь.

Мы рассматриваем нашу душу, шестьсот тринадцать желаний. Все они взаимно исправляются, взаимно связаны между собой, как клетки нашего организма. В Торе говорится об очень-очень общих принципах, для общего описания картины.

Но когда человек проходит эти состояния, то у него нет слов. Так же как и для описания наших земных глубоких чувств у нас слов обычно не бывает. Мы говорим что-то, «мыкаем» и не более.

ТОРА ЧЕРЕЗ ПРИЗМУ «Я»

Вот и говорится в Торе такими словами, чтобы получилось по аналогии с нашим миром. Если я полностью привязан к другому человеку, то я называюсь его рабом. В эгоистическом языке это звучит отвратительно, а в альтруистическом – восхитительно.

Раб Творца!

Да. Раб Творца – это раб Божий, что называется. Но так говорится потому, что есть какая-то аллегория. А если бы ее не было? Типа, «продал, купил раба, дочь»?

Так и читают, между прочим. Поэтому, когда сейчас мы это проходим, то делаем большое дело. Мы раскрываем человеку глаза, он начинает смотреть совсем по-другому.

Ведь все обвинения только вокруг этого и существуют. Человек смотрит через свое «я». Я – раб?! Только не это! Дочь свою продать?!

Это ужасно! Если через свое «я» смотреть, то вся Тора – это самая нацистская книга.

Да. А что говорят о «Шульхан Арух» («Накрытый стол»)?! Это просто подарок для антисемитов.

Да. «Обмани гоя». «Убей».

Они просто говорят: «Смотрите, что они делают! А что они делают с неевреями!». И так идет далее, пока человек не начинает понимать, что написанное в Торе – это описание его внутренней работы.

Немного дочитаем:

/10/ ЕСЛИ ДРУГУЮ ВОЗЬМЕТ СЕБЕ, НЕ ДОЛЖЕН ОН ЛИШАТЬ ЕЕ ПИЩИ, ОДЕЖДЫ И СУПРУЖЕСКОЙ БЛИЗОСТИ. /11/ А ЕСЛИ ОН ТРЕХ ЭТИХ ВЕЩЕЙ НЕ СДЕЛАЕТ ДЛЯ НЕЕ, ТО ВЫЙДЕТ ОНА ДАРОМ, БЕЗ ВЫКУПА.

Он себе возьмет другую.

Это говорится уже о жене. Жену он не должен лишать пищи, одежды, супружеской близости. Иначе нет исправления. Какое может быть исправление без супружеской близости?

В наше время, в нашем мире – совсем другое дело. А тогда были гаремы, многоженство: десять, двадцать жен, у царя Соломона, говорят, была тысяча жен, – были очень четкие серьезные законы – законы царей.

Это все было системой исправления желаний?

Про иудеев вообще говорить нечего, мы поговорим как-нибудь о законах многоженства. Это было серьезное обязательство.

Была очень жесткая субординация, и все построено опреленным образом. Всё это поддерживали сами жены, кстати говоря.

Какое-то совершенно исправленное состояние, которое представить вообще невозможно!

Как это без зависти, коварства, без ножа в спину другой?! Как может существовать гарем? Непонятно: эта – любимая жена, та – нелюбимая. Оказывается, что они были счастливейшими женами.

Всё наоборот. Мы еще не знаем свойство женской природы, не знаем и не умеем им управлять!

Сейчас выпячивание женщины как руководителя предприятия и прочее – это всё неисправленное состояние?

Конечно. Когда-нибудь это поймут или уже понимают. Придем к этому.

Законы относительно жен, то, о чем здесь говорится, мы должны будем проговорить особенно. Что значит, «не лишать ее одежды, пищи и супружеской близости»?

Что значит, «брачный договор»? Это соглашение, брачный договор записан, скреплен подписью уважаемых людей. Такого вообще не было у человечества. А здесь говорится, что у нас это существует уже почти три тысячи лет, со времени принятия этих законов.

Здесь нет понятия развода и просьбы жены о каком-то содержании. До конца живет она в благости и в этом покрытии, как бы под тенью мужа.

Муж обязан ее содержать! Это очень сложное дело!

ВЕСЬ СМЫСЛ ТОРЫ

Мы разбираем главу «Законы», и нам открываются удивительные вещи.

Но самое главное: мы имеем в виду исправление человека. Тора дана для того, чтобы человек достиг уровня Творца.

Все, о чем говорится здесь, сказано об эгоистических желаниях, которые сегодня составляют всю нашу суть. Каким образом постепенно, поступенчато мы можем преобразовать каждое из всех шестисот тринадцати желаний.

Преобразование эгоистических желаний называется выполнением заповедей. Заповедано нам преобразовать все наши желания из их эгоистического применения в альтруистическое.

Желания внутри нас называются: муж, жена, рав, козел, осел, земля, сосуды, дома – все, что хочешь. Все, что указывается, – это неживой, растительный, животный и человеческий уровни желаний внутри нас.

Вся Тора говорит о том, что происходит внутри человека. Относительно этого мы, естественно, и обустраиваем свой домострой, то есть свое общество, чтобы оно было зеркальным отражением этих законов.

Это было необходимое предисловие. Но самая важная фраза, которую Вы сказали: Человек должен подняться до уровня Творца.

Да, в этом заключается весь смысл Торы.

Следующий закон:

/12/ ТОТ, КТО УДАРИТ ЧЕЛОВЕКА ТАК, ЧТО ТОТ УМРЕТ, ДА БУДЕТ ПРЕДАН СМЕРТИ. /13/ НО ТОТ, КТО НЕ ЗЛОУМЫШЛЯЛ, А ПО ВОЛЕ ВСЕСИЛЬНОГО ПРОИЗОШЛО С НИМ ТАКОЕ, ТО В МЕСТО, КОТОРОЕ Я ТЕБЕ НАЗНАЧУ, ПУСТЬ БЕЖИТ ОН.

Много обсуждений в мире, предавать смерти или нет. В одних странах есть закон о смертной казни, в других – нет. Здесь сказано очень просто:

ТОТ, КТО УДАРИТ ЧЕЛОВЕКА ТАК, ЧТО ТОТ УМРЕТ, ДА БУДЕТ ПРЕДАН СМЕРТИ.

Надо доказать, что он умирает именно от этого удара. Действительно такие случаи, может быть, и были. Говорится, что если выносился такой приговор один раз в семьдесят лет, то это считалось ужасным.

Дело в том, чтобы понять: умышленно или неумышленно, есть к этому какие-то смягчающие обстоятельства? В общем, говорится об обществе, о его моральном уровне, о том, что такого быть не должно и не может быть.

Тем более, если речь идет о возникновении настолько огромного эгоистического желания, одного против другого, что он способен довести человека до такого удара, чтобы он убил. Или этого убийцу и убиенного надо было наказать смертью настолько, что Творец подставил им такое действие и такой результат, что оба они предаются смерти.

В нашей интерпретации, во внутренней, это звучит так, что одно желание нейтрализует другое, потому что в таком виде для них нет никакой возможности совместно существовать и дополнять друг друга в духовном действии. Поэтому оба они отмирают.

Одно желание убивает другое, нейтрализует, аннигилирует.

И само тоже исчезает и освобождает место для других?

Ничто не исчезает просто так. Их исчезновение, то есть взаимное аннулирование, – это освобождение места, потому как они не в состоянии существовать в таком противоречии между собой. На следующей стадии они возрождаются в виде одного единого желания, прорастают вместе. Это исправление.

Нам надо понимать, что любое действие – это действие исправления. Оно ни в коем случае не плохое, как нам кажется в наших эгоистических глазах, в нашем эгоистическом фокусе. И если один человек случайно убивает другого, то есть происходит определенное действие, то в соответствии с этим его наказывают.

Имеется в виду два противоположных желания, нет средней линии между ними, невозможно ее найти. В таком состоянии, в котором они сейчас находятся, на этом уровне они должны стать нулем. Но этот ноль является началом следующей ступени, средней линии, оттуда он прорастает.

Отмирая, они дают место прорасти другому?
Да, прорасти из себя!

И они это понимают?
Нет. Эти два желания таким образом в человеке и сосуществуют, что он обязан их взаимно уничтожить. Ты не можешь уничтожить одно, если не уничтожаешь другое.

Я хочу убить в себе эгоистическое желание и делаю это с помощью альтруистического желания. Но альтруистическое при этом тоже пропадает. Почему пропадает? Потому что оно не может существовать не в соответствии с эгоистическим желанием. Нет плюса без минуса.

ЭТО ВЫСШАЯ ДУХОВНАЯ ПСИХОЛОГИЯ

Напротив любого эгоистического желания стоит альтруистическое? Всегда идет движение такими парами?
Парами и к средней линии между ними.

Но в этом состоянии невозможно сделать средней линии. Поэтому они так аннигилируют и превращаются в пустоту, из которой растет уже следующая ступень. Но эта пустота – физическая, это величина, объект.

Тут мы имеем в виду связь с каббалой. Это духовная психология. Это высшая психология. Поэтому надо понимать, что здесь мы пытаемся говорить не какими-то особыми словами, которые никто не понимает, как философы и психологи иногда.

Каббала добавляет измерение каждому движению человека, каждому его намерению, желанию, каждому действию. Это то, чего не хватает психологии: говорится о многих вещах, но все это как бы повисает в воздухе.

Но измерить, пощупать, записать точно (ведь человек – это компьютер), проградуировать все наши желания, намерения, все взаимодействия невозможно. Для этого мы должны быть на ступень выше. То есть не на сегодняшнем уровне, а на уровне Творца, который создал нас.

В мере подобия Творцу мы начинаем смотреть на себя с Его уровня. И тогда уже можем начинать измерять наши чувства, опускать щуп как бы внутрь каждого желания (желание существует в виде емкости как бы), измерять свойства, намерения, направления.

У нас появляются возможности не только это измерять, но и записывать, передавать, обмениваться данными, соединяться между собой, то есть появляется целая система коммутации. Вот об этом-то и говорится. Иначе невозможно.

Происходит так же, как будто ты находишься на ступень выше, чем все механизмы, которые изготавливаешь: электронные, механические – любые.

Тогда выходит, что философия – это мои размышления на данной ступени по поводу высшей?

Потому философия и беспочвенна, что ты говоришь о чем-то выше себя.

В каббале ты поднимаешься и говоришь о том, что ниже тебя, – об этом ты можешь говорить.

Тут действует отношение корней к ветвям, а не ветвей, рассуждающих о корнях, о которых они ничего не знают?

Да.

Если мы уже коснулись этой темы: Вы за смертную казнь или нет? Смертная казнь в государстве – это правильно или неправильно?

Я считаю, что всех можно исправить. Всех! Дай только условия! Но если таких условий нет, тогда для того, чтобы человек не вредил другим, ничего другого не остается.

Но если есть возможности – при условии, что ты даешь мне решать, – то я не вижу никаких проблем в том, чтобы исправить абсолютно любого человека, если только его разум в чем-то не поврежден.

Кстати говоря, это закон, тут даже не надо спрашивать, потому что Тора говорит об этом. Если ты имеешь возможность исправить какое-то желание, то ты никоим образом не убиваешь его.

Смерть, и наша в том числе, убийство – это одно из действий исправления.

Написано дальше:

/13/ НО ТОТ, КТО НЕ ЗЛОУМЫШЛЯЛ, А ПО ВОЛЕ ВСЕСИЛЬНОГО ПРОИЗОШЛО С НИМ ТАКОЕ, ТО В МЕСТО, КОТОРОЕ Я ТЕБЕ НАЗНАЧУ, ПУСТЬ БЕЖИТ ОН.

Существует шесть мест, где скрываются, – это немало на такой небольшой кусочек земли. Шесть поселений, где собираются те, кто повредил другого человека, якобы случайно, и поэтому должен убежать от наказания.

В чем же тогда заключается их наказание? В том, что они существуют там? Разве это не замена одного другим?

Почему это происходит по такому закону? Что значит – убежать? А кто за тобой будет гнаться, если это записано в законе, который принят всеми?

Куда ему надо убежать? Он гордо носит на себе какую-то звезду: «Я убил человека незлоумышленно!». И все боятся до него дотронуться.

Почему он должен удалиться?

Почему он должен куда-то убегать? Разве за ним гонится фанатичная толпа? Не надо никуда убегать. Все в его случае понимают: верховным судом ему выдается особый, отличающийся (не знак отличия, а отличающийся) знак, как охранная грамота, которую он носит при себе, допустим. И о нем все известно.

Мы видим, что здесь наказание – это действительно наказание. И не на свободе он гуляет, а находится среди подобных себе для того, чтобы себя исправить. И существует так до определенного времени, далее об этом будет сказано.

Он попадает в окружение людей, которые занимаются исправлением себя?

Да. Почему Творец руководил ими таким образом, что через них провел наказание других людей? Почему я, допустим, сделал так, что повредил что-то у ближнего своего, у другого человека, не желая этого?

Что бы я ни сделал, любые повреждения, здесь говорится об убийстве незлоумышленном. Скажем, ехал на машине, не видел или не мог справиться с управлением, вдруг заехал на газон соседа.

ГЛАВА «ЗАКОНЫ»

А СУДЬИ КТО?

Кто ввел это мне в программу?
Мы все понимаем, что это делается Творцом.
Вот почему Творец сделал так, что это происходит без участия самого человека? В наборах этих правил существует целый раздел о том, как Творец проводит через человека без участия человека свои собственные действия относительно третьего лица.

Он действует на кого-то через тебя. И какие тут могут быть разборки между вами, если всем в обществе понятно, что произошло?

Или, наоборот, сначала стоит вопрос, как выяснить, что это сделал не ты, а Творец через тебя?

Интересный вопрос, кстати. Иначе можно все оправдать, а так точно выясняется, что через меня действует Творец.

Где, кто, какой высший суд может это выяснить? Как это может быть? На каком уровне должен находиться судья, чтобы определить, что ты произвел действие Творца?

В тебя просто вселилась высшая сила и все сделала, а ты совершенно не причем?

Объясните, пожалуйста, тогда как?
Как объяснить, я не знаю.

Должен быть судья, который связан с этой силой?
Да. А судьи кто?

Я даже не задумывался. Гмара занимается выяснением этого?

Да, Талмуд, все книги занимаются этим выяснением.

Это остается вопросом, кто определит, что мои действия были действиями Творца?

Это мы постепенно будем выяснять. Дело в том, что лгать ведь тоже нельзя.

Человек должен исследовать себя и понять, есть ли у него какое-то отношение к этому другому человеку или нет. Есть ли между ними какие-нибудь духовные взаимоотношения. Если нет, то вообще не понятно, почему они оказались в одной системе.

Или между ними есть какие-то взаимные связи, даже не физические, видимые глазу, а духовные. И как он может в таком случае этот контакт исправить?

Здесь очень высокий уровень: человек сам удаляется в этот город. Ему не надо класть руку, скажем, на Библию и клясться, что он говорит правду и только правду.

Его никто не приговаривает. Что написано?

Написано:

НО ТОТ, КТО НЕ ЗЛОУПОТРЕБЛЯЛ, А ПО ВОЛЕ ВСЕСИЛЬНОГО ПРОИЗОШЛО С НИМ ТАКОЕ, ТО В МЕСТО, КОТОРОЕ Я ТЕБЕ НАЗНАЧУ, ПУСТЬ БЕЖИТ ОН.

Да, то есть он бежит, его не отправляют после суда. Не дают ему билет на поезд: езжай в тот город, там ты должен жить, каждое утро отмечаться в полиции, что ты там находишься. Нет этого! Он сам видит, что здесь его направляла высшая воля.

Все-таки есть в нем это ощущение, когда он удаляется в то место?

Именно для того, чтоб выяснить высшую волю, он и удаляется.

Действует целая система: коэн и так далее, – потому что он взаимосвязан с более высокой системой, находится под ней. По прошествии определенного времени, когда система заканчивает свою отработку, он выходит. Может вернуться.

Дальше очень похожий закон:

/14/ ЕСЛИ ЖЕ ЧЕЛОВЕК ЗЛОНАМЕРЕННО УМЕРТВИТ БЛИЖНЕГО СВОЕГО, ТО И ОТ ЖЕРТВЕННИКА МОЕГО ЗАБЕРЕШЬ ЕГО НА СМЕРТЬ.

Ничем не может он искупить вину, если злонамеренно умертвит ближнего. То есть этот человек понимает, что далее в духовном пути существовать не может, если полностью не искоренит в себе это желание. Если он не мог исправить это желание иным способом, кроме как умертвив его, то вся эта система, десять *сфирот* его уходят из этого действия, с этого вида работы.

Что значит:

ОТ ЖЕРТВЕННИКА МОЕГО ЗАБЕРЕШЬ.

От жертвенника моего, то есть вплоть до *малхут* ничего от него не остается. Он должен заново начинать свою работу.

Никакие жертвы, ничего не принимается, если он не имеет возможности. Это то же самое, как ты спрашиваешь, нужна смертная казнь или нет? Когда тебе предлагают: «Убивай, прочищай человечество, займись этой прополкой».

Если ты с чем-то или с кем-то не можешь работать, значит, ты не можешь исправлять ничего и никого. Нельзя тебе доверять вообще ничего, если ты считаешь, что кого-то надо уничтожить.

Нет в мире такого желания или человека, или явления, или действия, которое не нуждалось бы в исправлении и которое невозможно было бы исправить.

На этом все и держится – на исправлении до полного исправления.

НЕ ПРОДАВАЙ ЧЕЛОВЕКА В СЕБЕ

Не может быть такого, допустим, что я очищу человечество от этих грешных людей?

Нет. Все построено только на исправлении.

И дальше:

И ТОТ, КТО УДАРИТ ОТЦА СВОЕГО ИЛИ МАТЬ СВОЮ, ПРЕДАН БУДЕТ СМЕРТИ.

Да, то же самое. Он не может исправлять себя, потому что от них питается.

Что значит, ударить отца или мать свою?

Ударить, то есть повредить их связи между собой. Он пренебрегает, презирает эту связь, нарушает тот экран, который они ему дали, – свойство *гвура* левой линии.

Он проявляет эгоизм, который не хочет быть под их зонтиком, под их экраном.

И тогда, конечно, он не может дальше исправляться, потому что все исправления человека идут только через два высших *парцуфа Аба вэ Има* (Отец и Мать).

Это все равно исправление, это его быстрое решение проблемы. Он отказывается от них, ударяет, отдаляет, отбрасывает то, что они воздействуют на него. Он воспринимает их любовь в виде ненависти, обратной себе. Таким образом она сама его и умертвляет – тут даже действия нет.

Во всех этих наказаниях нет действия. Если я так поступаю, то говорится о том, что является следствием моего поступка. Здесь не надо ничего решать. Происходит выяснение для человека, и после этого данная ступень в нем отмирает.

Никто не предает смерти, просто отмирает ступень?

Да. Его духовное состояние умирает.

Продолжаем:

/16/ И ТОТ, КТО ПОХИТИТ ЧЕЛОВЕКА И ПРОДАСТ ЕГО – А ПОХИЩЕННЫЙ НАХОДИЛСЯ В РУКАХ ЕГО – БУДЕТ ПРЕДАН СМЕРТИ.

Что значит, похитить человека?

Похитить человека – это когда своим эгоизмом ты похищаешь в себе человека, закабаляешь, продаешь его.

Продаешь его еще и своему следующему эгоистическому уровню. На этом человеке в себе ты еще пытаешься заработать, то есть включить его в свой эгоизм так, чтобы эгоизм выиграл от той ступени человека в тебе, которая когда-то была.

Не продай человека в себе.

Да, действие очень часто встречающееся. И тут ничего не сделаешь. Это то, что мы называем *лэашпиа аль минат лэкабель*, когда человек готов действовать добром, правильно, с соучастием для того, чтобы выиграть эгоистически.

Это и есть продажа человека. И делая из него раба, ты на нем зарабатываешь.

Все «милосердные действия» этого мира и называются продать человека в себе?

Таких много. Не на том уровне, как говорит Тора, не на духовном уровне, но на нашем земном уровне. Каждый второй, а среди политиков каждый первый готов к этому действию. Кто больше продает, тот и самый высший.

Так мы и видим в политике. Там главное – отключить чувства, все должно быть четко построено на решении.

В политике человек на это идет намеренно.

Неважно, и здесь тоже намеренно.

Если не намеренно, то тогда мы возвращаемся к ненамеренному убийству.

Снова возвращаемся к отцу и матери.

/17/ И ПРОКЛИНАЮЩИЙ ОТЦА СВОЕГО ИЛИ МАТЬ СВОЮ БУДЕТ ПРЕДАН СМЕРТИ.

Отец и мать – это два высших духовных объекта, две высшие силы, которые дают тебе всю возможность исправления. Они дают тебе силу разума и силу духа.

Но как я могу их проклинать?

Ты не хочешь высшей ступени. Для того, чтобы получить высшую ступень, ты должен отменить себя перед ними.

Сколько есть детей в нашем мире, которые не согласны с родителями, которые презирают, не уважают их? Отношения родителей и детей находятся в такой неразберихе, что тут ничего не сделаешь. Причем существует еще перепад поколений такой, что все идет к дегрессии.

В духовном, наоборот, все идет на повышение. В духовном мире все противоположно нашему. Тот, кто не принимает условий отца и матери, просто уничтожает себя. Это значит, он должен быть предан смерти.

Он точно будет предан смерти, потому что только через смерть, через осознание того, что он полностью отрезан от высшего света, сможет ощутить себя в своем истинном состоянии и начать правильно восстанавливаться в доброй связи к высшей ступени отца и матери.

Дети являются следующей ступенью родителей, с одной стороны?

Они должны подняться до этой ступени. Находясь на ней, они становятся выше своих родителей, потому что поднялись на нее со своим эгоизмом.

И если они не хотят подниматься до этой ступени, это значит, «проклинают отца и мать»?

Тогда им нет места в этом мире. Для чего им жить? Духовная смерть – и все. И снова цикл.

ЗАКОНЫ ВЫСШЕГО МИРА В НАШЕМ МИРЕ

Глава «Мишпатим» – «Законы» – одна из основополагающих. На этом своде законов основано производство и трудовые законы, и всё остальное.

Потому что это естественные законы человеческого общения. Если мы потихоньку превращаемся из обезьяны в человека, то тогда естественным образом приближаемся к ним или, по крайней мере, думаем о них, хотели бы реализовать их. Хотя и не получается особенно, но всё-таки пытаемся.

Это законы Высшего мира, которому мы должны уподобиться в итоге своего развития. Незыблемые законы высшей природы.

Человечество начинает потихоньку прозревать. Поэтому хотелось бы, чтобы мы этими законами руководствовались, чтобы эти законы руководили нами.

Насколько это получается, трудно сказать: нет сил для того, чтобы их выполнять. Именно эту силу и надо получать, для этого дается каббала.

Каббала дает человеку силы выполнять противоположные нашей природе законы, соблюдать которые мы не в состоянии. Если человек правильно использует каббалу, то он получает силу, разум и может жить по этим законам.

То есть мы говорим о воспитании?

Только о воспитании! Что надо сделать с человеком? Из обезьяны превратить в человека.

Сегодня человек даже хуже, чем обезьяна, у тех есть хотя бы четкие животные законы, есть природа, которая руководит ими. Они инстинктивно их выполняют, поэтому нет там ничего хорошего или плохого – это природа.

Нам дана возможность действовать – осознанно, руководствуясь законами Высшего мира или нет. Нам дан какой-то люфт, относительная свобода. Вся она сводится к тому, ради кого мне применять эти законы, в чью пользу, мою или общества? Или мне надо так совместить себя с обществом, чтобы это было одно и то же?

ГЛАВА «ЗАКОНЫ»

Обычно мы все делаем для себя. И даже наоборот: не важно, что хуже обществу, зато лучше может быть мне. Мы никогда не думаем о том, чтобы совместить свои интересы с интересами общества. И когда я смогу это сделать, исчезнет дилемма. Но это еще вопрос будущего.

Давайте двинемся дальше. Говорится о соглашении: /18/ ЕСЛИ БУДУТ ССОРИТЬСЯ ЛЮДИ, И ОДИН УДАРИТ ДРУГОГО КАМНЕМ ИЛИ КУЛАКОМ, И ТОТ НЕ УМРЕТ, НО СЛЯЖЕТ В ПОСТЕЛЬ – /19/ ЕСЛИ ОН ВСТАНЕТ И БУДЕТ ХОДИТЬ ВНЕ ДОМА НА КОСТЫЛЕ СВОЕМ, ТО УДАРИВШИЙ ЕГО БУДЕТ ОСВОБОЖДЕН ОТ НАКАЗАНИЯ, ТОЛЬКО ПУСТЬ ЗАПЛАТИТ ЗА ПЕРЕРЫВ В ЕГО РАБОТЕ И ПОЛНОСТЬЮ ВЫЛЕЧИТ ЕГО.

Сколько маленьких деталей, вот что меня поражает: «На костыле своем», «Встанет, будет ходить вне дома».

И простых деталей. Считается, что человек уже готов к работе, выздоравливает, если он выходит из дома.

Но если мы будем говорить о внутренних делах, так это намного сложнее.

Если человек после ущерба, причиненного другим человеком, может включиться в общество и быть его нормальной интегральной частью, то ударивший его будет освобожден от наказания. Но при этом он должен компенсировать все убытки.

Что обозначает во внутренней работе человека: «один ударил другого»?

Мы говорим, что человек включает в себя весь мир. Поэтому когда в нем возникает внутренняя война, то он должен быть судьей и очень четко судить, что в нем «за», а что «против», согласно своему уровню, естественно.

Есть высший суд, есть районный суд, областной, городской, – уровни, которые различаются глубиной возникающих проблем.

Есть проблемы, которые решаются просто в разговоре между людьми. Есть такие, которые требуют вмешательства третьей стороны, когда судья говорит, что положено в одном случае, что – в другом.

То есть уже существуют три линии в поведении – такие случаи, которые решаются с помощью привлечения особых высших сил, особых условий.

Тора ведь не предполагает тюрьму. Она считает, что это не только бесполезно, а вредно для человека – ты отрываешь его от общества.

Нет большего наказания, чем вырвать человека из общества, потому что именно там он себя реализует. А если поместить его в изоляцию, то там он будет, как будто мертвый. Поэтому никакой изоляции быть не может. Может быть, отдаление от этого общества и введение его в более низкое общество, более подобное ему.

Есть города-убежища, куда можно убегать, если ты совершил неумышленное преступление. Ты кого-то убил. Или случайно через тебя произошло преступление, но ты при этом совершенно не замышлял ничего плохого.

В таком случае можно спасаться бегством. Были шесть городов, куда люди могли убегать и там жить. Но если они выходили из этого города, то их могли поймать и наказать.

Бегство в другой город было его исправлением?

Да, он изолирован. Предполагается, что если человек, через которого таким образом идет высшее управление, случайно кого-то убил, то он в этом деянии сам, естественно, не принимал участия: с его стороны оно было неумышленным.

НЕТ НАКАЗАНИЯ, ЕСТЬ ТОЛЬКО ИСПРАВЛЕНИЕ

Но внутренне под всеми его мыслями и умыслами, в его природе или в его связи с тем другим человеком, или каким-то иным образом это существовало. Поэтому получилось так, что даже без всякого умысла, но он причинил другому человеку вред или даже смерть.

Эту точку все равно под свет надо подставить?

Да, значит, он должен отдалиться. В этом его исправление. В Торе нет слова «наказание», есть только слово «исправление».

Дальше будут законы, часть из них мы пропустим, часть – пройдем.

Эти законы очень сложные. Их можно разбирать по Книге Зоар, по книге Ари «Врата намерений». В них говорится об очень сложных системах.

Ведь человек представляет собой систему, которая растянута на все мироздание, на все миры. Каждый из нас, как шагреневая кожа, натянут на все миры.

Мы не можем их ощутить, у нас не хватает этих знаний и ощущений. Мы не живем в этом объеме. Мы не можем рассуждать, какое возмущение, положительное или отрицательное, я вношу в эту систему тем или иным своим поступком. Или каким образом эта система взаимодействует со мной, вызывая во мне пустоты, желания, побуждения, и как я должен реагировать на это.

Я должен ощущать всю систему, она должна быть во мне, я должен властвовать над нею, руководить ею. В таком случае можно говорить, отвечает человек за содеянное или нет.

Тогда получается, что на самом деле все законы представляют собой выяснения моего состояния в этой системе, где сейчас я обнаруживаю свою неисправность, то есть свое еще неполное включение. И выяснение, как я должен это восполнить: от одного отдалиться, а к другому приблизиться. Этому я должен заплатить, а с тем как-то по-другому поработать, может быть, где-то приподняться.

В общем, вся жизнь человека, правильно находящегося в этой системе, только в том и заключается, чтобы определить, каким образом мне еще больше «расползтись» по этой системе. Я должен полностью включиться в нее так, чтобы всем своим существом накрывать ее, все пять миров.

Тогда я становлюсь полностью исправленным человеком – об этом говорится. Пять частей Торы рассказывают о том, как я постепенно кругами накрываю полностью все мироздание: мир асия, ецира, брия, ацилут, Адам Кадмон. Все оно находится во мне.

Накрывать – это значит ощущать и полностью взаимодействовать. Оно уже является моим внутренним строением, моей внутренней конституцией.

С одной стороны, очень чувственная картина. А с другой – вдруг возникает сомнение: как возможно простому человеку все это ощутить?!

Глава «Законы»

И сегодня все находится в человеке, только он этого не ощущает. Он ощущает мир вне себя.

На самом деле, когда он захочет почувствовать себя сопряженным со всем миром, он начнет ощущать, что все находится в нем. Так музыкант чувствует музыку изнутри, где-то в солнечном сплетении она в нем говорит.

Так и чувствуется: именно внутренним ощущением.

Но мир – это же масса всяких деталей.

Без всяких деталей. Никому эти детали не нужны! Наоборот, только общее отношение.

То есть идет промывка? Человек как бы должен подставить себя под эту воду? Расслабиться?

Ну, я бы так не сказал. Свет, конечно, только лишь высший свет.

Вы сказали: «Когда он растекается по этим мирам, натягивается, как шагреневая кожа». Очень чувственный момент и сразу возникло ощущение, что это непросто.

Потому что это всё вопреки себе, как будто ты растягиваешься и натягиваешь себя. Вопреки своему животному состоянию.

Здесь надо только лишь понимать, что если ты присоединяешься к Творцу, то смотришь на себя прошлого, как на стоящего против себя. И в таком случае находишься с ним в борьбе. С ним, то есть с самим собой.

Только твоя точка в сердце соединяется с Творцом, а все остальное стоит против тебя, против этой точки. Ты себя ассоциируешь с ней. И тогда начинается борьба только лишь за то, чтобы оторваться от себя. Это всё и значит – натягиваться на Творца, на эту систему.

Тогда падение – это выход из взгляда через точку в сердце?

Да. Падение – это, когда тебя притягивает твое бывшее тело, я бы сказал, псевдотело.

Возврат – это, когда ты возвращаешься, это взгляд через точку в сердце?

Да. Снова ты обращен к Творцу. И снова туда и обратно. Постепенно таким движением ты все больше и больше, в итоге, ассоциируешься, соединяешься, сближаешься, склеиваешься с Творцом.

ГДЕ ЖЕ ЧЕЛОВЕКОЛЮБИЕ?

Продолжаем:

/20/ ЕСЛИ ЧЕЛОВЕК ПОБЬЕТ РАБА СВОЕГО ИЛИ РАБЫНЮ ПАЛКОЙ, И ТОТ УМРЕТ ПОД РУКОЙ ЕГО, ТО ОН ДОЛЖЕН БЫТЬ НАКАЗАН. /21/ НО ЕСЛИ ТОТ ПРОЖИВЕТ ДЕНЬ ИЛИ ДВА ДНЯ, ТО НЕ НАДО НАКАЗЫВАТЬ ЕГО, ИБО РАБ – ЕГО ДЕНЬГИ.

Как Вам это нравится?

В рамках нашего мира ты оцениваешь это с точки зрения этики или демократии.

Вдруг в конце: «Но если раб проживет день или два, то не надо наказывать его, ибо раб – его деньги».

Да. Где же здесь человеколюбие?

Рабом называется свойство, которое уже находится в твоей власти, которым ты уже можешь работать на отдачу.

Но видно, что здесь мы имеем дело с состоянием, когда по каким-то мотивам это свойство не полностью поддается хозяину.

Тогда возникает свойство суда – *дин*, так называемый, то есть необходимо применить силу. Если ты применяешь силу, то что происходит после этого?

Если ты подчиняешь эту силу себе, своему намерению, то все хорошо. Если ты применил слишком большую силу суда (*дин*) без силы милосердия (*рахамим*), то есть неуравновешенную силу суда, тогда ты должен смотреть, привело ли это к смерти. Если это непосредственно привело к смерти, то это неправильный поступок.

Что такое смерть в данном случае?

Смерть в данном случае означает, что ты больше не можешь применять это желание. Мы говорим о желаниях: раб, хозяин, жена, дети, друзья. Это всё желания, сопутствующие моему исконному желанию.

Раб – это желание, на которое у меня уже есть антиэгоистический экран, который уже «мое»? Я справился с ним?

Да. Если я смог использовать это желание по какому-то действию, и оно не аннулировалось, не исчезло от свойства силы (удара, допустим), значит, оно уже было в пользовании. Если оно и исчезает, то исчезает как следствие моего исправления.

Желание исчезло не потому, что я его убил, и оно не может быть больше использовано, а потому, что я его уже использовал. Поэтому оно отмирает, исчезает. Но если оно непосредственно пропадает после свойства дин, значит, я неправильно им пользовался.

Если свое желание я использую под давлением, и оно исчезает – это значит, я его убиваю. Это нехорошо. Если я его использую, и от моего давления оно продолжает реализовываться, то это хорошо.

Если я выдал свойство суда, давления на желание, а после того использовал его хотя бы по одному его действию, и только после этого оно исчезло, значит, все было правильно. То есть оно умерло.

Если оно умерло до этого, значит, мои действия были неправильными, значит, я применил слишком большую силу давления.

Надо смотреть на мою работу, на внутреннюю работу с моими желаниями в зависимости от того, на каком уровне они находятся, и как я их реализую.

В итоге, все желания все равно должны подняться во мне снова, и я должен использовать их на сто процентов на отдачу. Они не должны никуда пропадать, они должны встать и в полный рост работать во мне.

Желания не должны исчезать?

Нет.

Что значит: «Ибо раб – его деньги»?

Это называется имуществом, то есть я включил это желание в себя таким образом, что оно находится в моем полном подчинении.

Я подчинил его так, что оно уже не считается моим рабом, оно находится во мне как стопроцентный партнер.

Это называется «его раб – его деньги»?

Да. Я могу распоряжаться им полностью. Не с помощью давления, как я сделал это, применив силу, а уже рационально и здраво. То есть он идет уже в унисон со мной.

Мы постоянно говорим лишь о намерениях и о желаниях, – ничего больше в человеке нет, никакого тела, ничего!

Человек – это маленький мир, мы говорили об этом уже не раз. Всю раскладку, всё, что мы видим: это панно, весь мир со всеми, кто его наполняет и населяет, – это всё отражение моих внутренних свойств. Если есть что-то в мире, значит, это есть во мне, и я, таким образом, вижу отражение себя.

Так и надо все время себя укладывать, когда читаешь?

Пока ты не убедишься, что это так. Постепенно и мозг, и зрение настроятся настолько, что ты будешь понимать, что это так. Обратись к квантовым физикам, они тебе скажут, что это на самом деле так, к психологам, и они сегодня начинают говорить, что так оно и есть.

ТОЧКА ПЕРЕВОРОТА

Надо составить для себя какой-нибудь словарь, хотя бы для начинающего каббалиста, что такое раб, что такое рабыня?

Нет-нет, ни в коем случае! Это должно начать восприниматься автоматически, внутренне.

В какой момент это прорастает так, что начинает восприниматься? Как лучше просматривать эти передачи?

Когда действует на нас высший свет, постепенно.

Мы говорим о человеке, не обязательно занимающемся, а о том, кто слушает, смотрит эти передачи.

Вот это и действует на него постепенно-постепенно, – ничего больше не надо! Если он будет систематически слушать, смотреть передачи из наших циклов, несомненно, он начнёт это ощущать.

Он начнёт ощущать инверсный мир, чувствовать, как то, что мы воспринимаем вне нас, находится внутри нас. И ему будет просто. Перейти эту инверсию – ничего больше не надо.

Эта точка переворота формируется только временем? Человек просто постепенно постигает – и потом вдруг щелчок происходит?

Да. Так всегда происходит в пограничных зонах: квантовой физике, теории относительности. Человек старается чисто механически, не понимая, как, почему это так. Потом происходит щелчок, и он начинает думать уже в новой системе координат.

В Писании есть такое ощущение, что как только вообще ничего не получается, вдруг на следующий день это случилось. Везде перед этой ступенью, перед щелчком, есть ощущение тьмы?

Тьмы, сумбура, да-да, нервы – все это так. Как будто взбаламутили какую-то тину, воду, всё очень непонятное.

Сумбур – это обязательно часть баланса? Получается, есть тьма, и во время тьмы побег как раз и существует?

Мы находимся в природе. Самое главное – мы никуда из природы не убегаем!

Глава «Законы»

Как это донести? Действительно, это все очень естественно, очень просто.

Мы занимаемся самой естественной наукой, только она и проясняет на самом деле, где мы находимся, как мы живем, как все воспринимаем.

Как донести? Я об этом говорю уже, наверное, лет сорок.

Но надо, чтобы это было естественно и просто. Если у человека нет к этому предрасположенности, то никак ты его не уговоришь. Но если где-то это начинает в нем пробиваться, он не нуждается в словах, он своим нюхом, как животное, чувствует: «Вот это касается меня». И будет крутиться, пока все равно не найдет и не войдет.

Когда Вы объясняете и чувствуете, что люди не понимают, например, «Талмуд Эсер Сфирот»[1]?

И все равно Вы продолжаете, потом даете что-то полегче. Но при этом ощущаете, что они не понимают. Говорите: «Не важно», – и продолжаете.

У Вас есть желание донести, чтобы понимали?

Разница между человеком, который это все прошел, и теми, кто со стороны смотрят, огромна. Я по себе знаю, насколько тупо я смотрел на своего учителя. Как щенок преданно смотрит на человека и не понимает, что тот хочет от него.

Так продолжалось много времени.

---

1   «Талмуд Эсер Сфирот» или «Учение Десяти Сфирот» – фундаментальный труд Бааль Сулама, основной учебник по каббале, раскрывающий полную картину мироздания.

И РАБАШ продолжал и продолжал, не обращая внимания на то, что его не понимают?

Да. Ты прекрасно знаешь мой характер, насколько я нетерпелив.

Но все, что касается того, чтобы сопровождать, вести человека по его духовному пути, тысячу лет я могу так сидеть со всеми! Никогда у меня не будет никаких признаков нетерпения!

Это я вижу. Уже сто пятьдесят или двести раз задается один тот же вопрос, и Вы по-прежнему продолжаете и продолжаете его объяснять. Это путь?

Да, да. Потому что я вижу за каждой минутой такого поведения происходящее исправление.

Человек не чувствует при этом ничего, но в нем уже крутятся эти шестереночки и наматывается изменение. Цифра еще не проскочила на счетчике, не сменилась, но внутри него уже происходят изменения. Ощущая их накопление, этот аккумуляционный процесс, я к нему отношусь спокойно. Вижу, что я работаю.

У Вас нет желания упростить что-то сложное? Вы считаете, что так и должно быть?

Я не могу упростить, потому что то, что я делаю, идет в соответствии с внутренней структурой человека.

Тут ничего я не могу сделать. Я здесь как хирург, который вскрывает больной орган, видит, что происходит, и в соответствии с этим работает. У меня нет другого выхода, и поэтому есть терпение.

Вы говорили, что восьмой том Книги Зоар привел массу людей. Неужели нельзя добавить объяснения, как

страдания, через которые проходишь, поднимают к соединению «роза»?

Она очень чувственная – эта часть Зоар. Но это будет потом – я не хочу обгонять автора.

Надо идти с текстом, объяснять, усваивать буквально каждое предложение в том виде, объеме, чтобы каждый раз, последовательно, как «змея одевается на жертву», заглатывать это в себя. Тогда все получится.

Для меня Книга Зоар – это Книга, там много всего можно получить!

Это самая высокая часть, полет каббалы.

Вы ее с РАБАШем учили. Он же Зоар, как Вы говорите, не объяснял.

Он ничего не объяснял, никому не преподавал и эту часть вообще ни с кем не читал.

Да, но он объяснял ее Вам, Вы с ним сидели.

Со мной лично, да, он занимался.

Как, интересно? Вы записывали тогда или нет?

Нет, ничего нельзя было записывать. Ничего! Во-первых, это были дни траура. Во-вторых, когда ты записываешь, в тебе внутри не записывается.

Я хочу с учениками проводить различные виды занятий, не по Книге Зоар, а по другим книгам. Я за то, чтобы, кто хочет, пускай пишет, кто не хочет – не пишет. По-разному приходит человек к изучению каббалы. Но все должно записаться на сердце, на желаниях.

ОТКРЫТЬ ГЛАЗА, ОТКРЫТЬ СЕРДЦЕ

Как подходят к желаниям? Я подходил через очень трудный путь: через науку, через силы, графики, векторы, таблицы – это длинный путь. Но для меня другого не было, так я устроен.

Я помню, еще моему отцу жаловались, что химические задачи я решал математикой, а не химией. Например, мы знаем, что перекись водорода с окисью кислорода и еще что-то реагирует вот таким образом и получается то-то и то-то. А я не понимал этого и не мог запомнить. Я решал все это с помощью количества электронов, которые существуют на внешней орбите.

Да, не мог по-другому видеть! Сегодня это называется физической химией или химической физикой. Я решал математическим методом.

И поэтому, когда я изучал каббалу, то, в первую очередь, если у меня не было бумаги и карандаша, вспомогательных инструментов, если я не мог систематизировать это в таблицу, в словарь, то для меня этого не существовало.

А на самом деле каббала – она ведь не такая. Тут человек должен открыть рот, открыть сердце, открыть уши, глаза – открыть так, чтобы это через все ощущения входило.

Какая подготовка для этого должна быть? Ведь чтобы открыть рот, ты должен быть готов к этому.

Есть люди, которые таким образом воспринимают мир. Но проблема в том, что эти люди очень неглубоки, и поэтому то, что они схватывают, они схватывают поверхностно. И на этом – всё.

А здесь ты сопротивляешься, кроме «ах!», ты должен включить мозги. И когда у тебя этот «ах» происходит через осознание, оно проходит очень большое сопротивление. Я бы сравнил его с индукционным сопротивлением. Проходит ток по тору, и происходит накопление. Такое импульсное накопление, что я прямо чувствую, как это работает, как какие-то внутренние контуры. Это тебя формирует.

Эта совершенно новая формовка, которую ты получаешь, тяжелая, потому что предыдущую форму надо разбить, вплоть до бесформенной массы. Сделать из этого мясо, которое собрано во всех внутренних своих структурах тщательно и работает здорово, но эгоистически.

Предыдущую форму надо разбить в бесформенную массу и начать создавать из нее новую форму. И все это с осознанием, что желательно тебе самому это сделать в усилии над собой и настолько, что ты об этом начинаешь просить.

Боль не уходит, не прекращается, но ты ее нейтрализуешь высшим предназначением. Это похоже на то, что человек сам себе делает операцию. Я не хочу пугать людей, но в нашем осознании это должно происходить так.

Непросто подойти к тому (требуется время, много времени!), что человек начинает ассоциировать себя с Творцом и видеть перед собой свой эгоизм. И он начинает радоваться, что по эгоизму, который против него, проходят всевозможные токи, цунами, ураганы.

И они его сглаживают, бьют, месят, перемалывают, превращая снова как бы в прах так, что из него ничего нельзя сделать, кроме первоначального состояния.

Если он смотрит со стороны, он испытывает боль при этом?

Если он испытывает боль, значит, он не присоединился к Творцу. Это показатель! И когда это все перемелется: «Из праха ты и в прах вернешься», – тогда из этого праха создается уже Адам. Создается человек по совершенно новой внутренней структуре. Вот это мы должны пройти.

Возможно, когда-нибудь мы выберем отсюда десяток человек, уйдем куда-нибудь в пещеру и будем этим заниматься.

Я бы хотел все-таки выяснить, если сразу Вы не записывали «Предисловие», то потом возвращались домой и записывали? То есть Вы пропускали его уже через себя?

Не записывал, нет. Я не мог записывать, этого нельзя делать. Когда ты выходишь и записываешь, это можно, как делал РАБАШ с «*Шамати*» («Услышанное»).

Но здесь надо было действовать по-другому. Насколько открылся, насколько тебя это наполнило. Так оно и получилось.

Восьмую книгу Вы писали практически без записей?

Там было ясно. Мы сейчас будем проходить и увидим, что восьмая книга, хотя и базисная, но она неглубокая. Я не писал ее в свете Книги Зоар, чтобы была чувственность внутренняя, рассчитанная на особых людей. Восьмая книга – народная.

Она, может быть, соединила в себя все предыдущие книги. Она как есод такой, все всегда соединяющий. Была пятая книга «Предисловие к науке каббала». До этого четвертая книга, русская «Шамати» – «Услышанное». И вдруг все это вошло в восьмую книгу, по моему ощущению.

Глава «Законы»

«*Шамати*» я тоже не мог передать. Я написал четвертую книгу, но это же не «*Шамати*».

Это нечто пропущенное через себя, потому что я не мог перевести «*Шамати*» в таком виде, как оно есть. И даже убрав из него всякие «ивризмы» и ультраортодоксальные изречения, – всё равно ничего бы не передалось. Поэтому я написал в художественном виде, в виде рассказов, переживаний.

Вы облачились в человека с точкой в сердце и провели его?

Да, иначе, не мог бы ничего сделать. Так что это – пусть не «*Шамати*», но адаптация «*Шамати*», первая адаптация к человеку.

Но и то же самое, я думаю, восьмая часть. Если в «*Шамати*» я хотел передать внешнему человеку чувственность, то в Зоар хотел ввести его в систему. Поэтому там очень много именно системного.

Как сейчас Вы хотите ее преподавать?

Сейчас, наоборот, я хочу от той системы, которая излагается, указать человеку, где она в нем, чтобы он внутри себя ее почувствовал, нашел. Чтобы эти чувства он сумел садаптировать, сориентировать, связать адекватно с определениями, названиями, с теми мерами, которыми оперирует Книга Зоар.

Как потом добавится к этому ТЭС – «Талмуд Эсер Сфирот»?

Вся структура «ТЭС» будет внутри.

У нас получится подготовка к «Введение в Книгу Зоар», «Предисловие к Книге Зоар», «ТЭС», который входит

внутрь. **Последняя часть будет складываться из того, что мы начинаем объяснять мир** в **более простой форме?**

Да, движение в актуальность.

Мы завершили недельную главу Итро и в то же время увидели выход из нее к миру.

ГЛАЗ ЗА ГЛАЗ, ЗУБ ЗА ЗУБ

Мы остановились на недельной главе, которая называется «Законы». И каждый закон надо рассматривать отдельно.

Если мы начнем заново их проходить, то увидим то же самое по-новому. Так что пойдем дальше, и все равно мы не раскроем полностью ни один из законов – только немного тронем их с какой-то стороны. И это будет только одна из многих вариаций, открытий и связей.

Потому что это интегральная система. Чего бы мы ни касались: тут копнешь, там за ниточку дернешь, – и ты можешь рассказывать все заново. Потом – другую ниточку, и все совершенно по-другому ложится. Абсолютно другой взгляд.

Тогда в чем же закрытость, а в чем – «круглость», интегральность?

Закрытость идет на другой частоте. А интегральность вообще невозможно выразить! Потому что невозможно ее отразить линейно, плоско в наших словах, в нашем языке и в сознании! По Козьме Пруткову: «Нельзя объять необъятное».

ГЛАВА «ЗАКОНЫ»

Нельзя объяснить, нет слов. Ты говоришь: полнота, совершенство, бесконечность, цельность – невозможно объяснить, в чем, относительно каких свойств. Начинаешь разбирать – значит, это уже дифференциация, а не интеграция.

Что касается отдельных частей: как только начинаешь нарезать их словами и ставить в предложения, так потом объединить не сможешь.

Вы сейчас проводите в мир систему интегрального воспитания. Чего Вы ждете от этого?

Я не знаю, смогу ли я ввести это в мир. Косность и тупость мира (я говорю это не в плохом смысле слова) – это то состояние, в котором находимся мы все и я, в том числе. Из таких самых низких условий я не думаю, что смогу ввести это в мир. Это уже после меня. Моя мечта – просто выложить, что есть, насколько это возможно.

Именно интегральное воспитание?

Интегральное воспитание, и не только. Интегральное земное объединение – это миру. Интегральное объединение духовное – моим ученикам. Хотя бы теоретически.

Одно связано с другим?

Связь возникает в работе. Но чтобы физически это обрело какую-то реализацию – этого я пока не представляю. Мир должен пройти потрясения.

Мы продолжаем. Здесь есть очень известные вещи, о которых желательно, чтобы мир услышал.

Закон такой:

/22/ И ЕСЛИ БУДУТ ДРАТЬСЯ ЛЮДИ, И УДАРИТ ОДИН ИЗ НИХ БЕРЕМЕННУЮ ЖЕНЩИНУ, И ТА ВЫКИНЕТ, НО ОПАСНОСТИ НЕ БУДЕТ ДЛЯ НЕЕ, ТО ЕГО СЛЕДУЕТ НАКАЗАТЬ, ВЗЫСКАВ С НЕГО ДЕНЬГИ.

Две противоположные силы в человеке начинают воевать между собой за самого человека настолько, что убивают в нем зародыш следующей ступени. В таком случае они должны возместить, но не материально, не физически, потерю следующей ступени, которая сейчас временно наступила. Своим возмещением они должны обязательно восполнить и привести снова к тому же состоянию.

Это проблема, которая, кстати говоря, постоянно встречается на переходах с одной ступени на другую.

Все время происходят столкновения и возможность выкидыша? Поэтому женщина не погибает, а случается выкидыш? Говорится, что она может еще родить потом?

Конечно. Происходит падение.

Потом они смогут продолжить. Вообще я даже не думал об этом, а сейчас одним предложением Вы так все перевернули. И сразу пошла глубина сумасшедшая!

Это то, что у нас постоянно происходит.

Следующий очень известный закон. Весь мир его знает и говорит, что это евреи всё изобрели.

/23/ ЕСЛИ ЖЕ СЛУЧИТСЯ НЕСЧАСТЬЕ, ТО ОТДАШЬ ДУШУ ЗА ДУШУ; /24/ ГЛАЗ ЗА ГЛАЗ, ЗУБ ЗА ЗУБ, РУКУ ЗА РУКУ, НОГУ ЗА НОГУ, /25/ ОЖОГ ЗА ОЖОГ, РАНУ ЗА РАНУ, УШИБ ЗА УШИБ.

Обязан возместить! Причем не просто возместить. Тут человеку тяжело смотреть линейно, эгоистически, на то, что пишется в Торе.

Вся Тора говорит только лишь об объединении людей. Поэтому общий интегральный образ, который называется Адам, то есть подобный Творцу, строят все, абсолютно все. Хотим или не хотим, все мы являемся участниками строительства этого огромного исполина.

Эксперимента?

Эксперимент – это получится или нет, а здесь получится наверняка. Просто наше участие в этом строительстве должно происходить по инструкции, которая называется Тора, от слова *ораа* – инструкция.

Здесь и вообще в Торе говорится о том, что если человек ошибается, то каким образом он может исправить себя, все ошибки, решить все проблемы.

Как пишет любая инструкция, ты должен делать то-то и то-то. Если не получается или где-то случаются ошибки, то в конце есть *troubleshooting* – поиск и исправление неисправностей. Это то, что тебе дается.

Указания о поражении глаза, руки, ноги, еще чего-то – тут имеются в виду связи между людьми на уровнях десяти *сфирот*.

Связи, мешающие соединению?

Да, но в более подробном виде, так они и описываются: «Должен восполнить любое поражение».

ЗАКОНЫ ЦАРЕЙ

Что значит, «если случится несчастье»?

Это значит, ненамеренное поражение.

Если человек упал и намеренно, по злости, то есть своим эгоистическим движением нанес вред общему построению интегральной системы, общему исправлению, то в этом случае действуют другие законы.

Да, там сразу о смерти говорится. Мы сейчас это прочтем, кстати:

/23/ ЕСЛИ ЖЕ СЛУЧИТСЯ НЕСЧАСТЬЕ, ТО ОТДАШЬ ДУШУ ЗА ДУШУ.

Что такое «отдашь душу за душу»?

Смотря на каком уровне: *нэфеш, руах, нешама*. Должен просто восполнить.

Глаз за глаз – это тоже уровень? Зуб за зуб, ногу за ногу, ожог за ожог? Напрямую воспринимается миром, что это евреями введено было?

Вся Тора воспринимается миром на земном уровне. Из нее делают всякие верования.

И уже тысячелетия мучаются с этим. Если уж мы говорим о земном применении, то говорится, что нет рабов, и нет господ.

Абсолютно все равны перед законом. В первую очередь! То есть ты говоришь об обществе, которого сегодня даже нет.

Сегодня – подкупы, адвокаты. Дай деньги – можешь делать всё, что хочешь, тебя вытащат.

Глава «Законы»

Даже на этом поверхностном уровне – какая глубина снова.

Это действительно так, тут не говорится «раб», «хозяин».

Все равны. Я даже не знаю, что тут говорить.

Если ты почитаешь, допустим, «Законы царей» РАМБАМа, то увидишь, насколько больше царь обязан по сравнению с простым человеком, сколько к нему добавляется обязанностей. А сколько ему запрещено! Царю!

Но это имеет отголоски и сейчас. Например, Вы говорите о королеве Англии – сколько у нее обязанностей.

Ну, это должность обязывает, этикет. А мы говорим о моральном уровне, об обязанности на духовном уровне.

Идем дальше. Немножко берем от каждого закона. Вот о чем сейчас поговорим:

/28/ ЕСЛИ ЗАБОДАЕТ БЫК МУЖЧИНУ ИЛИ ЖЕНЩИНУ НАСМЕРТЬ, ТО БЫК ПУСТЬ БУДЕТ ПОБИТ КАМНЯМИ, И ПУСТЬ МЯСА ЕГО НЕ ЕДЯТ; А ХОЗЯИН БЫКА НЕ ВИНОВАТ. /29/ НО ЕСЛИ БЫК БЫЛ БОДЛИВ И ВЧЕРА, И ТРЕТЬЕГО ДНЯ, И ПРЕДУПРЕЖДАЛИ ХОЗЯИНА ЕГО, НО ТОТ НЕ СТЕРЕГ, И УБЬЕТ БЫК МУЖЧИНУ ИЛИ ЖЕНЩИНУ, ТО БЫКА ПУСТЬ ПОБЬЮТ КАМНЯМИ, А ХОЗЯИН ЕГО ПОДЛЕЖИТ СМЕРТИ.

Потому что это – его животное, которому он дал разойтись в нем.

Его животное, которому хозяин дал разойтись, зная, какое оно? То есть получается – намеренно.

Если хозяин не знал, какое оно, то он не виноват?

Да, то есть идет от Неба. Дали такой импульс света, что он не смог ничего сделать, провели через него какую-то линию.

Когда убивают человека, одного через другого, то и ненамеренный убийца тоже в чем-то виноват: почему-то это сделали через него, а не через другого.

Случайное через него провели, то есть в чем-то другом он виноват, но не в том, что злоумышленно произвел это действие. Но если это уже заранее известно по нему, то тогда – всё. И отсюда исходит очень много законов.

То есть, если бы хозяин знал, что природа быка бодлива, и убил бы его?

Да. Допустим, женщине, если у нее умирают два мужа подряд, запрещено третий раз выходить замуж.

Да? Есть уже какой-то закон?

Прецедент. Абсолютно явный!

Из этого вообще массу выводов можно сделать.

Если человек еще не знает, что он эгоист, если он живет своей нормальной земной жизнью, – что с него взять, по большому счету? Но если человек знает, начинает изучать законы, постигает?

Тора не говорит о тех, которые ничего не знают и живут нормальной земной жизнью.

Они находятся на животном уровне – с них ничего не спрашивают. Они управляются сверху без всяких вопросов. В своей жизни они знают только то, что знают, и поэтому нет тут ни свободы воли, никакого отношения от них обратно к управляющей силе.

ГЛАВА «ЗАКОНЫ»

Вся Тора говорит о том, каким образом человек может подняться до уровня управляющей силы и сам собою управлять.

Если человек знает, какая в нем природа и все-таки умышленно совершает эгоистические поступки, то тогда он подлежит смерти? Правильно это?

Здесь уже намеренное движение, когда человек знает, как страшна его природа.

Конечно. Он должен заботиться о своем исправлении.

Иначе смерть?

Что значит в таком состоянии «смерть»? Имеется в виду, что если одно действие повторяется два раза, то на третий раз оно исключает этого человека из жизни – имеется в виду на этой ступени – и бросает его на более низкую ступень. Значит, ему надо там исправлять весь есод – всю основу.

НОЧНОЙ ВОР

Еще один закон, непростой и какой глубокий! Дальше я выбрал о ворах:

/1/ ЕСЛИ ВО ВРЕМЯ ПОДКОПА ЗАМЕЧЕН БУДЕТ ВОР И ПОБИТ БУДЕТ ТАК, ЧТО УМРЕТ, ТО НЕ БУДЕТ НА УБИВШЕМ ВИНЫ ЗА ЕГО КРОВЬ. /2/ НО ЕСЛИ СИЯЛО НАД НИМ СОЛНЦЕ, ЛЕЖИТ НА УБИВШЕМ ВИНА ЗА ЕГО КРОВЬ.

Я все думаю, как это представить. Когда светит солнце, светит свет, – это понятно. Лежит вина на том, кто убил, даже если убитый – вор.

Кто такой вор? Наш эгоизм. Что он делает? Он все время пытается сделать подкоп изнутри человека, урвать себе.

Если он делает это неосознанно, ночью, то есть когда человеку всё представляется неявно, неясно, тогда человек имеет право убить этого вора, потому что таким образом происходит его исправление.

Если «светит солнце», то ты не должен его убивать, ты должен его исправлять. И если ты к нему относишься неверно, то падаешь с этой ступени, то есть умираешь, – убивают тебя.

Ты не имеешь права его умертвлять, потому что должен сделать исправление с этим вором – с твоим эгоизмом. Должен исправить его на альтруистическое действие, а не просто убить.

Если у тебя есть осознание, что ты можешь исправить, ты обязан исправить?

Есть два больших периода исправления, или две части в каждом действии. Человек из-за своего эгоистического состояния переходит в нейтральное. Это называется «не делай другому того, что не желаешь себе», то есть нейтрально – ни мне, ни тебе.

Затем второй период – «возлюби ближнего, как себя»: ты делаешь другому добро, которое сделал бы себе, желал бы себе.

Если ночью человек действует так, что он еще не готов к настоящему исправлению, нет в нем сил, но он с этим эгоизмом борется, он имеет право его убить, то есть нейтрализовать – у меня его нет.

Если человеку даются силы, то есть день – светит высший свет на него, то он должен его исправлять, а не

ГЛАВА «ЗАКОНЫ»

убивать. Если человек его убивает, то есть не выполняет то действие, которое может сделать, то этим он умерщвляет себя. Он падает на более низкую ступень – это называется, что его убивают.

Понятно абсолютно. Я сначала думал чуть пропускать, сейчас не хочу ничего пропускать.

Мы так можем заходить в каждое предложение – это же бесконечно. Что люди будут из этого учить?

Но объяснения совершенно разные – разные уровни! Человек ощущает еще и еще раз, что это такое.

Дальше о пожарах:

/5/ ЕСЛИ ЗАЙМЕТСЯ ОГОНЬ И ОХВАТИТ КОЛЮЧКИ, И СГОРИТ ХЛЕБ НА КОРНЮ, ИЛИ КОЛОСЬЯ, ИЛИ ПАШНЯ, ТО ПЛАТИТЬ ДОЛЖЕН ВЫЗВАВШИЙ ПОЖАР.

Ну, это естественно. Нет ничего другого!

Что значит, «займется огонь», «охватит колючки»?

Имеется в виду, что произведено совершенно непредумышленно.

Что значит, вызвать пожар и сжечь необходимое?

Есть свет, который лечит. Есть свет, или огонь, который убивает. Это понятно, это как в нашем мире. Это свойство суда без свойства милосердия.

Без свойства милосердия – это пожар? Значит, должно быть свойство милосердия, которое уравновешивает свойство суда?

Да. Когда ты тот же огонь держишь в правильном направлении, ты уравновешиваешь все силы, ограничиваешь его.

Дальше об обольщении:

/15/ И ЕСЛИ ОБОЛЬСТИТ ЧЕЛОВЕК ДЕВУШКУ НЕОБРУЧЕННУЮ И ЛЯЖЕТ С НЕЙ, ТО ДОЛЖЕН ДАТЬ ЕЙ ПРИДАНОЕ И ВЗЯТЬ ЕЕ В ЖЕНЫ. /16/ ЕСЛИ ОТКАЗЫВАЕТСЯ ЕЕ ОТЕЦ ВЫДАТЬ ЕЕ ЗАМУЖ ЗА НЕГО, ТО ДА ОТВЕСИТ ТОТ СЕРЕБРА СТОЛЬКО, СКОЛЬКО ДАЮТ В ПРИДАНОЕ ДЕВУШКЕ.

Что значит, «человек обольстит девушку необрученную и ляжет с ней»?

Это такое эгоистическое желание в нем, которое он не может правильно использовать. Относительно него она еще считается девушкой, не могущей принадлежать ему. Он обольщает ее, то есть получает в этом желании определенное наслаждение, на которое не имеет права, потому что оно не ради отдачи.

Поэтому человек должен заплатить, то есть возместить экран – ту часть действия, которую не совершил. Если бы он заранее заплатил за эту девушку, то есть был бы у него экран, чтобы серьезно работать с этим желанием, тогда он мог бы ее взять.

Тогда он может выдержать это эгоистическое наслаждение? Но в данном случае, что это будет?

Это приданое, но серьезное приданое! Не просто так. Так как, допустим, подписывается в брачном контракте: квартира, большой дом, драгоценности, одежда.

Глава «Законы»

При этом, нарушив контракт, он может свободно попасть в рабство и продаться кому-то на десять-пятнадцать лет по решению суда.

Хороший закон был бы, если бы в наше время так прописывали.

СУМАСШЕДШИЕ ДЕНЬГИ ЗА РАЗВОД

Семьдесят процентов разводов в нашем мире, а Вы предлагаете такой закон. Из страха люди не разводились бы в результате.

Нет. Тут говорится о соблазнении.

А то, что пишется в хупе? Мы сейчас коснулись этого.

Да, и там то же самое, а как же.

Сколько платят за нее – сумасшедшие деньги подписывают.

Нечего сумасшедшие деньги писать, надо писать то, что ты в состоянии выполнить, относиться здраво к этому документу, а не как к какому-то обычаю.

Мне делал хупу рав Кук – знаменитая личность. Мы с женой были в гражданском браке, уже был сын. Так рав Кук говорит: «Напиши тридцать тысяч лир», – это было еще в то время. Я ему: «Ну, как это?! Миллион». Он говорит: «Надо писать столько, сколько сможешь».

Тридцать тысяч в то время (я зарабатывал тысячу в месяц) – это было тридцать зарплат для меня.

Да, но это тоже не худо. Рав Кук серьезно относился к этому. Спокойно.

Да. И на самом деле это правильно.

Когда говорится: «Обольстит человек девушку необрученную и ляжет с нею», то должен дать ей приданое и взять ее в жены. Если он обольстит девушку, значит, он принимает на себя эгоистическое наслаждение, которое не может принять. Правильно?

Конечно, это серьезное преступление в духовном виде, потому что происходит взаимодействие с кли, которое сейчас тебе совершенно не подходит.

Говорится не о том, что человек находится во власти своей страсти, как в нашем мире.

Говорится о том, что ему кажется, что он в состоянии правильно поступить с этим желанием, он может произвести с ним какое-то действие отдачи. И потом обнаруживается, что нет, не смог. Тогда он обязан ввести дополнительное исправление и начинать работать с этим свойством отдачи.

Вы хотите сказать, что это тоже неосознанно происходит, если обольстит человек девушку?

Нет, я не думаю, что это намеренное обольщение. Хотя может быть и так тоже. И есть разные случаи – это ведь жизнь. Духовная жизнь намного более сложна, чем наша жизнь, в ней есть огромное количество вариантов.

Человек подчас начинает действовать и только потом осознает качество своего действия: осознанное или неосознанное, разврат или совращение, незнание или непонимание. А может быть доброе намерение, и вдруг оказывается, что не в твоих силах его реализовать, и оно переходит в разряд нарушений.

Принцип понятен. Используется сосуд, который ты не должен был использовать, который ты просто не выдержишь.

Да. Всё – работа с желанием! И ничего здесь больше нет. Чего бы ты ни касался в Торе, – все это исправление желаний, которые называются: дом, дерево, женщина, мужчина, скот, башня и так далее.

И все человеческие желания состоят из неживой, растительной, животной, внутренней человеческой природы.

Поэтому есть пашня, бык...

Да, да. В таком аллегорическом образе всё и объясняется.

Мы сегодня далеко продвинулись. А впереди еще много очень интересных законов. Следующий, например: «Колдунью не оставляй в живых»

Гороскопы по радио и по телевидению – везде. Кто может сказать что-то против, кто знает, на самом деле, как, насколько эти люди приносят в мир зло?! Мы же не знаем. Нам иногда кажется, ну, погадал чего-то там человек.

Но в законе говорится не о нашем животном мире?

Нет, нет. Но все равно в нашем мире человек должен идти, просто зная, что, в итоге, все зависит от него.

НАДЕНЬ ОЧКИ И ПРОВЕРЬ

Мы говорили, что каждый закон, сказанный три с половиной тысячи лет назад, так или иначе вошел в жизнь. Вот один из очень интересных законов:

/17/ КОЛДУНЬИ НЕ ОСТАВЛЯЙ В ЖИВЫХ!

Речь идет о внутреннем мире человека. Если мы говорим, что человек представляет собой весь мир, что весь мир отображается в нем, то под словом «колдунья» имеется в виду наше свойство. Каждый из нас желает во что-то верить. У каждого есть какие-то сказки, он тянет с собой из детства и, может быть, из глубины веков какие-то дремучие установки, представления, верования.

На самом деле всему этому нет места в мире. Каббала считает, что мир является абсолютно материальным, и духовность мира – такая же материалистическая. Мы должны относиться к ней абсолютно реально – можем работать только с тем, что постигаем. То есть принимать во внимание только те законы, те свойства, которые раскрываем в мире.

Каббалисты раскрывают свойства более глубокие, чем ученые. Они с ними работают. И у каббалистов все свойства также проходят испытание, проверку, повторение, анализ, синтез. Все знания складываются вместе из поколения в поколение. Каждое поколение их проверяет и идет дальше, раскрывая природу всё глубже и глубже.

Здесь верованиям места нет. Никаким заблуждениям места нет. И отношение к миру чисто научное, как указано в главном законе исследования: «Нет у исследователя более, чем видят его глаза», – имеется в виду инструменты исследования. Поэтому говорить о всяких верованиях, вообще о вере абсолютно запрещено!

В каббале верой называется свойство отдачи, когда человек выше своего эгоистического свойства «всё получать и получать» делает усилие и приходит к свойству отдавать.

Глава «Законы»

Вера – это свойство отдачи, которое я приобретаю?

Да. Свойство отдачи называется верой. То есть совершенно не то, что обычно имеется в виду.

Что значит: «Колдуньи не оставляй в живых»?

Человека, который верит в неестественные, абсолютно нереальные явления.

Когда вы говорите «реальные», то имеете в виду реальность материального мира?

Я говорю о той реальности, которая может наблюдаться, повторяться другими людьми в разные эпохи. В таком случае она является чисто научным доказываемым явлением, то есть фактом. Кроме фактов, мы ни на что не опираемся!

Тут, конечно, и масса вопросов возникает. Например, говорят нам: «Докажите. Покажите»?

Ничего нельзя ни доказать, ни показать. Если я не вижу, и у меня нет очков, а у тебя есть, и ты говоришь: «Вот там стоит шкаф», – то я могу тебе верить? Это не доказуемо относительно меня.

Я должен приобрести какие-то свойства, с помощью которых смогу доказать или опровергнуть то, что ты говоришь. В ином случае то, что ты мне говоришь, для меня абсолютно не существующие вещи. Для каждого человека вселенная существует в том или ином виде в объеме его постижения.

Если Вы что-то объясняете человеку, то говорите ему: «Ты должен это проверить и не обязан мне верить»?

Нет, я ему ни в коем случае не навязываю эту картину! Я говорю человеку даже не то, что есть, не то, к чему он придет, потому что это он сейчас все равно не увидит. Допустим, он не знает, что такое шкаф, он его никогда не видел, поэтому я говорю человеку, каким образом постичь, расширить свои рамки постижения. Только этим и занимается каббала.

Отсюда и название: каббала – от слова получать всё большую информацию, расширять ее. Каббала говорит только о создании внутри человека новых средств постижения, а постигает он сам.

Пойдем дальше.

/18/ ВСЯКИЙ СКОТОЛОЖЕЦ ДА БУДЕТ ПРЕДАН СМЕРТИ.

Соединение между женской и мужской частью необходимо для постижения Высшего мира. Мужская часть является средством, намерением отдавать, женская – желанием получать. Они должны соединяться между собой на определенном уровне в соответствии со своим сочетанием.

Не просто каждая мужская часть может брать любую женскую часть. Здесь между ними есть определенные условия коммуникации, коммутации: как, насколько они подходят друг другу.

Не может мужская часть подходить животному или животная часть женскому. Это просто невероятно, потому что разница между ступенями такая, что из таких вещей ничего не получится. Это действует так же, как мы говорим о разнице в информационных записях. Такого не может быть.

То, чему нет духовного продвижения, предается смерти?

Да. Только ради духовного продвижения и существуют все законы и ограничения.

Что заставляет прийти к скотоложству? Это – неестественное соединение?

Они могут быть естественными на животном уровне, когда люди живут с животными. В нашем мире – это гормональный сбой или какие-то дурные отклонения. Хотя это может быть не только отклонением, а и определенной культурой человека.

Соединение с животным – что это значит внутри человека?

Внутри человека – это соединение между его еще неподготовленной животной частью и *малхут*, которая находится на третьем уровне.

Есть неживая, растительная, животная природа, и есть человек внутри нас. На уровне человека должны сочетаться мужская и женская линии, а не мужчина с животным или женщина с животным. Не получится из этого соединения никакого духовного продвижения.

Ничто не родится из этого?

Да. Это не то кли.

ТЫСЯЧУ РАЗ УПАДЕТ ПРАВЕДНИК

Сейчас следуют такие законы, которые стоит обсудить…
/19/ ПРИНОСЯЩИЙ ЖЕРТВЫ ИДОЛАМ ДА БУДЕТ ИСТРЕБЛЕН – ТОЛЬКО ЛИШЬ БОГУ СЛЕДУЕТ СЛУЖИТЬ.

Жертвой называется курбан – от слова *каров, леиткарев* – приблизиться. Жертвой называется то, что я беру свой эгоизм и жертвую им для того, чтобы приподняться над ним.

Если я это делаю во имя того, чтобы прийти к свойству отдачи, то тогда это движет меня вперед. Если я делаю это, чтобы, наоборот, получить, – это называется идолом. Тогда изначально мне это запрещено.

Почему я так делаю, если это запрещено духовными законами?

Потому что я получаю при этом эгоистическое наслаждение.

На любом духовном уровне у человека есть возможность оступиться и поступать против, ведь он должен обладать свободой воли.

Это не только возможность, но и необходимость оступаться на каждой ступени?

Нет. Оступаться можно не в этом.

Оступаться – имеется в виду: я оступаюсь, но не падаю. Падение тоже относительное: меня сбрасывают со ступени, чтобы я научился и поднялся еще выше, или состояние, когда я сам намеренно падаю. Я просто отказываюсь и падаю.

Сказано, тысячу раз упадет праведник и встанет. Праведник, если он движется вперед, то всегда будет падать и вставать, падать и вставать. Ему подставляют подножку специально, чтобы он научился идти вперед. Если он сам заранее такое падение готовит, тогда вперед от этого не пройдет, не получит никакого продвижения.

ГЛАВА «ЗАКОНЫ»

Следующий закон – тоже очень важный:
/20/ И ПРИШЕЛЬЦА НЕ ПРИТЕСНЯЙ И НЕ УГНЕТАЙ ЕГО, ИБО ПРИШЕЛЬЦАМИ ВЫ БЫЛИ В СТРАНЕ ЕГИПЕТСКОЙ.

Даже тогда, когда у тебя раскрываются новые и новые желания, причем эти желания эгоистические, новые «в твоей земле». Если в твоем исправленном состоянии появляются новые, еще не исправленные тобой желания, то ты должен не отметать их, не делать на них сознательно сокращения и не принимать их. Наоборот, ты должен помогать им восстановиться. Это называется «пришелец».

«Ибо пришельцами вы были в стране египетской». Потому что ты сам таким был?

Да.

Продолжаем:
/21/ НИ ВДОВЫ НИКАКОЙ, НИ СИРОТЫ НЕ ПРИТЕСНЯЙТЕ. /22/ ЕСЛИ КОГО-ЛИБО ИЗ НИХ ТЫ БУДЕШЬ ПРИТЕСНЯТЬ, ТО КОГДА ВОЗОПИТ ОН КО МНЕ, УСЛЫШУ Я ВОПЛЬ ЕГО, /23/ И ВОЗГОРИТСЯ ГНЕВ МОЙ, И УБЬЮ ВАС МЕЧОМ, И БУДУТ ЖЕНЫ ВАШИ ВДОВАМИ, А ДЕТИ ВАШИ СИРОТАМИ.

Что такое: сироты, вдовы?

Незаконченные сосуды – незаконченные инструменты для продвижения вперед, незаконченные желания, еще неисправленные полностью или не имеющие своей половины, контакта для того, чтобы приподняться.

«Не притесняйте» – что это означает?

Не притеснять – то есть ни в коем случае не оставлять их, а надо полностью всегда помогать им, чтобы собрать все вместе. Говорится о том, как человек внутри себя собирает все свои желания, намерения, свойства в одно целое, которое будет называться душой. В этом раскрывает духовный мир.

Вот очень важный, по-моему, закон:
/24/ КОГДА ДЕНЬГАМИ БУДЕШЬ ССУЖАТЬ НАРОД МОЙ, НЕИМУЩЕГО, КОТОРЫЙ С ТОБОЙ, – НЕ БУДЬ ЕМУ ПРИТЕСНИТЕЛЕМ И НЕ БЕРИ С НЕГО ПРОЦЕНТЫ.

Не может человек наживаться на другом человеке. Все должно быть очень четко размечено и взвешено по тому, сколько каждый может дать другому и взять. Имеется в виду, что все должны прийти к абсолютно полному соединению и дополнению между собой.

Все законы, в которых говорится об отношениях между людьми, основаны на соединении в единое духовное целое – это значит «дополнение друг другу». Например, ты у меня работаешь садовником – я у тебя работаю столяром. При этом должна быть абсолютно равная компенсация.

Так и сказано, «идите и зарабатывайте друг на друге», то есть взаимно, поэтому каждый создан с различными свойствами.

Я не могу на тебе зарабатывать, а ты – на мне. Мы можем плодами своего труда только обмениваться. Естественно, что из этого следуют все другие основные законы, к которым мы и все человечество придем в будущем.

Это законы, когда все люди абсолютно равны, получают одинаковое вознаграждение, живут на одном уровне жизни. Между ними не существует абсолютно никаких перекосов: бедный – богатый, удачливый – неудачливый и так далее.

В этом законе речь идет не просто о процентах. Имеется в виду: ни в коем случае никак не наживаться.

«На неимущем» – сказано.

На любом вообще! Отношения между людьми – очень жесткие.

СЛОЖНЫЙ ПРОЦЕНТ

Тут добавлена пара слов, которые вызывают негативное отношение к евреям: «Ссужать народ Мой».

Имеются в виду духовные свойства, духовные законы. Тора вообще не говорит об отношениях в нашем мире, а только о том, как с помощью связи между собой люди устремляются к подобию Творцу.

В связи между собой они создают общее взаимное свойство, которое подобно свойству отдачи Творца, и раскрывают Творца в этом внутреннем свойстве. Поэтому сказано: «Народ Мой», – под народом имеется в виду любой другой человек, который устремляется к той же цели.

Не говорится здесь: евреи, неевреи?

Нет, нет. Наш мир и все его различия и определения совершенно не имеют к этому отношения.

Так или иначе, но получилось, что ростовщиками в основном стали евреи. И проценты они первыми начали брать, причем убивающие проценты.

Это не убивающие проценты, а сложный процент. Сейчас экономисты понимают, что это такое, а в то время люди просто не представляли себе, и для них это казалось убийственным.

Сегодня в любом банке и в любом бизнесе существует процент. Это начали евреи, потому что у них в руках было правильно исчисление долга. Допустим, я даю тебе 100 рублей, и ты должен вернуть их мне завтра. Но ты возвращаешь их мне не завтра, а через 20 дней. Сколько ты мне должен вернуть?

В соответствии с тем, насколько задержался. На 20?

Что значит, на 20? Если бы ты вернул деньги завтра, то я взял бы их и пустил в дело. Но ни завтра, ни послезавтра, ни в следующие дни я не пустил их в дело, то есть не заработал прибыль на них.

Значит, я должен взять штраф за эти 20 дней?

Не просто штраф – это нарастающая прогрессия, сумма, которую я на тебе потерял. И эту сумму ты должен мне возместить. Тут нет процентов, как в банке. Если все стоит на месте, то ты не должен выплачивать мне никакой процент. Но если эти деньги работают и приносят доход, то ты просто обязан возместить мне то, что я проиграл, дав их тебе.

Если я, допустим, открыл производство стаканов, то на те 100 рублей, которые я тебе дал, я заработал бы за месяц 200 рублей. То есть ты должен вернуть мне долг и возместить 200 рублей. И тут нет никаких процентов. Ты мне вернул их не в срок, а через два месяца. Значит, ты должен возместить столько, сколько я заработал бы на эти 100 рублей.

ГЛАВА «ЗАКОНЫ»

То есть это справедливый ход?

Это справедливый ход. Здесь нет процентов! То, что банки берут сверх этого, проценты, с которых, якобы, они существуют, – это совсем другое дело. Надо отличать одно от другого.

Люди не разбираются в экономике. И вообще кто в ней понимает? Сегодня мы уже видим это.

Следующий закон тоже очень важен:
/25/ ЕСЛИ ВОЗЬМЕШЬ В ЗАЛОГ ОДЕЖДУ БЛИЖНЕГО СВОЕГО, ВОЗВРАТИ ЕЕ ЕМУ, ДО ЗАХОДА СОЛНЦА ЧТОБЫ ОНА БЫЛА У НЕГО. /26/ ИБО ОНА ПОКРОВ ЕГО, ОНА ОДЕЯНИЕ ТЕЛА ЕГО, НА ЧЕМ БУДЕТ ОН СПАТЬ? И КОГДА ВОЗОПИТ ОН КО МНЕ, Я УСЛЫШУ ГОЛОС ЕГО, ИБО Я МИЛОСЕРДЕН.

Как можно объяснить его?

В духовном под одеянием понимается антиэгоистический экран, который есть у человека. Поэтому если ты берешь его в залог, то должен вернуть в тот же день. Иначе нельзя. Невозможно оставить человека без экрана на ночь, когда он находится во тьме. И дело не в солнце, а во внутреннем состоянии человека: тьма или свет.

Свет находится внутри человека и поддерживает его. В это время свет производит в человеке определенную работу, и ты можешь взять у него под залог его экран, как бы работая с ним.

Если человек опускается в ночь, то ты обязательно должен вернуть ему его экран.

Тут говорится: «На чем будет он спать?». Что это значит?

Одежда, как ни странно, больше нужна была ночью, а не днем. В каббалистической трактовке «ночь» означает, что человек должен быть защищен от тьмы экраном.

Одеяние – это духовное одеяние. Это вид экрана на эгоистическом желании, которое таким образом приобретает альтруистическое действие.

СУДЬЯ ВСЕГДА ПРАВ

Следующий закон.
/27/ СУДЕЙ НЕ ПРОКЛИНАЙ И ВОЖДЯ НАРОДА ТВОЕГО НЕ КЛЯНИ.

Находясь в состоянии выбора в своем внутреннем состоянии, человек имеет правую и левую линии. Когда они находятся одна против другой, он должен сопоставить их между собой и ни в коем случае не отметать левую линию.

Левая линия – это суд, а правая – милосердие.

Человек должен понимать, что судья и все, кто занимается ограничением, нужны для его продвижения, для его блага. Поэтому он должен принять любой суд и понимать, что именно так он должен вести себя и двигаться вперед.

У него не должно возникать мысли, что суд незаконный?

Нет, у него не должно быть вообще никакого права даже подумать в критическую сторону. Судья всегда прав.

И ВОЖДЯ НАРОДА ТВОЕГО НЕ КЛЯНИ.

Что такое вождь?

Глава «Законы»

Вождь – это наместник Творца. Вождь – это проявляющаяся сила, которая движет тебя вперед, которая сейчас в твоем состоянии является наибольшей. Чтобы ты ни в коем случае не думал, что то, что сейчас руководит тобой, это не представление Творца в тебе. Это всегда Творец, который скрывается в таком виде. Поэтому каждый раз ты должен представлять себе, что находишься наедине с Ним.

В данном случае для них вождем был Моше? Однако всё время они проклинали его.

Да. Тора говорит о том, каким образом человек исправляет свой эгоизм. Каждый раз падения, каждый раз возражения, проклятия на всё, несогласие. Всё это повествование кажется нам ужасно нудным. Хотя постоянно происходят различные события, но каждый раз все они развиваются по одному и тому же штампу.

Герои проходят одни и те же состояния практически.

Да. То есть пытаются что-то сделать – не получается, возникают трения, нарастают проблемы, происходит взрыв, наказание – все успокаиваются, идут дальше. И снова все повторяется.

И с женами то же: жена не может родить и так далее.

Да, да. Проблема, какой-то срыв, ее критическое решение, наказание – и движение к следующему разу. Периоды очень четкие. Вся Тора говорит только об этом.

Когда Вы объясняете, есть ощущение приключения. Тора не кажется сухой. Добавляется сам человек, что

это он проходит, и тогда возникают совсем другие состояния.

Потому что добавляется, может быть, еще один слой. Естественно, что все изложенное не история. Историю нам не надо было бы так изучать.

Еще один закон:

/28/ С ПЕРВЫМИ ПЛОДАМИ УРОЖАЯ ТВОЕГО И С ДОЛЕЙ ЕГО, ПОСВЯЩАЕМОЙ МНЕ, НЕ ЗАПАЗДЫВАЙ; ПЕРВЕНЦА ИЗ СЫНОВЕЙ ТВОИХ ОТДАВАЙ МНЕ. /29/ ТАК ЖЕ ДЕЛАЙ И С БЫКОМ ТВОИМ, И С ЯГНЕНКОМ ТВОИМ; СЕМЬ ДНЕЙ ПУСТЬ БУДЕТ ОН ПРИ МАТЕРИ СВОЕЙ, А НА ВОСЬМОЙ ДЕНЬ ОТДАЙ ЕГО МНЕ.

Что значит, отдать первенца?

Отдать – это значит посвятить первенца в намерение устремления к Творцу.

Если мы говорим о том периоде, первенцев в семье воспитывали особым образом: обучали, готовили их к дальнейшему служению. То же самое касается стад и урожая.

Что значит, отдавать Творцу? Отдавать левитам и коэнам, которые служили по всей стране. У них самих ничего не было, они занимались только образованием народа, его организацией. Поэтому была необходимость их обслуживать и кормить. А они, в свою очередь, обслуживали и кормили народ. Это как государственная структура.

Они были врачами, судьями, преподавателями, то есть представляли собой весь обслуживающий персонал. Им отдавали десятую часть или первенцев, и они от этого жили и могли обслуживать народ. Ничего своего у них не было. Чем это было хорошо? Они не могли накапливать богатств.

Сегодня чиновники, государственные деятели, заседающие в думах или правительствах, совсем неплохо существуют на то, что получают от своего народа.

Сейчас наступило такое время, произошел какой-то резкий скачок, когда уже ничего не стыдно.

Потому что произошел окончательный переход от периода царей к периоду плебеев, ставших вместо царей. И получается, что каждый хочет быть царем.

ПРОТИВОСТОЯНИЕ С ТВОРЦОМ

Когда Вы начинаете объяснять законы, это поднимает такие слои! Ведь практически не существует доступных объяснений Торы и Библии.

Вот несколько законов, которые завершают этот свод. Нам очень важно, чтобы Вы их пояснили. Например, закон, который говорит:

НЕ ВЕРЬ ЛОЖНОМУ СЛУХУ; НЕ ОКАЗЫВАЙ ПОДДЕРЖКИ НЕЧЕСТИВОМУ, ЧТОБЫ НЕ СТАТЬ ЛЖЕСВИДЕТЕЛЕМ.

Сказано в духе Псалмов. Во всех книгах Торы всегда имеется в виду, конечно, только борьба человека со своим внутренним злом.

Тора, Святые Писания и Пророки, Талмуд, Мишна – везде говорится только об одном: как я должен понимать свою природу, как постепенно пытаюсь выйти на Творца, в подобии Ему раскрыть Его. Только тогда Он раскрывается. Как все физические законы нашего мира я могу раскрыть, только если я подобен. Например, мы делаем приборы, которыми создаем имитацию природы, чтобы эту природу раскрыть.

При этом Вы все время говорите: «Я не изменяюсь, я изменяю прибор».

Я изменяю прибор. То есть я изменяю себя как прибор, я сам являюсь прибором: я решаю, что мне надо изменить, я исследую, что во мне противоположно Творцу. Если действительно таковы мои желания, таково устремление, то я начинаю понимать, что мне надо изменить в себе.

Но сам изменить я не могу. Значит, вся моя работа состоит в том, чтобы увидеть, какова разница между мной и Творцом, и каждый раз эту разницу преобразовать в просьбу, в требование, в молитву. Если просьба настоящая, то есть я действительно желаю, чтобы высшая сила (свет, как мы называем ее) исправила меня, тогда я получаю ответ в том виде, что ощущаю в себе эти изменения.

Вся наша работа заключается в исследовании проблемы моего противостояния с Творцом и движения к молитве, к просьбе. Как только я по-настоящему требую, прошу, чтобы то или иное свойство во мне действительно изменилось, оно меняется. Потому что высший свет постоянно находится тут и только лишь ждет, чтобы с моей стороны было правильное, четкое стремление к нему. Больше ничего нет!

Всё в нашем мире заключено в том, чтобы прокормить себя и создать общество, которое довольствуется только необходимым для существования. Вся наша работа – исправить себя. Тогда мы поднимаемся на уровень Творца.

Каждый из этих законов – это какая-то подкрутка, как поиск волны на радио?

Да. Всё с большей и большей точностью. Все время мы повышаем нашу чувствительность относительно Творца и таким образом приближаемся к Нему.

«Не верь ложному слуху», как бы во мне. «Не оказывай поддержки нечестивому», который живет во мне, который и есть моя природа?

Да. Я отделяю себя, мое настоящее «я» от моего эгоистического «я», нечестивого.

На их противопоставлении строится мое настоящее «я». Оно строится на ощущении Творца, я начинаю отождествлять его с Творцом. А эгоистическое «я» все это время растет. Соответственно увеличивается разница между ними: все больше и больше своих отрицательных качеств я могу определить относительно положительного объекта – Творца. Таким образом, моя просьба становится все более и более сильной и все более и более тонкой.

То есть это два моих полярных «я»? Все-таки существует «я» подобное Творцу?

Как я могу определить, кто такой Творец?

У нас есть точка в сердце – это часть Творца, которая помещена в наш эгоизм. Эту точку я все время развиваю с помощью обучения, работы в группе, в правильном окружении. Соответственно растет и мой эгоизм, чтобы показать свою противоположность.

Я забочусь, естественно, только о своем положительном свойстве, об этой точке. Насколько она растет, настолько я ощущаю Творца, Его свойства. Противоположное этому эгоистическое свойство тоже все время растет, чтобы дать баланс. Между ними двумя я и нахожу эту дельту – разницу между мной и Творцом.

Я работаю над ней таким образом, чтобы свойство, противоположное Творцу – мое эгоистическое «я», возненавидеть настолько, чтобы вырвалось настоящее требование к исправлению. Тогда приходит свет и исправляет.

Свет действительно исправляет мой эгоизм и соединяет его с точкой в сердце, которая тоже разбухает. И у меня получается средняя линия – их симбиоз. Как только я этого достиг, сразу же двигаюсь дальше.

В духовном пути нет постоянного состояния, чтобы я мог посидеть, отдохнуть. Нет такого, что часы тикают, а я остаюсь тем же. Часов нет: я все время «тикаю». Снова я должен идти на правую линию. А как я пойду? Поэтому от Творца левая линия все время растет. Благодаря ей, я должен устремляться к правой линии. Из баланса Творец выводит меня в левую сторону, а я относительно этого устремляюсь в правую.

При условии, что я ненавижу левую сторону?

Да, конечно. Но это зависит от окружения, которое все время должно меня держать. У каждого есть право пойти слева направо.

ГЛАВА «ЗАКОНЫ»

СОБЛАЗН ВЛАСТЬЮ, СЛАВОЙ, ЗНАНИЕМ

Это уже каббалистический закон.

Тут есть в конце:

/1/ НЕ ВЕРЬ ЛОЖНОМУ СЛУХУ; НЕ ОКАЗЫВАЙ ПОДДЕРЖКИ НЕЧЕСТИВОМУ, ЧТОБЫ НЕ СТАТЬ ЛЖЕСВИДЕТЕЛЕМ.

Что имеется в виду? Перед кем?

Не стать лжесвидетелем – то есть не преклониться перед его мнением. Что значит, лжесвидетель? Эгоизм, когда он растет, представляет человеку такие разумные доводы, что их просто невозможно опровергнуть.

Меня удивляет, что долгое время человек старается двигаться именно так, и в какой-то момент доводы левой линии побеждают.

Это проблема! Здесь много значит связь между людьми, связь с правильным окружением. Конечно, бывает, что человек убывает. Ведь его левая линия (это зависит от свойства души) – такая соблазнительная!

Речь идет не о телесных соблазнах, которые отвлекли на время, и потом ты возвращаешься, ты это можешь как-то урегулировать.

Это соблазнения властью, славой, знанием. Представляешь, если бы сейчас тем людям, которые занимаются каббалой (мы знаем их несколько тысяч, как минимум) дали бы возможность богатства, причем огромного, на любом уровне. Кто бы удержался?

Вы думаете, не удержались бы?

Не знаю. Тебе предоставили бы дворцы, возможности, яхты – все, что угодно. Огромное количество людей, которые постоянно крутятся вокруг, делают все, что ты захочешь. В общем, ты настолько обеспечен, что у тебя вымывает все мозги. Ты становишься животным в золотой клетке.

Или тебе дают возможность управлять. Вдруг обращаются к тебе и говорят: «Мы нуждаемся в Вас, как в президенте мира (не Америки, России, а президенте мира!). Мы хотим учредить такую должность, чтобы был один человек, который всем управляет. И это Вы. Смотрите, какой аппарат мы создали. Только одно Ваше слово – и ничего не надо! По Вашему желанию все мгновенно исполняется во всем мире, во всей человеческой иерархии».

Причем речь идет не об исправления мира и людей, а о техническом, например, развитии. Что может удержать человека в правой линии? Ничего.

Или возьмем не богатство, не власть, а славу. Приезжает к тебе, допустим, президент страны, в которой ты находишься: «Вас представляют к Нобелевской премии мира. Вы должны выступить на каком-то важном форуме». Ты окружен льстецами, которые только и облизывают тебя со всех сторон. На тебя все смотрят, восхищаются! Творец может сделать такой театр, что никуда от него нельзя деться.

И самое главное – это знание. Тебя представляют перед всеми: ты самый умный, самый знающий. Это не богатство, не власть, не слава. Обычное человеческое знание – это выше, это охват всего мироздания. Все смотрят на тебя, как на единственно понимающего, единственно охватывающего все. Это преклонение намного выше, потому что практически оно находится между эгоизмом и верхней ступенью. И очень трудно удержаться в правой линии. Очень трудно!

Сначала Вы сказали, что практически не возможно?

Да, невозможно. Надо стеречь таких учеников. Поэтому в хасидуте, во всех религиях, во многих обществах сын обычно находится рядом с отцом. Сыну можно передать, он не пойдет против. Сын будет поддерживать и придерживаться той же линии, что и отец, потому что его забота – сохранение того же имени, того же символа.

Сделать ученика, который был бы предан тебе как сын, очень сложно. И приходится их тиранить, чтобы они никуда особенно не отрывались, чтобы в течение этих лет, когда находятся рядом с тобой, они получили бы максимальное количество затрещин, ударов. Чтобы они уже начали определять: «Ради славы, ради знания, ради богатства я удаляюсь, я приближаюсь», – чтобы зачатки, по крайней мере, этих ощущений в них проявились.

Удары происходят, когда у Вас есть ощущение, например, что человек чуть-чуть отходит к одному из нечестивых?

Я чувствую это по некоторому презрению к себе, по внутреннему отдалению от меня. И в таком случае я должен показать, что и ты отдален от меня: не ты отдаляешься от меня, а я отдаляюсь от тебя.

На самом деле, это приближение ученика, а не удаление?

Если он правильно это раскрутит, если поймет правильно, то преодолеет удаление. А если нет, то нет.

Когда происходит этот перевертыш, что ученик становится близким, как сын?

Когда мое положение, мое слово для него – закон, когда он становится абсолютно преданным помощником. Мое состояние для него становится более важным, чем его собственное. Это называется духовным рабством. Тогда только и говорится о сближении, двекут, так называемом.

Вся его жизнь посвящена тому, чтобы выполнить мою миссию. Тогда он уже входит в меня и идет этим путем. Это и есть *двекут*. *Гальгальта эйнаим* низшего входит в *АХАП* высшего.

Как у Вас с РАБАШем было?

Я пытался. Благодаря этому что-то и есть.

Когда он говорил: «А где мой друг?»...

Да, это было для меня ударом.

Вы же потом об этом узнали, не сразу? Это было раскрытием того, что Вы сумели сделать этот маленький перевертыш?

Ну, это не одноразовое действие. Это на самом деле, постоянная работа.

Как правило, ученики очень способные. Для них эти соблазнения: почести, слава, утверждение себя в мире, эгоистическое, в принципе, – все это очень опасно, соблазнительно и актуально.

Они под это как бы подкладывают, что занимаются распространением...

Оправдание могут найти, какое угодно. Но оправдания этому нет вообще. Это называется *цаар гидуль баним* – страдания в воспитании сыновей, детей.

Поэтому есть ученики, к которым я отношусь заведомо холодно, издалека, отталкивая, с некоторой неприязнью, якобы, с подозрением, – нарочито. Они не чувствуют, что это нарочито. Они чувствуют, что я действительно как-то холодно к ним отношусь.

Так отец показывает сыну, что сын должен быть настороже, что он не получает благоволение в глазах отца.

Одних это совсем отталкивает, они говорят: «Ну и ладно», – и сидят в стороне, а другие все время пытаются сблизиться.

Праведники идут по этому пути, а грешники сворачивают. Праведники понимают, что в этом отторжении есть правильное привлечение.

Творец нас таким же образом ведет! Для чего нужен преподаватель? Для того, чтобы в более явном виде проводить политику Творца на ученика.

НИКАКОЙ ДЕМОКРАТИИ НЕТ

Второй закон, который хотел бы рассмотреть с Вами:
/2/ НЕ СЛЕДУЙ ЗА БОЛЬШИНСТВОМ ВО ЗЛО И НЕ ВЫСКАЗЫВАЙСЯ О ТЯЖБЕ, ИСКАЖАЯ ЗАКОН, ЛИШЬ БЫ СКЛОНИТЬСЯ К БОЛЬШИНСТВУ.

Большинство всегда подкупает. Человек чувствует силу, когда идет с большинством.

Да. Это дано нам от природы, во-первых. И кроме того, здесь подкупается еще и другим: ты оправдываешь, что мне это надо для распространения каббалы, для исправления мира. Меня слышит большинство. Дальше я пойду и буду их исправлять. Но для начала мне надо войти с ними в контакт, как-то подстроиться под них.

При этом Вы говорите, что это как бы правильно на данном этапе…

Это я говорю своим ученикам, потому что с ними нахожусь. Они меня пытаются все время убедить в этом. Я говорю: «Да-да-да, вы делайте, делайте, входите с большинством в контакт…». А потом я им подставляю подножку, чтобы ничего не случилось, чтобы они научились. А контакт придет все равно.

Большинство должно склониться перед личностью. Ни в коем случае по-другому! В духовном пути все определяет личность, а не большинство.

Вы не за демократию в понимании мира?

Нет никакой демократии ни в чем! Нет демократии. Мир устроен сверху вниз.

Какая же это демократия?!

Мир устроен от лидера к массам? Массы должны идти за лидером?

Да, только так. Жестко.

Лидер идет к Творцу. Он под Творцом. По-другому никак. Ты видишь, что происходит с демократией? Я надеюсь, что сейчас, в конце концов, люди поймут, что должна быть жесткая иерархия справедливости.

Справедливостью называются законы, действующие в природе. Не то, что я выдумываю из головы, а то, что могу изучить, получить от природы.

Равенство, о котором Вы говорите, существует в природе?

Да. Вся иерархия, созданная Творцом, высшим светом, который развивал созданное им желание, и является справедливостью. Если в моих глазах это не так, значит, мне надо себя менять, свои свойства, и тогда я соглашусь с этим. Когда я соглашусь, тогда обнаружу, что это, действительно, совершенство.

Выходит, это очень важный закон. Значит, если вдруг большинство скажет: «Как он прав!», - то для Вас это плохой признак? Или нет?

Если ко мне придет большинство? Я от него сбегу. Я надеюсь, что у меня будут на это силы… Никогда не заручайся до полного исправления.

Чем больше на тебя лают, тем надежней ты охраняешься в своем правильном пути. Суды, обвинения, поклепы, ученики уходят, отворачиваются, – происходит постепенный анализ пути.

По мере продвижения мы не будем увеличиваться количественно. Большие круги вокруг нас волнами будут идти, но сама группа будет несколько сот человек. И одна голова. Я думаю, так в будущем будет.

Так или иначе, идет поиск этих единиц, одиночек, идет промывание песка все время? И золотые самородки, которые остаются, это и есть то, что присоединяется. Промывание большинства происходит

таким образом, что Вы говорите не то, что им хочется услышать, а то, что им не хочется, но они слушают и слышат?

Да. Конечно, это процесс постепенного обучения, изменения, исправления.

Говорят, «не ставь преграду перед слепым». О ком говорится? О большинстве или об ученике?

Имеется в виду, что ты не должен раскрывать ученику то, что он еще не может осилить.

Ученику все-таки? Речь не идет о массах?

Ученику, конечно. Массы тоже постепенно подтягиваются. Но они идут своим путем – массовым. Они раскрывают точку в сердце между собой. Масса получает движение к Творцу (к свойству отдачи, любви) из своего объединения.

В тех единицах, кто идет к Творцу прямым путем, точка в сердце раскрывается индивидуально. Поэтому у них путь независимый от остальных, вокруг себя они только создают маленькое влияние окружения.

Есть же какое-то свечение из этой точки в сердце?

В мере объединения. У масс точка в сердце образуется в центре круга. А у нас точка в сердце находится в каждом из нас, и в центре нашего круга эти точки в сердце объединяются.

Поэтому у нас индивидуально-групповое движение, а у них массовое, или групповое, только групповое – не индивидуальное. Вот почему мы должны их воспитывать, обслуживать.

ГЛАВА «ЗАКОНЫ»

КРИЗИС ОЗНАЧАЕТ РОЖДЕНИЕ

Здесь напрашивается вопрос: что такое распространение в массах?

Это просто. Когда ко мне приходит ученик, он хочет, чтобы ему было хорошо. Но он понимает, что для него хорошо – это постижение смысла жизни, того, что выше жизни.

Есть жизнь. То, что выше жизни, называется ее смыслом. До этого смысла человек хочет подняться, чувствами, разумом охватить. Это он желает обрести.

Массы – 7 миллиардов людей, которые хотят устроиться в этом мире. Для них смысл жизни в том, чтобы подняться на уровень богатства, славы, власти, здоровья, знания – всего того, что является наполнением их желаний.

То есть жить в плоскости этого мира, не подниматься из него?

Да, не подниматься. Массы пытаются наполнить свои желания всеми возможными методами: религиозными, научными, философскими, психологическими, естественно-технологическими, финансово-экономическими. Ничего не получается. В этом-то и заключается то, что они называют кризисом.

А для меня кризис означает рождение. Слово кризис двояко переводится. Это и падение, и рождение нового. Для масс кризис является падением, а для меня – рождением новой ступени. Но они этого не осознают.

Я могу заявить о том, что у меня в руках есть методика достижения того, что они хотят: здоровья, власти, славы, богатства, питания, семьи, любви – всего, что тебе надо в этом мире. Все будет и у всех! Всё – прямо рай земной. Но для этого надо объединиться.

Люди начинают объединяться, потому что нет иного выхода. Постепенно, незаметно, в маленькие кружки – и мгновенно начинают ощущать, что это дает положительный результат.

В этом первоначальном объединении начинают строить (естественно, ими надо руководить, для этого мы и существуем) совершенно другую структуру – объединение между собой.

Объединение между собой – то, что называется структурой общества, человечеством.

Возникает совершенно новая цивилизация – цивилизация интегральная, глобальная, аналоговая. В своих объединениях они начинают ощущать проявление интегральной силы, то, что они, якобы, создают. На самом деле они стремятся к объединению между собой, а эта сила проявляется именно в их попытках.

Эта сила и является высшей силой, так же как у нас. Но они это делают, исходя из своих стремлений, а мы это делаем, исходя из своих. У нас возникает более точная общая работа: падения, подъемы. А у них этого нет, у них – просто вперед.

Состояние подъема может быть здесь?

Они будут ощущать колебания относительно этой точки. Постоянные. Потому что нет левой линии, нет правой линии.

И они будут привязаны к нам, потому что увидят, что без постоянных семинаров, занятий (интегральное образование, интегральное воспитание) они двигаться не смогут. Продвигаясь, они вдруг начинают видеть впереди свет вместо тьмы, падения, разорения.

Это и есть распространение. Больше ничего не надо. Так будет продолжаться до полного исправления.

Глава «Законы»

Как происходит у них исправление?

Они потихонечку подсоединяются к нам. Начинают оценивать нас, всё более понимать, что мы – несущие знания, технологию всего подъема. И естественно, исходя из этого подъема, происходит перестройка всей жизни – они начинают действительно быть под нами.

Они становятся частью нас или они становятся под нами?

Они становятся интегральной частью нас, включаются в нас, готовы на все, чтобы ими руководили.

Это обоюдное движение, как одно целое, идет уже на полное исправление. Конечно, это длительный процесс. Не думаю, что я застану какую-то часть из него.

Сколько времени Вы ему даете?

Не могу сказать. Я надеюсь, что со своими учениками смогу заложить теоретические основы этого процесса и в чем-то, может быть, практические ростки.

Все человечество инертно. Этот процесс требует времени.

У каждого своя миссия. Но до какого-то момента, что мне положено, я доведу своих учеников.

У вас есть точное ощущение, что это – ваша миссия?

Несомненно!

Как приходит это знание?

Это не знание, не ощущение – это просто факт! Ты видишь, как тобой руководят, как через тебя все проводят. Это в зависимости от учеников, в зависимости от состояния мира, конечно.

Вы можете сейчас сказать, в какой временной момент это произошло у Вас?

После РАБАШа. Я упирался, да.

Миссия, конечно, передается по духовному наследству, и от этого никуда не денешься. Убежать – не убежишь, и перевыполнить нельзя, потому что зависишь от остальных. И сверху ты никуда не денешься: ты подвязан, и снизу нет ходу. Я между ними завязан полностью!

Но все время я хочу раздвинуть их границы. Ускорить время – это и есть наша работа.

Но все равно будет то, что должно быть в результате всех дел?

Смотря, каким путем ты идешь. Если ускоряешь время, то движешься быстро и легко, приятно, правильно, без огромных страданий, которые человечество может вызвать на себя.

МЫ ВСЕ – ВОРЫ

Мы продолжаем изучать Законы.

/8/ И ВЗЯТОК НЕ ПРИНИМАЙ, ИБО ВЗЯТКА ОСЛЕПЛЯЕТ ЗРЯЧИХ И ИЗВРАЩАЕТ СЛОВА ПРАВЫХ.

Это можно сказать сегодня всем, начиная от полотера и кончая президентом страны.

В духовном взятка – это когда эгоизм тебя соблазняет. Любые наполнения своего эгоизма – это, в общем-то, взятка.

Выходит, мы полные взяточники в этом мире? Можно совершенно спокойно так сказать?

ГЛАВА «ЗАКОНЫ»

Абсолютные! Не взяточники даже – мы считаемся ворами.

Взяточником может быть тот, который получает, что ему не положено, но он не берет силой у другого.

А мы – воры, мы просто крадем у другого, иногда отнимаем силой. Мы и пираты, и грабители, и разбойники. Это считается у нас нормой поведения.

Все законы этого мира – воровские, получается?

Абсолютно! Весь мир построен на эгоизме. Эгоизм только так и работает.

Мы не говорим о том, что человек нашел, скажем, миллион долларов на улице и никому не вернул. Мы говорим о том, что сознательно идем на кражу. Мы наслаждаемся тем, что воруем.

Дело не только в том, что я получаю. Маим гнувим имтаку – ворованная вода слаще.

Как в анекдоте. Знойный день. Итальянская принцесса сидит в сиесту на балконе в тени, ест мороженое и говорит: «Ах, если бы это было еще и немножко грешно!».

Это очень правильная история: немножко добавить – кражу! Это подслащивает эгоизм, потому что является сладостью. Обычно я ем просто пищу – мне хочется, я беру. Положено. Но когда я специально, вопреки остальным, забираю то, что принадлежит другому! Я немножко выше других.

Тут я обязан почувствовать, что при этом в другом образуется пустота, а во мне – наполнение. Этим я приподнимаюсь относительно него, и эгоизм, таким образом, ощущает себя на подъеме. А если есть у меня, есть у других, какой эгоизму в этом интнрес?

Должно быть что-то, чтобы почувствовать себя чуть-чуть выше. Должно быть наслаждение воровством. Даже не воровством, а превосходством в чем-то. Самое большое превосходство в том, что я умнее, мудрее, лучше понимаю, я – как бы большой над маленькими.

В нашем пути это страшная штука. Только любовь может это исправить, когда ты занимаешься ими, как маленькими детьми. Они действительно меньше тебя, но всё отношение к товарищам ты обязан выстлать любовью.

Тогда они становятся больше тебя, потому что ты зависишь от них, потому что в твоих глазах они важнее тебя, как маленький ребенок в глазах родителей.

Получается все-таки ощущение, что ты не то, что выше их, а умнее их?

Неважно! Ребенок командует твоим разумом. Ты большой, ты сила, разум. А ребенок кричит, и ты берешь его на руки, он показывает – туда, и ты несешь его туда, то есть являешься его слугой. Этим ты компенсируешь свое возвышение.

Между товарищами такое состояние может быть?

Да, конечно, постоянно, потому что нет одинаковых людей. Постоянно мы должны держать этот баланс: компенсировать любовью любое возвышение.

Здесь, однако, говорится: «Взяток не принимай, ибо взятка ослепляет зрячих и извращает слова правых». Все-таки говорится о зрячих и о правых?

Зрячих и правых, конечно! В любом состоянии, в котором ты находишься, и, допустим, исправил себя, ты стал вровень с остальными, в связи с ними ты раскрыл Творца. И вдруг – бум! – твой эгоизм поднимается в тебе на следующую ступень. И он предлагает тебе взятку: ты выше остальных, ты сильнее остальных, ты можешь так-то и так-то.

Ты должен понять, что сейчас эгоизм дает тебе зрение и богатство – наполнение сердца и наполнение разума (два вида наполнения есть у нас). Этим ты как бы приподнимаешься над обществом и должен сразу же компенсировать. В этой мере тебе дана возможность возлюбить ближнего. Если ты не примешь эту взятку, то не будешь расти.

Ты должен принять эту взятку?

Расширились твои инструменты на богатство и на знание. Если не будешь с ними работать, куда же ты будешь расти? Ты обязан! Но зато теперь с помощью этого богатства и с помощью этого дополнительного знания иди и люби их. Сейчас они для тебя – самое главное, ты должен делать все для них, как ради своего младенца.

ЦАРЬ – ЭТО САМЫЙ ЛЮБЯЩИЙ

Дают человеку, например, прорыв в знании или возможность управлять массами – он должен тут же любовью компенсировать?

Это страшная работа. Это то, что царь Давид записал в своих Псалмах. Это была его работа в течение всей жизни.

Это и есть войны царя Давида? Ему дают власть, и он любовью начинает...

Это называется «царь Иудейский». Отсюда идут и названия – *малхут, мелех, Машиах бен Давид*.

Это наслаждение. Но это и выполнение своей миссии относительно всего народа – немножко по-другому, чем любой другой царь.

Тут только про любовь. Царь – это самый любящий, иначе он – не царь.

Как любить? Мы все время говорим об этом. Как перевесить то, что дается человеку?

Только высший свет исправляет человека. Такое невозможно придумать никак. Это то, что человеку хочется. Любовь в общем смысле – это связь, свет, возвращающий к источнику – и только!

Мы никак не можем исправить себя сами и достичь какой-то связи.

И компенсировать то, что тебе дается, эту власть, ты сам не можешь. Ты должен, как царь Давид, плакать или просить?

Я не могу себя исправить. Представь себе. Я обычный человек, сейчас сижу, все во мне направлено в меня. Ты видишь мое лицо? Ты мое лицо не видишь. Мое лицо внутрь направлено. Я весь направлен внутрь: как слышать себя, как видеть себя, как ощущать себя. Я внутри себя ощущаю все мироздание. Весь этот мир я ощущаю в себе (мы изучаем это в части «Постижение мироздания»), то есть я весь внутри, весь в себе.

Любовью называется, когда под воздействием высшего света я в состоянии начинать выворачивать себя наизнанку и ощущать при этом то, что находится снаружи.

Глава «Законы»

Как я могу сделать, чтобы то, что вне меня, ощущалось мною более важным, чем то, что во мне? Это и есть раскрытие Высшего мира, который находится вне меня. Тогда человек вдруг обнаруживает то, что есть вокруг него, и видит совсем не то, что видит сейчас. То, что он видит сейчас, это на самом деле он видит в себе. А потом увидит высшее состояние. Такое возможно только под воздействием света.

Можно сказать, что разворот этого вектора от себя и называется интегральным воспитанием?

Да. Для этого оно и существует. Постепенно мы начинаем обучать своих учеников во всем мире, и, я надеюсь, они станут профессионалами в интегральном воспитании.

Уже есть такие: в Канаде открывается небольшой институт, в Москве, в Питере, в Киеве. Люди пробуют сделать это неким профессиональным тренингом, коучингом.

Я бы очень желал, чтобы все мои ученики перешли только на эту работу, чтобы она стала для них и профессией, и тем нормальным заработком, который позволит им существовать.

Тогда все свободное время и силы они могли бы отдавать именно исправлению.

Люди себя чувствуют хорошо, которые этим тренингом занимаются?

Да, немедленно, с первого же занятия.

Сейчас следующий закон, который я хотел бы рассмотреть:

/9/ И ПРИШЕЛЬЦА НЕ ПРИТЕСНЯЙ – ВЫ ЖЕ ЗНАЕТЕ ДУШУ ПРИШЕЛЬЦА, ТАК КАК ПРИШЕЛЬЦАМИ БЫЛИ ВЫ В СТРАНЕ ЕГИПЕТСКОЙ.

Известный закон.

Да. Все, возникающее в человеке, – пришелец, так называемый, – ты должен воспринимать, как нечто новое, как зачаток, росток твоего следующего состояния.

Пришелец, как ангел, посланец света, постепенно вырисовывает в тебе новый образ. Он является пришельцем по сравнению с твоим старым состоянием.

Возникновение в тебе нового образа должно быть правильно воспринято тобой. Сначала ты видишь в нем что-то далекое, чужое. Потом постепенно начинаешь понимать, что на самом деле это и есть твое собственное следующее состояние, самое близкое.

Здесь говорится, что не надо гнать и притеснять пришельца, а постепенно вовлекать в себя, пока ты сам не станешь, наоборот, услуживать и приближаться к нему.

«Были в стране египетской пришельцами» – имеется в виду, что точка в сердце начала обнаруживать себя, как чужая в эгоизме. Эгоизм сначала ее вовлек в себя – семь тучных лет – и затем начал показывать свое властвование над ней – семь тощих лет. Он вынудил эту точку, довел ее до такого состояния, что она, захватив в эгоизме все, что было полезного для нее, вырвалась из него и смогла использовать накопленный опыт. Это называется египетским исходом.

На самом деле пришелец – самое важное в эгоизме.

Глава «Законы»

КТО ЖЕ ПРАВ? – НИКТО!

Продолжаем:
И НИЩЕГО НЕ ПОДДЕРЖИВАЙ В ТЯЖБЕ ЕГО.

То есть все должно быть по закону. Даже если он слабый – неважно, все равно суд должен строиться, невзирая на лица.

Я не исхожу из того, что раз он нищий, то надо ему подать?

Нет, нет. Нищий, имеется в виду, что он слабый, нет у него сил для преодоления его состояния. Я не должен склоняться к нему, потому что он слабый, иначе он останется слабым. Я должен вершить суд по тому состоянию, в котором находится он.

Есть правая линия, есть левая линия. Какая из них слабая? Альтруизм у нас считается слабым против эгоизма. Эгоизм считается сильным.

Ты не должен склоняться в эту сторону. Во-первых, ты не можешь этого сделать. Кроме того, ты не должен это сделать до тех пор, пока не возвысил слабую сторону до уровня, когда она становится настолько важной тебе, что они обе становятся равными между собой, правой и левой линией. И тогда ты вершишь суд.

Вся задача – возвысить это до уровня важности?

Да. Перекоса быть не может ни в ту, ни в другую сторону. Это не так, как в религии или в других делах: мы правы, наше дело правое.

Есть только одно: до тех пор, пока перед тобой правая и левая линия не находятся на равных весах, ты не можешь вершить суд.

Как вершить суд, если они равны? Кто же из них прав? Никто! Бери их обе и поднимайся вверх. Лишь наверху, верхний треугольник, его вершина все соединяет. Она соединяет их как две противоположности, которые могут соединиться только наверху, на следующей ступени.

В этом и заключается суд. Ты четко решаешь, что здесь нет никакой возможности судить, они абсолютно равны! Я не вижу никакого предпочтения одного перед другим, не может быть одного без другого.

А что может быть? Вот тогда и раскрывается необходимость подъема. До этого состояния – все только слова, но не необходимость.

На следующей ступени то же самое происходит?

Абсолютно. На всех ступенях одна и та же механика.

/6/ НЕ СУДИ НЕСПРАВЕДЛИВО БЕДНЯКА В ТЯЖБЕ ЕГО.

Почему?

Он несправедлив, хотя бедняк, чтобы не компенсировалось одно другим.

С одной стороны, ты можешь сказать: «Он – бедняк, даже если несправедлив». Или: «Он несправедлив, конечно, но он бедняк». Нет, ни то, ни другое, ни в коем случае.

Дело не в бедняках и не в том, справедливый он или не справедливый. Дело в том, что таким образом я смотрю на свои свойства, они мне так кажутся: несправедлив или беден, или слаб, или еще что-то. Так я вижу это. Я не вижу объективно, что на самом деле происходит.

Глава «Законы»

Нет объективного видения! Я все вижу из своих свойств. И поэтому своим настоящим свойствам ты не можешь доверять ни в коем случае. Если будешь исходить из них, то никогда не поднимешься наверх.

В тебе должен произойти анализ, когда ты дойдешь до состояния: «Я на самом деле не имею никакой возможности вершить никакой суд. Я могу судить только, если подниму это к следующей ступени – к высшей, к Творцу».

Поэтому здесь даются всевозможные вариации между правой и левой линией и все они, практически, приводят к средней линии.

В рамках интегрального воспитания мы говорим, что мы не опускаемся до проблем человека, а поднимаем его до соединения?

Да!

/7/ СТОРОНИСЬ НЕПРАВДЫ И НЕ УМЕРЩВЛЯЙ НЕВИННОГО И ПРАВОГО, ИБО Я НЕ ОПРАВДАЮ ВИНОВНОГО.

То же самое. Сторонись неправды и правды тоже сторонись, потому что это всё – субъективное восприятие. Это всё дано для того, чтобы вывести человека на правильный анализ. Поэтому нет тут понятий: правда – неправда, справедливый – не справедливый, бедный – богатый.

Это всё – то, что тебе кажется. Ты должен поднять это к равновесию. Ты должен увидеть всех равными. Ты должен увидеть, что не можешь вершить никакой суд, потому что решение всегда находится на следующей ступени.

Высшая ступень определяет низшую и поэтому задает тебе все эти проблемы. Подъем на нее и является решением.

НЕ СТАНОВИСЬ НА ПУТИ ПРИРОДЫ!

/20/ ВОТ – Я ПОСЫЛАЮ АНГЕЛА ПЕРЕД ТОБОЮ, ЧТОБЫ ХРАНИТЬ ТЕБЯ В ПУТИ И ПРИВЕСТИ ТЕБЯ В ТО МЕСТО, КОТОРОЕ Я ПРИГОТОВИЛ. /21/ БОЙСЯ ЕГО И СЛУШАЙСЯ, НЕ ПРЕКОСЛОВЬ ЕМУ, ИБО ОН НЕ ПРОСТИТ ВАШИХ ПРОСТУПКОВ, ТАК КАК ИМЯ МОЕ НА НЕМ. /22/ ЕСЛИ ЖЕ СЛУШАТЬСЯ БУДЕШЬ ГОЛОСА ЕГО И СДЕЛАЕШЬ ВСЕ, ЧТО Я СКАЖУ, ТО СТАНУ ВРАГОМ ВРАГОВ ТВОИХ И БУДУ ТЕСНИТЬ ПРИТЕСНИТЕЛЕЙ ТВОИХ.

Что это за ангел, которого «посылают перед тобой»?

Сила. Развивающая тебя сила. Это ангел, который может подталкивать сзади или увлекать движением вперед, – сила, которая нас развивает. Мы и сейчас развиваемся, человечество развивается все время – от поколения к поколению.

Развивающая сила, которая работает внутри нас, называется ангел. Любая сила природы называется ангелом.

Что значит «бояться его и слушаться»?

Ты должен прислушиваться к силе своего развития, ты должен изучать всю эту историю, все метаморфозы, которые проходишь. Всё должно быть принято тобою во внимание, чтобы понять, что ты не можешь идти против закона развития, наоборот, ты должен его изучать и

Глава «Законы»

соответствовать ему. Ты не поломаешь его – он поломает тебя.

Поэтому здесь дальше говорится:
...ОН НЕ ПРОСТИТ ВАШИХ ПРОСТУПКОВ, ТАК КАК ИМЯ МОЕ НА НЕМ.

Да. Мы видим, что происходит, когда не желаем слушаться природы и делаем сами то, что нам хочется. Что получается в итоге?

Мы были в Красноярске. Люди плачут от того, что случилось с Енисеем из-за Красноярской ГЭС. Рыба не может идти на нерест, бьется об эту плотину и погибает. С этим ничего не сделаешь – ты поставил перегородку. В Америке те же проблемы.

Там, где строят гидроэлектростанции, нарушается течение огромных природных сил! Ты нарушаешь огромный экологический баланс. Неживая, растительная, животная природа – всё меняется!

Здесь есть выход? Сломать электростанцию?

Сломать. А что ты сделаешь? Ну, придумай обводной путь для рыбы. Но она же привыкла по этому месту идти. Она просто идет и бьется.

Так же, как олени. Нити нефтепроводов – эти огромные трубы закрыли пути оленям. Я помню, там раскладывали соль (олени любят соль), корм, чтобы они пошли по другому пути. Нет! Они гибнут. Идет табун. Они убивают друг друга, задние напирают на передних, а те бьются об эту нефтяную трубу. И всё, и ничего сделать нельзя.

Что мы делаем с океанскими течениями? Наш мусор их изменяет или нефтяные пятна? Мы не понимаем, что у природы есть жесткие законы. А мы все время становимся на пути природы.

Это экологическая заповедь. Интегральная природа – ты ничего не можешь в ней сделать! Ты имеешь право получать от нее столько, сколько необходимо твоему животному, чтобы держать себя на нормальном рациональном уровне.

Принимающий решения о построении электростанций, о других объектах строительства должен брать в основу этот закон природы?

Закон духовного равновесия! Экологическое равновесие – это часть духовного равновесия.

Если ты будешь относиться с любовью ко всему, у тебя автоматически получится правильное решение. Автоматически! Ты не нарушишь ничего. Без любви к чему-то ты вообще не имеешь права действовать, потому что это всегда обернется против тебя многократным падением.

Как мы говорили, если весы перевешивают в одну сторону: только для людей, - сразу начинается проблема со всей экологией?

Да. И ты не можешь говорить: «Они бедные, я должен для них что-то решать». Ничего! Ты обязан видеть законы природы и соблюдать их на своем уровне. С неживой, растительной и животной природы сделать копию на человеческую природу, на духовную. И тогда в ней ты выстроишь свой Высший мир.

Глава
«ПОЖЕРТВОВАНИЕ»

СОЗДАНИЕ ХРАМА В СЕБЕ

Новая очень непростая глава называется «Трума» – «Пожертвование».

Трума – пожертвование, но это и возвышение Творца. Совершенно другой смысл.

Поговорим об этом позже.

Глава непростая. Тут рассказывается, из чего и как все строится, рассказывается до последних мелочей.

Все построено по образу и подобию *сфирот* – как построена связь в Высшем мире, то есть в мире, управляющем нами, в управляющей системе, которая находится за рамками наших ощущений.

Есть такой пласт, который управляет нами?

Нет, он пронизывает всё. Все связи, взаимоотношения, формулы… Даже не формулы… Есть формула, и есть система формул.

Как это описать, я не знаю, потому что в нашем мире нет математической методики такого типа, мы не разбираем такие задачи. Они есть, но решаются только частными способами. Подобно тому, когда мы имеем дело с аналоговыми системами, в которых все взаимосвязано в бесконечном количестве вариаций всевозможных связей, всё замкнуто на всё.

У нас ни в разуме, ни в чувствах нет такого, чтобы мы могли охватить систему: одновременно держать всё это. Я должен быть создан внутри таким образом, чтобы просто воспринимать то, что снаружи существует такая система. Когда у меня внутри нет такой модели…

Глава «Пожертвование»

То я воспринимаю только свою частичку?

Да, я могу резать ее на куски и воспринимать как интеграл: мы берем по частичкам и суммируем.

Но это всего лишь сумма, это не всё вместе.

Но я могу охватить все это?

Нет. Возможно только при условии, что будешь исправлять себя. В мере исправления, в мере подобия этой системе, начинаешь ее раскрывать. Иначе она находится не в том измерении, она проходит сквозь тебя, ты ее не ощущаешь.

Вот поэтому в главе «*Трума*» описано строительство всего…

Балок, крыши, завес.

Кажется, что рассказывается о нашем мире, но на самом деле все строится в подобии этой системы. Это не значит, что в нашем мире ты должен все это построить. Создай в себе! Не в материале из камня, из дерева.

Что такое камень? Что такое дерево? Обнаружь в себе эти свойства (неживое, растительное и так далее), выбери их самым определенным образом и создай в себе по определенным размерам и чертежам, якобы, внешнего мира (Высшего мира), который ты должен постичь.

Если в себе ты создашь такие условия, то постигнешь эту систему, и тогда она будет называться, допустим, храмом или святилищем.

Святилище – это нечто, типа большой палатки, в которой собираются люди для того, чтобы соединиться между собой и в такой абсолютной, полной связи раскрыть высшую силу, высшую систему.

Сейчас мы к этому и подойдем. Здесь очень интересное начало.

/1/ И ГОВОРИЛ БОГ, ОБРАЩАЯСЬ К МОШЕ, ТАК: /2/ «СКАЖИ СЫНАМ ИЗРАИЛЯ, ПУСТЬ ВОЗЬМУТ ПРИНОШЕНИЕ ДЛЯ МЕНЯ. ОТ КАЖДОГО ЧЕЛОВЕКА, СЕРДЦЕ КОТОРОГО ПОЖЕЛАЕТ ТОГО… /3/ И ВОТ ПРИНОШЕНИЯ, КОТОРЫЕ ВЫ БУДЕТЕ ПРИНИМАТЬ ОТ НИХ: ЗОЛОТО, И СЕРЕБРО, И МЕДЬ, /4/ И ГОЛУБУЮ ШЕРСТЬ, И БАГРЯНИЦУ…»

Добавление: «сердце которого пожелает того». До этого были жесткие приказания. И вдруг сейчас…

Конечно, а как же иначе?! Тут имеется в виду – только при наличии свободы воли.

Есть запретительные четкие заповеди, которые должен соблюдать каждый, потому что иначе он не находится в минимальном необходимом соответствии с системой управления. Тогда он просто не называется человеком.

Есть система более высокая, которая разрабатывает как бы в себе команды управления и управляет нами. Уподобиться этой системе человек может только тогда, когда он, во-первых, выполняет предыдущие исправления на себе…

Это необходимое условие?

Это необходимое условие, об этом даже и говорить нечего. И после этого у него уже существует определенная возможность дополнить себя высшей системой управления, то есть воспитать в себе, создать в себе высшую систему управления.

Для таких людей это и делается. Они называются левиим и коаним.

ГЛАВА «ПОЖЕРТВОВАНИЕ»

Сердце которого пожелает этого?

Да. Это особые люди, которые могут заниматься созданием храма в себе.

Речь идет о служителях этого храма?

Служитель – это тот человек, который исправил себя в подобие общей природе, высшей силе, Творцу (это одно и то же) и работает в себе именно на таких свойствах. Это и является служением. Ничего другого нет. Творцу не надо никакого служения от нас: если Он – абсолют, то ничего этого не надо: ни преклонения, ни восхищения. Это надо нам, чтобы приподняться над собой.

ЭТО НЕ ОБЛОМОВЩИНА

В последнее время Вы стали говорить, что надо учиться, как бы отпустив вожжи, то есть не сопротивляться. Само движение подобно тому, как плывешь по течению. Но это то, что мы не в состоянии делать. Мы все время сопротивляемся, упираемся.

Наш эгоизм не желает.

С другой стороны, как было бы хорошо просто отпустить себя, сдаться.

Это очень сложно. Это не просто ничего не делать, то есть принимать все, что происходит, абсолютно просто, открыто, с радостью, как исходящее только от Творца, не подпадающее ни под какие наши проверки, анализы, оценки.

Без подготовки так можно сделать?

Нет, это очень сложная вещь. На самом деле, кажется, живи свободно, радуйся...

Но нет ничего сложнее. Это не обломовщина – плыть по течению. Наоборот. Это очень сложно! Потому что при этом ты должен быть в абсолютном слиянии с Творцом. В абсолютном! А Он тебе подкидывает такие экзамены, проверки, такие обстоятельства, что постоянно находишься в противоречии с Ним, в несогласии.

Ты не согласен с этим миром, с этой жизнью, с проблемами, которые тебя донимают! Ты все время не согласен, не согласен! Тебе постоянно в чем-то плохо. Специально донимают тебя так.

Ну, как можно принять все спокойно и плыть по течению?

Только лишь изменив себя! Иначе никак! Это проблема. Таким образом и достигается мир, полный покоя, когда человек полностью отменяет себя и сливается с Творцом.

Все хотят покоя, а в результате никто его не хочет, получается?

Это получается не покой. Это получается движение на сверхсветовой скорости. Бесконечная частота изменений. Ежесекундно миллиарды раз изменяться в соответствии с высшим управлением в полном согласии, в полном рациональном мышлении и заниматься только тем, чтобы подавлять свой эгоизм, подниматься над ним. И таким образом быть в полном покое. Это обратное тому представлению о покое, которое мы имеем в виду сегодня.

Все время возникает вопрос, есть ощущение, что это дорога избранных? А вы говорите, «всё человечество».

Не я говорю, мы читаем все вместе в источниках. Тут ничего не сделаешь.

«И все познают Меня – от мала до велика», – все должны прийти к этому состоянию.

Как прийти – это мы изучаем. Как реализовать? Я вижу, что не просто, но всё равно надо.

Какое у вас возникает ощущение, когда вы видите, что не просто?

Другого пути нет – это раз. Второе – я и мои ученики сейчас находимся в пути. Каждый день производят над человеком определенные операции: духовные, исправительные, частично по его желанию, частично без его желания, частично в осознании им, но в основном неосознанные, бессознательные воздействия. И все равно люди идут к нам.

Я занимаюсь своей работой. И у меня нет никакого сомнения в том, что я делаю правильно. Нет никакого сомнения в том, что люди не скажут мне, что я их по-сусанински завел, не понятно куда.

Мои ученики могут видеть всё по источникам. Они могут проверять меня на основании других учителей.

Когда Вы были учеником, у Вас были сомнения?

Нет, я пришел, уже не сомневаясь. Я сразу почувствовал, что в этом месте есть всё. К тому времени я уже наискался: немного, но в других местах я видел эту глупость, тупость.

В науку мне ходить было некуда. Философия – своим нутром я понимал, что это пустота. Это всё – глупости. Всё замкнуто в нашем мире. Только где-то, может быть, в религии я что-то найду. Но найду ли? Как?

Прошелся по нескольким местам, увидел: одни занимаются только тем, что работают руками, ногами и языком, не изменяя своих внутренних свойств. И что толку? Меня это совершенно оттолкнуло.

Другие читают каббалу, но совершенно не знают, что они читают, и считают, что и не надо знать – надо просто читать. То есть уподобляются остальным верующим, которые всё выполняют. Читают – и больше ничего. Ну, а дальше?

Поэтому когда я услышал рациональное объяснение, то понял, что я нашел. Всё! У меня было очень четкое понимание. Никогда в жизни со мной не было такого, чтобы я не сомневался в ком-то или в чем-то.

ЗЕМНЫЕ СВЯЗИ И ДУХОВНЫЕ

Вы пришли к РАБАШу, и в течение 12 лет у Вас вообще практически не было сомнений?

Никакого сомнения! Никакого! Серьезнейшие мысли! Четкое направление! Полнейшая связь со всеми источниками!

В начале у меня были какие-то сомнения, но когда человек открывает любую книгу... А я до этого прочел, между прочим, много книг: АРИ очень много, изучал Талмуд Вавилонский в ешиве, конечно, ТаНаХ, об этом и говорить нечего. Я был уже знаком со всеми заповедями, я их выполнял. Частично, относительно. Когда я пришел к РАБАШу, уже лет пять я был верующим – внешне.

Чтобы ходить по всем этим местам, я должен был нормально выглядеть. И считал, что все равно надо принадлежать к своим источникам. Помню еще своего дедушку, он

ГЛАВА «ПОЖЕРТВОВАНИЕ»

был верующим. А второй дед – коммунистом, противоположность ему полнейшая. Два дома рядом. Тут ели мацу, а там в это время – свинину.

Но когда я пришел к РАБАШу, то увидел самое первое и главное: люди базируются на первоисточниках. Я читал Бааль Сулама до этого и «*Талмуд Эсер Сфирот*» пытался читать – насколько я мог там что-то понять, и Книгу Зоар, Тикуней Зоар (приложения, дополнения к Книге Зоар), где все говорили об этих особенных исправлениях.

Но до тех пор я не видел такого знания, такого охвата, такого проникновения в неживую, растительную, животную природу, в человека, в связи. Почти 40 лет я в поисках именно на этом пути.

Люди, которые не понимают, что мы изучаем, о чем говорим, считают, что все это очень неверно. Не представляю их состояние. У них сейчас опять вышли книги против каббалы, там меня упоминают, естественно.

Вас не оставят в покое.

Нет, понятно. И на русском языке – особенно.

К чему я это говорю? У людей по сей день нет представления о той огромной системе, которой мы занимаемся.

Этот мир – тот мир: как они соприкасаются, как они совмещаются, как человек расположен в них. Это такой объем. Умозрительный, не представляемый, не мистический, а умозрительный, как психологи определяют, допустим. И с этим объемом сил, взаимодействий, свойств, связей я работаю.

Человек со стороны, конечно, должен потратить годы, чтобы войти в эту систему.

А РАБАШ мог открыть любую книгу, и Вы видели, что он может ее прокомментировать

Конечно! Мы с ним так и занимались. Любая книга и любые вопросы. И ответы. Но в тех рамках, которых можно мне дать. Иначе нельзя, ты вредишь этим человеку! Нельзя.

У него есть это точное ощущение, что можно выдать и что надо скрыть?

Можно дать немножко больше только в том случае и в той мере, в которой человек предан тебе. Это бывает только, может быть, с сыном, может быть, с зятем. Вот что интересно! Почему? Потому что им дорого твое имя.

Ни одному ученику до его исправления ты не можешь быть дорог больше, чем он сам себе. Это наша естественная природа! И поэтому ты должен закрываться от него, должен отодвигать его. Ты специально его отодвигаешь, даже нарочито, чтобы он чувствовал, что здесь надо что-то преодолеть. Спроси, допустим, у своего сына.

Такая земная связь о чем говорит? Если это сын или зять, или брат, то есть тот, которому несмотря ни на что, дорого твое состояние, который, даже опустившись на земной уровень…

Будет беречь твое имя?

Да. Потому что это имя относится к нему. А ученик, если опускается на земной уровень, теряет связь с тобой, он уже не ученик.

Это естественно, может быть, но…

Глава «Пожертвование»

Конечно, естественно! Это не зависит от человека. Таким образом устроены связи, и поэтому ты не можешь дать ему, как даешь сыну или зятю, как близкому родственнику.

Но такого не было, например, у РАБАШа?

Нет. Это все-таки есть. Особенно на первых этапах это очень много значит.

Ученик не может стать как сын?

Только если духовно свяжется с тобой. Какие еще связи с тобой у него могут быть?

Ты же стараешься довести ученика до этого уровня?

Ты стараешься, а насколько **он** может? Здесь я говорю об интересных свойствах даже нашего мира, как они соприкасаются с духовным. Но это через простой эгоизм. Ничего особенного тут нет. Это естественно.

Какая-то мера преданности или на иврите *месирут нэфеш*, есть у сына или у другого близкого тебе человека. Она эгоистическая, но она существует. Поэтому ему можно чуть больше сказать, он не повернет это против тебя. На маленьком уровне, но можно чуть-чуть больше приоткрывать.

Вы же сами говорили, что это палка о двух концах. Хасидут на этом провалился. И у меня, конечно, есть внутреннее сопротивление этому.

Можно дойти до уровня «ученик», который относится к учителю как к отцу?

Конечно! И больше этого! Тут получится обратное свойство – ученик может сделать больше, чем сын. Но для этого надо серьезно работать обоим.

СВЯТИЛИЩЕ В КАЖДОМ ЧЕЛОВЕКЕ

Читаем дальше.

/8/ И ПОСТРОЯТ МНЕ СВЯТИЛИЩЕ, И Я БУДУ ОБИТАТЬ СРЕДИ НИХ. /9/ СДЕЛАЙ ВСЕ В СООТВЕТСТВИИ С ТЕМ ОБРАЗОМ ШАТРА И ТЕМИ ОБРАЗАМИ ПРЕДМЕТОВ В НЕМ, КОТОРЫЕ Я ПОКАЗЫВАЮ ТЕБЕ, И ТАК ЖЕ ПУСТЬ ВСЕ ДЕЛАЮТ В БУДУЩЕМ.

Что такое святилище? И что значит – «Я буду там обитать»?

Святилище – это то желание, исправленное эгоистическое внутри, ярое эгоистическое желание, которое исправили так, что оно может работать на противоположность себе, на отдачу Творцу. Для этого эгоистического желания Творец важнее, чем оно само. Во сколько раз? Насколько оно приподнимается над эгоизмом. Это и определяет его уровень.

Закрытая зона для всех остальных, для всех, которые не дошли до этого состояния?

Святилище? В каждом человеке оно есть! В каждом человеке это желание существует. Это эгоистическое ядро, самое внутреннее, четвертая часть эгоизма. Именно в ней строится святая святых. То есть это самое эгоистическое желание.

Коэн агадоль (великий *Коэн*) является самым большим эгоистом. Поэтому покупали за большие деньги это место. Он знал, что умрет в Йом Кипур, когда будет там в этом состоянии, и все равно покупал за деньги это место, потому что не мог справиться со своим эгоизмом, настолько он был большой.

Глава «Пожертвование»

Святая святых – там, где проявляется само явление Творца в человеке, это самое огромное эгоистическое желание, исправленное на отдачу, находящейся, конечно, в потрясающем, непостижимом эгоизме и в ответном свойстве отдачи и любви.

Можно сказать, что внутри самого черного средоточия черноты существует белая маленькая точка в середине? И это святая святых?

Да. И она освящает всю темноту.

И там Он обитает?

Да. А вокруг другие всевозможные строения. Есть там и двор, и сама палатка, и брусья, воскурения и так далее.

Есть на эту тему целые чертежи. Эти чертежи устроены по образу высших миров. В соответствии со свойствами Высших миров в нашем мире образуется свойство: юг, запад, север, восток, – как ориентировано это строение.

Тот, кто умеет читать чертеж и переводить его на свои свойства, то уже представляет, как внутри он должен скомбинировать себя, все свои силы, свойства, намерения, чтобы достичь того состояния, которое называется явление Творца, то есть построить место для раскрытия Творца.

Мы говорим: неживое, растительное, животное... Откуда существует такая точность: и пусть сделают ковчег из акации, два с половиной локтя длинной? Шириной столько-то... Что такое золото, которым покрываешь и снаружи и изнутри? Золотой венец вверху?

Это основные 10 *сфирот*, в каждой из которых свои 10, и в каждой из них – свои 10. Они делятся на свойства и комбинации между собой, на связи между собой. Так и получается неживая, растительная, животная природа и человек. Части, которые участвуют во всем этом подобии Творцу. И каждая должна быть из основных своих свойств.

Коэн, допустим. Он должен быть именно коэн и только женатый. Животное. Должны быть животные – кошерные, то есть с раздвоенными копытами и с определенной системой пищеварения. И надо проверять, какого они типа.

Растения – допустим, та же акация или ливанский кедр. Почему не какое-то местное дерево? Срубил и никаких хлопот. Но нет! Именно кедр, который привозят из Ливана. Золото, серебро, медь…

То есть все те особые материалы, которые существуют в природе в прямом виде, их не надо искусственно получать! Из них ты в определенной комбинации и строишь.

Дальше идет форма. Ты не просто берешь свойство, а должен его изменить, в твоем действии придать ему определенную форму: допустим, жадный, злой или, наоборот, радушный, щедрый. Каждое свойство – все они должны быть собраны – находится в определенном виде, в определенном сочетании с другими. Так строится место для раскрытия Творца.

Мы только начали главу, и уже столько информации. Далее мы поймем из этой главы, что такое ковчег, святилище, что такое свидетельство союза. Это важно.

Глава «Трума» («Пожертвование») не простая, она говорит о святая святых внутри человека, о Творце, который находится внутри человека.

ГЛАВА «ПОЖЕРТВОВАНИЕ»

Да, Творец находится внутри человека. Вообще все мироздание находится внутри человека.

ТОЧЕЧНЫЙ КОНТАКТ. ГРУППА ПОДДЕРЖКИ

В соответствии с этим у меня возникли и возникают все время вопросы: дорога наша не простая…

Никто и не обещал простой дороги. Мы работаем на самой тяжелой работе – против своей природы, против своего эгоизма.

Мы не понимаем, что мы делаем, потому что находимся внутри эгоизма, а все силы, которые его исправляют, находятся вне. Эти силы называются Творцом. Мы должны привлечь на себя их воздействие, чтобы исправить наш эгоизм.

Как я могу изнутри эгоизма просить силы, противоположные этому эгоизму, чтобы они исправили его? Совершенно невозможно выйти из себя. Мы же не можем действовать снаружи.

Для этого нам дается точка в сердце, так называемая, то есть какой-то контакт с внешней силой, с Творцом. Но контакт очень маленький, точечный (точка в сердце), поэтому мы должны его развить.

С этой целью внутри эгоизма создается целая система: группа, поддержка, товарищи. Таким образом, мы все-таки можем найти контакт, связь с внешней силой, которая бы управляла, держала нас.

Но вот что обидно: годами человек борется, работает. И вдруг через 12-13 лет – «оп!» – и всё…

Да, и всё, и соскакивает с пути. Или идет куда-то в другое место. Так надо проверить, почему не смог продолжать? На чем соскочил? Наверно, обнаружил, что можно слушать и не слышать, когда попал в ситуацию, что здесь и сейчас мне необходимо отменять себя перед другими людьми, перед группой.

Это самое трудное, конечно.

Здесь и соскакивает. Тут ничего не сделаешь. Значит, он не слышал. Так слушать и не слышать можно еще больше, намного больше, чем 13 лет. Можно так слушать и 20, и 30 лет. Я это знаю по опыту со своими учениками, со многими другими людьми.

Самое главное – это постоянно прописывать себе цель, каждый день проверять ее, находишься ли ты в средстве, которое ведет тебя к ней. Если да, то соглашаться, вопреки всем своим сомнениям. Или если сомнений уже нет, то вопреки своим нежеланиям.

Если пришел, так держись, как говорится. Я смотрю на молодых ребят, думаю: «Хоть бы выдержал». Путь непростой – уже знаешь по себе. Чтобы выдержал!

В наше время это уже не настолько тяжелый путь, потому что мир подсказывает тебе, что делать в нем нечего. Это первое.

Второе – этим путем идут уже сотни и тысячи.

Третье заключается в том, что это путь рациональный. Он раскрывает и в разуме, и в чувствах все стадии, по которым ты идешь. Ты видишь раскрывающуюся тебе мудрость – видишь всё.

И самое главное – в наше время ты можешь начать это реализовывать внутри себя прямо сейчас. Но при условии,

Глава «ПОЖЕРТВОВАНИЕ»

если действительно понимаешь, что всё построено на связи между людьми по принципу «возлюби ближнего, как себя».

Если ты приходишь в другое место, то должен сразу же проверить. Раскрытие Творца может быть только в свойстве, которое называется «возлюби ближнего, как себя», – так написано в книгах. Что делается для того, чтоб достичь этого свойства? Выполняются ли при этом все указания наших учителей?

Это можно проверить? Человек ищет поддержку в заповедях, которые он выполняет механически.

Это его дело. Кто ему запрещает выполнять заповеди? Но если мы работаем на весь мир, то не можем позволить себе выполнять их в таком виде, как это существует в религиозной среде.

Поневоле мы не можем так скрупулезно их соблюдать. У человека, который занимается внутренней работой, существует перекос в сторону внутренней работы по сравнению с внешней. Это неизбежно.

Дело и в том, что если бы человек знал изнутри людей, которые выглядят строго соблюдающими заповеди, то тогда ему было бы легче их понять. Но пока он смотрит на чисто внешнюю оболочку, то ему кажется, что, конечно, там что-то есть.

У КАЖДОГО СВОЯ МИССИЯ

Мне было легче. Как-то из Америки я получил заказ сделать 50 портретов мудрецов Израиля. Наших сегодняшних мудрецов.

Это было в девяносто седьмом году, к тому времени я уже занимался года полтора.

И я проехал, поснимал их, то есть посмотрел на все. Дали мне эту возможность…

Тебе оказали большую услугу.

Да, сделали большой подарок. Я потом тоже сделал им подарок: еще одного мудреца снял. Дополнительно, без денег.

Мне дали возможность самому увидеть. Другой, кому не дают, в какой-то момент, когда он находится в падении, думает: «А, может быть…». И вот это – коварное дело. Просто ловит тебя, может поймать на каждом повороте.

Да. Но у каждого своя миссия.

Кстати, и на вас «наезды» бывают. Говорят, что Лайтман ввел понятие «наука каббала», а это переводится как «мудрость каббалы».

Какая разница? Это не важно, не будем мелочиться, как называть. Они правы. Мне важно не это. Что неправильно в моей методике? Именно в самой методике, пусть докажут мне, что я не прав.

Например, говорят: неправильно, что каббала раскрыта для мира. Говорят, что сначала евреи должны это все пройти.

Что я ее раскрываю для мира? Написано так, мой учитель так пишет. Что же я могу сделать?

Правильно, что сначала евреи должны все пройти. И я тоже самое говорю. Но, с другой стороны, сказано, что не

ГЛАВА «ПОЖЕРТВОВАНИЕ»

выйдут евреи из изгнания до тех пор, пока они не распространят это знание среди народов мира. Так что же мне делать, раз так написано в наших книгах?!

Я – за евреев. Я хочу, чтобы они вышли из изгнания, поэтому распространяю для народов мира. Я делаю все, что написано, работаю по книге так, насколько я понимаю.

Объясните мне по-другому, объясните мне, исходя из системы мироздания, из того, чему каббала меня учит. Я готов меняться. Разве я себе враг или кому-то другому? Я не хочу выполнять желания Творца?

Может быть, где-то я действительно ошибаюсь. Сказано, что «не верь себе до самого конца». Я готов слушать. Пусть придут ко мне и скажут. Я готов серьезно разбираться, так или не так, в спокойной обстановке.

Меня упрекают, что я учеников не обучаю заповедям. Да, не обучаю. Я говорю, что это тоже надо делать, надо интересоваться. Но я жду, когда мы достигнем такого понимания, что будем чувствовать эти заповеди внутри себя. И тогда мне легче будет рассказывать ученикам, как выполнять заповеди.

Я не могу сейчас сказать ему, что мы берем кружку и поливаем правую руку, потом левую, ботинок завязываем правый, потом левый. Это ничего не даст, потому что это всего лишь выполнение одного условия: начинать все с правой линии (возлюби ближнего – на отдачу) и в меру этого тебе будет раскрываться левая линия (еще больший твой эгоизм).

Я могу объяснить все заповеди, которые прописаны языком нашего мира в их внутреннем свойстве.

Они есть и у АРИ. Только там они написаны более высоким языком, языком каббалы: *парцуфим, сфирот*, что и как при этом происходит. Я могу прописать это языком свойств, не языком *сфирот*. Языком свойств, как бы психологическим языком человеческих свойств: отдача, получение, милосердие, суд и так далее. Может быть, надо это все-таки сделать...

613 ЗАПОВЕДЕЙ ДЛЯ ИСПРАВЛЕНИЯ СЕРДЦА

Все заповеди даны для того, чтобы исправить сердце. Пишет Ибн Эзра в своем комментарии на Тору, что «все заповеди даны для того, чтобы исправить сердце человека», то есть его эгоизм.

Когда мы правильно омываем руки (я не говорю, что этого не надо делать или что я против этого), думаем ли мы о том, что в этот момент я должен отказываться от той части своего эгоизма, который во мне раскрывается? Должен ли я постоянно себя контролировать?

Я нахожусь внутри себя со своим эгоизмом, в отмене его относительно свойства отдачи и любви, называемого Творцом. Я пропускаю ее через ближнего для того, чтобы быть уверенным, что я правильно это делаю, а не лгу самому себе. Настроен ли я на ближнего так, что сейчас желаю ему отдать, желаю ему добра, иду выше своего эгоизма, вопреки своему эгоизму?

Для этого я иду правой линией. В это время, если открывается левая линия, то снова я привожу ее к правой, и только затем она оборачивается средней линией. Нахожусь ли я в этом внутреннем процессе (назови его медитацией, молитвой)?

Если да, то стоит выполнять механические заповеди. Если нет, может быть, они отвлекают человека. Я вижу, что

Глава «Пожертвование»

те, кто выполняет заповеди, не думают об их внутреннем наполнении, о внутреннем смысле. Никто этого не знает.

Это уже «высший пилотаж», видимо…

Да. Таким образом, о чем я думаю? Я думаю о том, что мои ученики, и не обязательно евреи, начнут более-менее ощущать внутренние движения: я – группа – Творец, я отменяю себя относительно Творца, а группа между нами как стыкующее звено, как буфер.

Все, что я делаю в мире, это мое я относительно Творца, а посредине – группа или человечество, вся природа, весь мир. Мое отношение к Творцу – это, в первую очередь, мое отношение к миру. Когда я выполняю все так, чтобы через мир принести наслаждение Творцу, тогда я выполняю заповедь.

Например, я поднимаю стакан. Как же я могу с помощью этого дать наслаждение Творцу? Значит, при этом я произношу какую-то фразу – благословение.

Что значит «благословение»? Я благословляю Его. Я это чувствую и передаю через людей Ему. Я включаю в это себя. Я ощущаю, что действительно готов приподняться на этот уровень не для себя, а ради Него, ради других.

В данный момент я как бы передаю наслаждение от себя людям и Творцу. Причем не только не беру себе, но и на самом деле могу от него отказаться, поставить «первое сокращение» на свой эгоизм.

Я думаю, как я могу что-то отдать им. И понимаю, что возникает система обратной связи между ними и мной: я смогу передать им только при условии, что приму. То есть это уже выше. Это называется получение ради отдачи. Тогда я делаю это движение – внутреннее, силовое намерение: я наполняю себя наслаждением, ощущаю в нем огромную потребность, но наполняю его не только ради себя, а ради них.

Это целая система очень серьезных внутренних исправлений, решений, измерений. И только после этого я могу сделать благословение. Если человек может сказать в духовном виде благословение на стакан воды и принять его действительно ради наслаждения, через все человечество передать его Творцу, то он с этим стаканом воды находится уже на огромной духовной ступени.

Я надеюсь, что мы хотя бы приблизимся к тому, что я буду объяснять это ученикам свободно, спокойно, просто. Они будут быстро, мгновенно понимать, и тогда мы с ними сможем изучать заповеди. Всё! И очень просто будет. Это будет система нашей внутренней тренировки, система духовных ступеней.

Все 613 заповедей – система духовных ступеней, порядок того, как мы себя исправляем – просто на отдачу или на получение ради отдачи.

Но это произойдет, когда у нас с учениками будет общим не только письменный или устный, а чувственный язык. Чувственный! До тех пор, если я просто так буду обучать их заповедям, то, во-первых, это отвлечет их внимание. Во-вторых из-за отсутствия понимания смысла заповеди у них возникнут ложные, неправильные представления. Они запутаются: правая, левая сторона, выше, ниже... Это все поведет неизвестно куда.

Вы сейчас говорили, а я так чувственно воспринял это, что даже хотя и хотел пить в этот момент, но не взял стакан, потому что ощутил, что дойти до такой степени – это высший пилотаж.

Неважно. Мы можем это сделать, мы обязаны это сделать. Именно это является целью. Идти, сколько идешь! Ты начинаешь мерить: стоит, не стоит – это уже эгоизм. Нельзя!

СБЛИЖЕНИЕ ПОД СЕНЬЮ КРЫЛЬЕВ

Еще чуть-чуть продвинемся в этой главе, написано:
/16/ ПОЛОЖИ В КОВЧЕГ СВИДЕТЕЛЬСТВО СОЮЗА, КОТОРОЕ Я ДАМ ТЕБЕ.

Что это – «свидетельство союза»? Что такое – «положить в Ковчег свидетельство союза»?

Принять такие исправления на самую потаенную часть своего сердца, в которой будет связь между тобою и мною в самой центральной точке всего творения. Это такая точка, из которой исходит всё мироздание, там, где свойство Творца и свойство творения находятся в обнаженном виде, то есть без всяких *левушим* – одеяний. Точка, где они соединяются между собой.

Почему это называется свидетельство?

Потому что Творец является свидетелем, то есть Он обязуется, что эта точка, включающая в себя и творение, и Творца, никогда не разобьется на две. Это – свидетельство.

Свидетельство на иврите *эдут, эд* – свидетель. То есть Он обещает, Он ручается, что это никуда не пропадет, несмотря на скрытия и проблемы, которые дальше, естественно, будут.

Дальше рассказывается, по-моему, о важной части, которая называется крышка Ковчега. Написано: и сделать ее из чистого золота. Крышка Ковчега – это экран? Почему из чистого золота?

Да, экран. Это правая – левая сторона: золото – серебро.

И дальше разговор идет:
/18/ И СДЕЛАЙ ДВУХ КРУВОВ...
С помощью которых ты приближаешься ко мне.
Крув – от слова каров, то есть близкий, приближать. Так же, как *курбан* (жертва) от слова *каров*.

Тут написано, почему их так рисуют:
/18/ И СДЕЛАЙ ДВУХ КРУВОВ ИЗ ЗОЛОТА, НА ДВУХ КОНЦАХ КРЫШКИ – ВЫКУЙ ИХ ВМЕСТЕ С КРЫШКОЙ. /19/ СДЕЛАЙ ОДНОГО КРУВА С ОДНОЙ СТОРОНЫ И ДРУГОГО КРУВА С ДРУГОЙ СТОРОНЫ – ИЗ САМОЙ КРЫШКИ ВЫКУЙ КРУВОВ НА ДВУХ КРАЯХ ЕЕ. /20/ И БУДУТ КРУВЫ С ПРОСТЕРТЫМИ ВПЕРЕД, ПРИПОДНЯТЫМИ КРЫЛЬЯМИ. КРЫЛЬЯ ИХ ДОЛЖНЫ ПРИКРЫВАТЬ КРЫШКУ, А ЛИЦА ИХ БУДУТ ОБРАЩЕНЫ ДРУГ К ДРУГУ И СЛЕГКА СКЛОНЕНЫ ВНИЗ, К КРЫШКЕ.

Что такое крув, мы уже сказали: от слова каров – приближающий.

А что такое их крылья, которые простерты над крышкой?

Это, наоборот, – скрытие. Крылья скрывают покрытие, крышку Ковчега, где стоит запись непосредственной связи и то, в чем заключается связь между Творцом и творением. Крылья прикрывают, дают тень на это.

ГЛАВА «ПОЖЕРТВОВАНИЕ»

Мы приближаемся к концу. Здесь очень интересно говорится:
/22/ И Я БУДУ ЯВЛЯТЬСЯ ТЕБЕ ТАМ, И БУДУ ГОВОРИТЬ С ТОБОЙ ИЗ ПРОСТРАНСТВА НАД КРЫШКОЙ, МЕЖДУ ДВУМЯ КРУВАМИ, КОТОРЫЕ НА КОВЧЕГЕ СВИДЕТЕЛЬСТВА СОЮЗА, ТАК Я БУДУ ПЕРЕДАВАТЬ ЧЕРЕЗ ТЕБЯ ВСЕ ПОВЕЛЕНИЯ СЫНАМ ИЗРАИЛЯ.

Что же здесь есть? Исходя из этого источника, который находится в Ковчеге, через состояние, когда Моше соединяется с этими крувим, с правой и с левой линией, он приближается к раскрытию Творца, используя в то же время и тень, то есть экран.

Он не работает со своим эгоизмом, – всё идет на отдачу. Тогда он и раскрывает среднюю линию между двумя крувим, оттуда является ему раскрытие Творца.

То есть у нас есть приближение по правой и по левой линии – два крува...

Да, но приближение с помощью их крыльев, с помощью тени, экрана, скрывающего Творца от Моше. Поэтому он только слышит. Он доходит до свойства *бины*, не до свойства *хохмы*. Но это и есть ступень Моше.

Всё время движение происходит через Моше? Не может быть прямого проявления Творца, не через Моше?

Нет. Это ступень, через которую Он проявляется. Моше – эта ступень есть в каждом человеке.

И каждый должен найти его в себе?

Каждый должен достичь своего полного исправления, то есть подняться до самой высшей ступени, включая в себя всё человечество. Иначе ты не поднимешься.

Подъем вверх (энергетический, моральный, духовный) идет в соответствии с тем, как ты включаешь в себя всё больше и больше, и больше людей.

То есть, если мы говорим о пирамиде, ты строишь базу всё шире и шире...
Шире и устойчивее, и на этом основании поднимаешься. Тогда эта пирамида песка становится более высокой.

ЗА ЧТО Я УВАЖАЮ ЭНГЕЛЬСА

Изучая главу «Трума», мы говорим о том, что все человечество нужно подводить к исправлению.
Трума переводится как жертвоприношение. Но *трума* – это и *тром а-Шем* – возвышение Творца. *Тру-ма* – на иврите пишется как *тром хей*. *Хей* – это *а-Шем* (Творец). Значит, получается возвышение Творца.

Трума означает, что я действительно делаю жертвоприношение, то есть приношу в жертву собственный эгоизм. Я, эгоист, приношу себя в жертву, переделываю себя на обратное.

Не просто жертвую, допустим, овечку от себя...
Нет. Тот, кто думает, что дело в овечках, занимается идолопоклонством.

После того, как вы рассказали, что такое Ковчег, из чего он состоит, была фраза:
/22/ И Я БУДУ ЯВЛЯТЬСЯ ТЕБЕ ТАМ, И БУДУ ГОВОРИТЬ С ТОБОЙ ИЗ ПРОСТРАНСТВА НАД КРЫШКОЙ, МЕЖДУ ДВУМЯ КРУВАМИ, КОТОРЫЕ НА КОВЧЕГЕ

Глава «Пожертвование»

СВИДЕТЕЛЬСТВА СОЮЗА, ТАК Я БУДУ ПЕРЕДАВАТЬ ЧЕРЕЗ ТЕБЯ ВСЕ ПОВЕЛЕНИЯ СЫНАМ ИЗРАИЛЯ.

Встреча состоится там, в Ковчеге. Могли бы Вы прокомментировать эти четыре строчки?

Ковчег – так называется *Арон Кодеш*, то есть место, где человек строит.

Во-первых, все строится в желании. Кроме желания, ничего нет. Местом называется желание. И в этом первоначально эгоистическом желании мы постепенно создаем новые исправленные области. Есть огромное желание, в котором мы их создаем.

Самая верхняя часть, которую мы можем создать, – это то, что называется крувим. Это ангелы, которые находятся над ящиком. Крыльями они закрывают часть ящика.

Ящик называется *Арон Кодеш*. Там хранится Скиния Завета – Скрижали Завета. Сделан специальный ящик, шкаф, на нем сверху две птицы, они прикрывают его крыльями. И раздается голос Творца между этими двумя крыльями.

Конечно, все совершенно не соответствует физическому описанию, потому что ничего этого нет. Это надо сделать внутри себя, то есть из своего желания. Каббала говорит только о желании. Никакой другой материи в мире нет.

Нам кажется, что-то существует: «Вот, существует же все это! Смотри, материя…». На самом деле – не существует. Существует «материя, данная нам в ощущениях», как говорил Энгельс. За что я уважаю Энгельса? За то, что он всегда говорил так, что его можно понять, это хорошее свойство марксистов.

«Данная нам в ощущениях». А «в ощущениях» – можно как угодно трактовать. На самом деле, в общем, он прав. Материя – это не материя, ее нет: это то, что дано нам в наших ощущениях.

Смотри, как сформулировано! Его можно так понять, что если бы не наши ощущения, то и материи нет. Она дана именно в наших ощущениях. И всё.

Вообще я нахожу у Маркса и Энгельса такие повороты, что кажется, будто они – великие каббалисты, не иначе.

Будто продиктовано им кем-то.

Да. Это исходит из того, что они все-таки грезили свойством отдачи и любви. Вообще коммунизм – это романтика.

Итак, желание должно достичь такого состояния, когда будет полностью устремлено к Творцу.

Крувим – от слова *леиткарев,* то есть приближаться, устремляться. Крувим – самая высшая форма желаний, устремленных к Творцу. Оттуда по закону подобия между свойствами Творца и свойствами человека и будет слышен голос Творца.

Оттуда приходит помощь, если ты идешь в этом направлении?

Помощь или что-то другое. Оттуда ты будешь слышать голос Творца. Там твое обращение к Творцу будет входить в контакт с Ним.

Ниже этого состояния (желания) есть желание менее исправленное, но более грубое. Это уже не расстояние между крыльями птиц, а сама форма, более материальная, то есть желание более овеществленное. Это сам ящик.

Ящик называется *Арон Кодеш. Арон* – это вместилище. Но вместилище *Кодеш (Кдуша)* – святости.

ГЛАВА «ПОЖЕРТВОВАНИЕ»

Святостью называется свойство отдачи и любви: минимум – свойства отдачи, максимум – свойства любви. Эти два свойства называются святостью.

Свойство *малхут*, когда поднимается в *бину*, называется свойством отдачи, и когда поднимается из *бины* еще и в *кетэр*, называется свойством любви.

Значит, *Арон Кодеш* – вместилище свойств отдачи и любви.

НАША РАБОТА – СОБРАТЬ ДУШУ

«Между птицами расстояние» – это такое желание, которое еще и постоянно устремлено выше, вперед, на следующую ступень. Мы видим тут пирамидальное строительство.

Далее идут очень многие условия: из чего сделать этот ящик, как кольца делать, как продевать в эти кольца палки, чем его накрывать. Всё это имеет определенное значение, потому что точно указывает, из каких желаний, в какой последовательности, в какой связи между ними ты должен себя собрать. Ведь, в принципе, мы собираем душу.

Собираем душу, то есть собираем такие части желания, в такой последовательности и так укомплектовываем их, что образуется подобие Творцу. Поэтому душа называется Адам – от слова *домэ*, подобный Творцу. Это наша работа.

И между этими крувами происходит явление Творца. Это средняя линия.

Дальше идут пояснения деталей, которые тоже очень интересны. Например, говорится, что еще надо сделать:

/31/ И СДЕЛАЙ МЕНОРУ ИЗ ЧИСТОГО ЗОЛОТА, И ПУСТЬ ОНА БУДЕТ ВЫКОВАНА ИЗ ЦЕЛЬНОГО СЛИТКА: И ОСНОВАНИЕ ЕЕ, И СТВОЛ ЕЕ, И УКРАШЕНИЯ В ВИДЕ ЧАШЕЧЕК, ШАРОВ И ЦВЕТКОВ ДОЛЖНЫ БЫТЬ ВЫКОВАНЫ ИЗ ТОГО ЖЕ СЛИТКА…

/36/ …ВСЯ ОНА ДОЛЖНА БЫТЬ ВЫКОВАНА ИЗ ЦЕЛЬНОГО СЛИТКА ЧИСТОГО ЗОЛОТА. /37/ И СДЕЛАЙ НА МЕНОРЕ СЕМЬ СВЕТИЛЬНИКОВ ТАК, ЧТОБЫ СВЕТ ОТ ФИТИЛЕЙ, ЗАЖЖЕННЫХ В СВЕТИЛЬНИКАХ, БЫЛ НАПРАВЛЕН К СТВОЛУ.

Немножко о Меноре – что это такое?

Это олицетворение хорошего, доброго эгоизма. Золото. Представляешь, как сделать то, что там написано про Менору?! Выковать ее из цельного куска, включая чашечки, розеточки, всевозможные шарики. Не сборным образом, а именно одним куском.

Сказано, «выковать».

Может быть, перевод неправильный? Не выплавить, а именно выковать?

Нет. Сначала берется кусок. Он сплавляется в одно тело, и потом начинается ковка. Имеется в виду, что материал немножко размягчается, например, как кузнец это делает.

Предполагается большая работа над всеми чашечками, шариками, розеточками: куда они должны быть повернуты, какого размера, как точно должны соблюдаться размеры и расстояния.

Имеется в виду, что все это четкое подобие Творцу на уровне зеир анпин, состоящий из семи частей: *хесэд, гвура, тиферэт, нэцах, ход, есод, малхут*.

Глава «ПОЖЕРТВОВАНИЕ»

Когда *малхут* сама уподобляется семи свойствам зеир анпин, она становится действительно полностью подобной Творцу в том, что из своего эгоистического материала – из золота она создает свойство отдачи. Она преобразует себя в средство горения подобное Творцу.

Что представляет собой светильник? Это эгоизм, который сделал из себя такое подобие Творцу, что сам по себе издает свет, является как бы источником света, хотя, конечно, источником не является.

Кроме этого, там есть еще и масло, и фитили. Светильник может быть вместилищем масла и света, который исходит из него.

По сей день этот символ – менора – олицетворяет великую идею, когда самый низкий эгоизм – золото – обращается в самое возвышенное свойство отдачи. Свет – это менора.

Менора состоит из семи светильников.

Мы говорили уже о семи свойствах зеир анпина. Это прообраз Творца. И *малхут* (низшая стадия) должна уподобиться этому свойству. Человек в своей душе должен стать, как Адам, как подобный Творцу, то есть он свою *малхут* (весь свой эгоизм) обращает через семь определенных стадий своего преобразования в свойство отдачи. И таким образом он становится полностью соединенным с Творцом, достигает полного исправления.

В принципе, кроме этого ничего и не сказано. Сказано только, какие желания, в какой последовательности мы должны привести к подобию Творцу. Ничего другого вообще у человека нет! Только одно – как это делать. Это – вся Тора.

Дана программа, инструкция работы. Она и называется Тора – от слова *ораа* (инструкция).

Сейчас Вы всё время говорите о соединении, о единстве. Это и есть процесс превращения малхут?

Исправление не может быть в чем-то одном. Исправление не может быть ни в каком атоме, частичке, оно может быть только между ними.

Когда мы говорим об объединении, исправлении, соединении людей: «не делай другому того, что не желаешь себе» или «возлюби ближнего, как себя», – то имеется в виду методика исправления. И это происходит постепенно, в соответствии с тем, как поднимаются в нас всевозможные желания по мере того, как можно их исправлять.

Каким образом исправляется каждое желание? Что оно значит в неисправленном виде?

Вдруг мы видим, что в исправленном виде желание подобно Творцу и раскрывается в нем Творец.

Возьмем, например, желание украсть, убить, подавить другого, использовать другого – в основном это желания более явные, которые проявляются в связи человека с другими.

Там, где наши желания не такие явные: связь человека с неодушевленной природой или с растительной, или частично с животной, – там вообще очень трудно найти свойство милосердия. А с равными себе это очень выпукло видно, явно ощущается.

Поэтому последовательность работы указана очень жестко: какие свои желания, в какой последовательности, в какой комбинации ты должен исправлять. Ты не можешь просто сказать себе: «Я буду исправлять себя в отношениях с другими там-то и так-то». Ты должен обязательно присовокупить к этому и неживую, и растительную, и животную части своей природы, то есть желания более низкие, более грубые, направленные не столько на людей, сколько на окружающий мир.

В итоге получается полный союз между всеми твоими желаниями во всех направлениях, во все времена. Здесь ты должен научиться оправдывать Творца, других во всем, что с тобой произошло. Тут тебе добавляют и множество других воспоминаний. Вся история, география – всё проходит перед внутренним взором человека.

ДОЙТИ ДО ЗАМЫСЛА

Когда мы вступаем в духовный мир, там раскрываются очень интересные картины. Человек уже начинает исправлять свою связь со всеми людьми или персонажами, или вообще свойствами всех времен.

Он как бы присоединяет их к себе?

Да. Человек проходит всевозможные предыдущие кругообороты, истории, его отношение к этому. Он вычищает себя, все время преобразует себя изнутри.

Картина нашего мира – (мы говорили об этом не раз) рисуется в нас – ее не существует. И нам надо лишь исправить все ее подложки.

Так художник сначала накладывает грунт на полотно, шлифует его, накладывает еще несколько слоев, приступает к написанию будущей картины с линейкой, с перспективами. И только потом начинает подкладывать общий фон. Это постепенное создание, процесс. Я видел, как даже на своих маленьких картинах моя жена все это делает дома. Это большая работа на самом деле.

Получается, что мы должны проходить все наши предыдущие стадии развития – именно в них мы постигаем Творца. Происходит так: нисхождение души сверху вниз, потом человек начинает постигать ее образование, ее рождение, только в обратном порядке – снизу вверх.

Проходит те же ступени только в обратном порядке?

Да. И когда он их постигает, то достигает самого родителя, самого Творца. Но постигает его уже в той душе, которую он постепенно исправляет. И так приближается всё больше и больше к Нему. Вот это я бы уподобил искусству создания картины. Может быть, скульптуре...

Я вижу картину Сурикова с сумасшедшим количеством героев. Потом, я сам удивляюсь, разглядываю, как грифелем он вырисовывал каждого, каждый чуть-чуть дальше... Так и ты начинаешь возвращаться, пока не доходишь до этого карандаша?

До замысла. Не до карандаша, не до руки, а до мысли, которая ими двигает. Потому что это и есть переход от действия к мысли, к замыслу.

Как будто скатываешь ковер?

Да. Мы должны достичь замысла Творца – насладить творение. Рисунок – это уже наслаждение, это уже действует, когда Его мысль претворяется в жизнь. А замысел Его в чистом виде постигается.

В чем это наслаждение? В нашем правильно сформированном материале. Через все детали этой картины ты, в итоге, узнал Его мысли, замыслы. Через нее и возникает понимание. Все миры соединяются вместе

ГЛАВА «ПОЖЕРТВОВАНИЕ»

в один мир – мир Бесконечности, то есть абсолютного постижения.

Вот «высшая романтика», честно говоря! Замираешь в этом...

Но романтика тяжелая. На самом деле, настоящая романтика всегда очень тяжелая! Альпинисты или серьезные исследователи – это очень жесткое, очень напряженное состояние человека.

А медицина, когда врачи на себе пробовали действие лекарств и записывали до последнего мгновения жизни, что они чувствуют. Это всегда меня потрясало, как человек – практически перед смертью! – вводит себе противоядие какое-то: выйдет – не выйдет, не ясно... Но записывает рука, что он чувствует.

Это и есть настоящая романтика.

Интересно, как действует эта романтика: человек хотел сделать что-то против рака, и вдруг изобретает биологическое оружие. Как эта романтика преобразуется?

Мы не можем говорить о побуждениях. Ничего и никого нельзя осуждать, потому что через это руководят человеком.

Ведь то, каким образом привнести в мир какое-то очень серьезное новое исправление: в виде положительного или отрицательного воздействия – это от человека не зависит.

Нельзя обвинять гитлеров, сталиных или, наоборот, оправдывать каких-то великих людей. Это всё – раб божий, что называется, в плохом или в хорошем смысле слова.

Конечно, на Вас очень сердятся, когда Вы такое говорите. Такое исчадие ада, как Гитлер...
Есть кто-то, кроме Творца?! Это я говорю?! Я еще не нахожусь на таком уровне, чтобы мог полностью оправдать всех. Это говорю не я, это сказано мудрецами. И надо пытаться таким образом относиться ко всем.

Если ты не можешь оправдать все действия, совершенные над нами, то, значит, ты не можешь оправдать тех изгнаний, в которые Творец нас поселил. Но они являются именно теми состояниями, из которых мы постигаем Его.

Хуже египетского изгнания нет. Остальные изгнания были маленькими – 150 лет, 70 лет. И сейчас – 2000 лет. Это самое тяжелое, страшное изгнание, которое закончилось катастрофой народа.

Мы подходим к войне Гога и Магога

Впереди может быть прекрасное возвышение и может быть очень трудная и тяжелая серия таких событий, когда все предыдущие будут казаться просто легкой прогулкой. Это снова зависит от народа, от того, как он примет то, что ему предлагается.

Сейчас мы подходим к самому тяжелому эгоистическому исправлению, к самой низшей части нашего эгоизма. Это называется войной Гога и Магога. Здесь могут возникнуть такие события, которым не было места в прошлом, – ужасные!

Всё заранее оговорено у пророков, у каббалистов. И любыми путями мы стараемся преобразовать плохие события в доброе движение вперед к необходимой цели, превратить вынужденное движение в добровольное, желаемое. Тем самым мы обратим его в прекрасное развитие, в доброе восхождение, в подъем, вместо страшных

ГЛАВА «ПОЖЕРТВОВАНИЕ»

событий, которым действительно не было аналогии в прошлом. Это не Гитлер и Сталин, это может быть намного хуже! Вообще невообразимо! Состояния, в которых ты никак не сможешь оправдать Творца!

Сейчас ты можешь постепенно подготовить себя к тому, что оправдывая Его, идешь вперед своими шажками. Когда же не ты сознательно, а Он гонит тебя вперед, то сзади тебя подгоняют похуже, чем эсэсовцы. И нам надо это понять.

Поэтому *Исраэль* называется *Исраэль*, то есть двигающий к Творцу, самостоятельно развивающий именно этот путь, сокращающий время. Именно здесь и сейчас ведется наша работа, причем очень серьезная и во всех направлениях. Каббалисты всегда так относились к происходящему.

Мы не можем ненавидеть тех, кто нас бьет, мы должны ненавидеть причину: почему нас бьют. А причина – в нас самих. Конечно, эгоистически неприятно это осознавать, но так есть на самом деле.

Я понимаю состояние тех, кто находится сегодня в воспоминаниях об этой катастрофе – уничтожении нацистами 6 миллионов евреев. Я сам из такой семьи и вырос на этих живых воспоминаниях, хотя родился после войны, в 46-м году. Но все это живет во мне, в страхе, в напряжении, в постоянном напоминании. В те годы в России это особенно ощущалось.

Невозможно было, зная, слушая, видя огромное количество фильмов, перечитывая книги о тех событиях (это все в детстве окружало нас), оправдать такое зверство. Но именно невозможность Его оправдать должна привести человека к вопросу: «Как, почему это происходит?».

И тогда человек понимает, что здесь действует высшая сила. Здесь высшая сила обратная Творцу, являющаяся Его отображением, так называемая, «помощь против Него». Именно она серьезно, систематически проявляла себя, потому что человек не был подготовлен принять ее в положительном виде.

В это время она уже должна была проявиться в истории, а человек не был к этому подготовлен! За 20 лет до катастрофы Бааль Сулам, великий каббалист тех времен, говорил: «Смотри, что будет! Ты должен подготовиться! Ты должен себя менять! Ты должен мир менять!». Над ним смеялись, изгоняли его, не хотели слушать. В итоге, что получили? И это не месть за него – ни в коем случае! Он все равно плакал по всем. Просто ничего другого быть не могло.

Бааль Сулам говорил: «Вы не были подготовлены в соответсвии с высшим светом и поэтому получили вместо него великую тьму». Чтобы то же самое не произошло сегодня, мы и работаем.

Говорить можно, что угодно. Мне только жалко, что то, что говорят о нас, является демонстрацией неподготовленности. И эта неготовность встретит великий свет в виде великой ужасной тьмы. И что вы тогда скажете? Кого вы будете обвинять? Этих марионеток-убийц? Вы же видите по ним, как они действуют, как они запускаются свыше! Ничего своего в них нет.

Я ни в коем случае не пугаю. Я пытаюсь донести, потому что исправление должно быть осознанным.

Мы занимаемся исправлением себя, исправлением человека в себе, поэтому так и должно восприниматься: всё – во мне.

О издании
«Тайны Вечной Книги»

О ИЗДАНИИ

«Тайны Вечной Книги. Каббалистический комментарий к Торе» – многотомное издание, передающее содержание одноименного цикла передач с профессором Михаэлем Лайтманом. Автор и ведущий – Семен Винокур.

Уникальное издание впервые приоткрывает завесу тайны о истинном смысле Торы. Знания, которые тысячелетиями передавались из уст в уста, хранились от посторонних глаз и ушей, сейчас раскрываются нам, потому что пришло время.

В каждом томе последовательно дается каббалистический комментарий к недельным главам Торы.

СОДЕРЖАНИЕ ТОМОВ

Том 1, главы Торы: «В начале», «Ноах», «Иди себе».

Том 2, главы Торы: «И открылся», «И было жизни Сары», «Вот родословная Ицхака...», «И вышел Яаков».

Том 3, главы Торы: «И послал», «И поселился», «В конце», «И подошел», «И будет», «Имена», «И явился», «Идем».

Том 4, главы Торы: «Когда послал», «Итро», «Законы», «Пожертвование».

Том 5: главы Торы «Укажи», «Когда будешь вести счет», «И собрал», «Исчисления», «И призвал»

МИХАЭЛЬ ЛАЙТМАН

Всемирно известный ученый-исследователь в области классической каббалы, профессор онтологии и теории познания (философия PhD, биокибернетика MSc), основатель и руководитель Международной академии каббалы и Института исследования каббалы им. Й. Ашлага (Ashlag Research Institute) – независимых, некоммерческих ассоциаций, занимающихся научной и просветительской деятельностью в области науки каббала.

М. Лайтман – автор более 40 книг по науке каббала, переведенных на 17 языков, являющихся углубленными комментариями ко всем оригинальным каббалистическим источникам.

СЕМЕН ВИНОКУР

Автор и ведущий серии передач с Михаэлем Лайтманом «Тайны Вечной Книги», писатель, сценарист, кинорежиссер и продюсер более восьмидесяти документальных и художественных фильмов, лауреат премий и наград 12 международных фестивалей за лучшие документальные фильмы, обладатель приза Израильской академии кино за лучший сценарий игрового фильма.

Семен Винокур – известный блогер http://blog-vinokur.livejournal.com/

Информафия
о Международной
академии каббалы

МЕЖДУНАРОДНАЯ АКАДЕМИЯ КАББАЛЫ
под руководством профессора Михаэля Лайтмана
http://www.kabacademy.com/

Крупнейший в мире учебно-образовательный интернет-ресурс, бесплатный и неограниченный источник получения достоверной информации о науке каббала.
Международная академия каббалы проводит в Израиле поездки по каббалистическим местам, курсы и семинары по всему Израилю.
Миллионы учеников во всем мире изучают науку каббала. Выберите удобный для вас способ обучения на сайте.
Контакты:
тел.: 035419411
email: campuskabbalahrus@gmail.com
Facebook: https://www.facebook.com/campuskabbalah

УГЛУБЛЕННОЕ ИЗУЧЕНИЕ КАББАЛЫ –
ЕЖЕДНЕВНЫЙ УРОК
http://www.zoar.tv/

Каждое утро на сайте ведется прямая трансляция уроков каббалиста, профессора Михаэля Лайтмана для всех, кто занимается углубленным, ежедневным изучением науки каббала и исследованием каббалистических первоисточников. Занятия проводятся на иврите с синхронным переводом на 7 языков (русский, английский, немецкий, испанский, французский, итальянский, турецкий), есть возможность задавать вопросы в режиме реального времени. Видеопортал Зоар.ТВ располагает уникальным контентом в виде бесплатных видео материалов, видеоклипов, ТВ онлайн, добрых фильмов онлайн, музыки.

ИНТЕРНЕТ-МАГАЗИН КАББАЛИСТИЧЕСКОЙ КНИГИ
http://66books.co.il/ru/

Международная академия каббалы издает учебные пособия и другие книги, предназначенные для самостоятельного изучения каббалы. Все учебные материалы Международной академией каббалы основаны на оригинальных текстах каббалистов, сопровождаемых комментариями руководителя академии, каббалиста, профессора Михаэля Лайтмана.

Михаэль Лайтман

ТАЙНЫ ВЕЧНОЙ КНИГИ
Каббалистический комментарий к Торе
Том 4

Редакторы: Э. *Сотникова*, А. *Постернак*, Н. *Серикова*.
Технические редакторы: Л. *Черняк*, Л. *Жиленкова*.
Выпускающий редактор: С. *Добродуб*.
Оформление обложки: А. *Мохин*.

ISBN 978-965-7577-57-8
DANACODE 760-102

www.ingramcontent.com/pod-product-compliance
Lightning Source LLC
Chambersburg PA
CBHW071219080526
44587CB00013BA/1425